新知图书馆
第二辑

40个遗传和人体科学实验

GENETICS AND HUMAN BODY

【美】帕梅拉·沃克　伊莱恩·伍德/著
郭　威　陈　玥　孙晓杰　阎　疏/译

上海科学技术文献出版社
Shanghai Scientific and Technological Literature Press

图书在版编目（CIP）数据

40个遗传和人体科学实验 /（美）帕梅拉·沃克，（美）伊莱恩·伍德著；郭威等译．—上海：上海科学技术文献出版社，2019
ISBN 978-7-5439-7872-0

Ⅰ．①4… Ⅱ．①帕…②伊…③郭… Ⅲ．①科学实验—初中—教学参考资料 Ⅳ．① G634.73

中国版本图书馆 CIP 数据核字 (2019) 第 074864 号

Facts on File Science Experiments: Genetics Experiments
Facts on File Science Experiments: Human Body Experiments

图字：09-2019-281

策划编辑：张　树
责任编辑：苏密娅　于学松
封面设计：许　菲

40个遗传和人体科学实验
40GE YICHUAN HE RENTI KEXUE SHIYAN
[美]帕梅拉·沃克　伊莱恩·伍德　著　郭威　陈玥　孙晓杰　阎疏　译
出版发行：上海科学技术文献出版社
地　　址：上海市长乐路746号
邮政编码：200040
经　　销：全国新华书店
印　　刷：常熟市人民印刷有限公司
开　　本：720×1000　1/16
印　　张：17.5
字　　数：295 000
版　　次：2019年6月第1版　2019年6月第1次印刷
书　　号：ISBN 978-7-5439-7872-0
定　　价：48.00元
http://www.sstlp.com

序 言

当你听到“科学”这个词时，最先想到的是什么？是否和大多数人一样，想到陈列着各种各样玻璃器皿和许多精密仪器的实验室？想到总是身着白大褂，整日埋头于各种实验，满脸严肃的科学研究人员？虽然在许多地方这种对科学家的传统看法仍然是正确的，但是实验室却不是唯一存在科学的地方。在某个建筑工地、篮球场甚至是一场你喜爱的乐队的演奏会上，都可以发现科学。实际上，科学无处不在。我们在厨房里做饭时要用到科学；画画时要用到科学；建筑师设计建筑物时要用到科学；甚至解释为什么你最喜欢的棒球选手可以打一个本垒打也要用到科学。

几个世纪以来，人类不断地对周围世界进行探索和研究，从中获得的知识不断积累成科学。科学知识的代代传承通过一系列的教育活动得以实现。所有科学教育活动的一项基本目的就是培养年轻人具有批判性思维和解决问题的能力，而这些能力是受益终身的。

科学知识教育具有学术独特性，不仅要展现事实规律、传授技能，更要培养学生的好奇心和创造性。因此，科学是主动的过程，不可能完全用被动的教学方法实现上述目标。教育工作者时常面临“科学教育的最佳途径是什么”这样的难题。尽管尚无确切答案，但是教育界的一些研究成果还是为我们带来了有益的启示。

研究表明，学生必须积极主动地参与科学实践，通过切身体验学习科学知识。我们要鼓励人们摆脱和超越书本，敢于质疑，提出新奇的设想，进行大胆的预测和假设，自己设计实验内容和步骤，并能收集相关信息，记录实验数据，分析所发现的结果，利用各种资源来拓展知识。换言之，在学习科学的过程中，不能只用耳朵"听",还必须动手"做"。这也就是学科学的最佳方法——"做"科学。

所谓"做"科学就是进行科学实验。涉及科学的课程当中,实验部分发挥着多项教育功能。在很多情况下,需要实际操作的教学活动能有效地激发学生的兴趣,有助于新课题的导入。例如,我们介绍某一有争议的实验,会激发学生的探究欲望并解开现象背后的谜团。课堂上的调查研究活动也有助于学生温故知新。根据神经科学的理论,科学实验和其他学习实践活动有助于将新知识从短期记忆转化成长期记忆。以实践活动和实验为主的"做"科学不仅有助于学生掌握科学概念,而且有助于培养当今年轻人对科学的兴趣。

为此,我们策划了这套"新知图书馆"系列丛书,汇集了天文、地理、物理、化学、生物、海洋、机械、音乐、体育、艺术、建筑、环境等多个领域的科学内容,我们将通过实验验证这些学科内容在日常生活中的应用,通过简单的实验吸引学生兴趣,使之能够进行实践操作,实现我们所说的"做"科学。丛书每个分册围绕一到两个主题设计了 20～40 项实验,实验所用的材料大多都是生活中常见的物品。各类实验配有插图和图解,便于抓住学生注意力,直观地传递信息。所有实验都会综合调动学生进行科学探究的各方面技能,诸如观察、测量、归类、分析以及预测等。此外,某些实验要求学生通过自己设计并完成开放式实验项目,锻炼其探究科学的能力。

书中大多数的实验都是要求在教师和成年人的指导下,以小组的形式进行的,这其中的一个好处是学生们有机会通过社会交往途径进行学习,使得学生有了集思广益和相互学习的机会。神经科学的研究成果证明,小组学习是一种有效的学习手段,人脑是具有社会属性的器官,人际交流和相互协作能提高学习的效果。

"新知图书馆"系列丛书的目标是借助实验激发学生学习科学的兴趣,传授基本的科学概念,培养批判性思维能力。当学生完全沉浸在丰富的实验环境中,他们会经历许多惊喜并得到意外收获,体验到新旧知识融合以及豁然开朗的非凡乐趣。在这样的条件下,学习活动才真实生动而又效果持久。

我们希望当你们完成这些实验时,能对身边的世界有更好的了解。也许阅读这套书并不能使你们成为一流的运动员或数一数二的科学家,但是我们希望这些实验能够激发你们去发现日常生活中的科学,也能鼓励你们把我们的世界变得更加美好。

目 录

遗 传 篇

人 体 篇

实验前必读

在开始任何实验前仔细阅读

每项实验都包括与具体主题相关的特别安全提示。这些提示不包括那些在做其他任何科学实验时都必须注意的基本规则。因此，你必须仔细阅读下面的安全准则，并时刻牢记在心。

科学实验很容易有危险，规范的实验步骤应该包括细致的安全守则。在实验过程中随时会有意外发生，例如，材料可能会溢出、破碎，甚至着火。发生危险时你甚至来不及自我保护。在整个实验过程中，不论是否会对你造成危险，你都要严格遵守下面的安全提示，时刻警惕意外危险发生。

对每个独立的实验我们都设计了比较保守的安全预防措施。所以，我们希望你能认真对待本书中的所有安全提示。正是因为非常危险，因此你应该明确看到了这些提示。

因为时刻记住所有的规则并不容易，所以在开始每一项实验之前和准备每一项实验时都要重新阅读这些规则，这样你就会在实验的每一个危险关头注意保持安全。此外，在做那些会发生潜在危险的步骤时，你要运用自己的判断力，时刻保持警惕。虽然书中并没有提到"小心热的液体"或"不要用刀划破你的手指"，但并不表示你在烧水或在塑料瓶上打洞时可以疏忽大意。书中的安全提示只是一些特别的提醒。

安全准则

粗心、仓促、缺乏知识或不必要的冒险都会引发事故，采取安全的步骤和在整个实验过程中都保持警惕可以避免上述危险。一定要阅读书中每项具体实验后附加的安全提示和遵从需要成人监督的要求。如果你是在实验室里做实验，记住不要一个人操作。如果不是在实验室里做实验，要至少3个同学一组，并严格遵守学校和各地的法律对监督人员数量的要求。请求具有急救知识的成人监护员看护，并准备好急救包。确保在实验过程中人人都知道急救员的位置。

准　备

- 在实验之前清理桌面，保持干净。
- 开始实验之前，阅读整个实验说明。
- 了解实验中的危险和可预料的危险。

自我保护

- 有步骤地遵守实验说明。
- 每次只做一个实验。
- 确定安全出口、灭火毯和灭火器的位置，关闭燃气和电源开关，准备好洗眼水和急救包。
- 确保充分通风。
- 不要喧闹嬉戏。
- 不要穿露脚趾的鞋。
- 保证地板和工作间干净、整洁、干燥。
- 立即清除溢出物。
- 如果玻璃器皿破裂，不要自己打扫，请求教师帮助。
- 把长头发束到脑后。
- 不要在实验室或工作间里吃东西、喝饮料或吸烟。
- 除非有知识丰富的成人明确告知，否则不要食用任何实验用的材料。

小心使用器材

- 不要把仪器竖立在桌子边缘。
- 小心使用刀子或其他尖锐的仪器。
- 拔电源插头，而不是拔电线。
- 使用前后都要清洗玻璃器皿。
- 检查玻璃器皿的擦痕、裂痕和尖锐边缘。
- 玻璃器皿破碎了要立即通知老师。
- 不要让反射光照射你的显微镜。
- 不要触摸金属导体。
- 小心用电。
- 使用酒精温度计，而不是水银温度计。

使用化学品

- 不要品尝或吸入化学品。
- 在盛有化学品的瓶子和仪器上贴好标签。
- 仔细阅读标签。
- 避免化学品接触皮肤和眼睛(戴安全镜或护目镜、实验用围裙和手套)。
- 不要触摸化学溶液。
- 使用溶液前后要洗手。
- 彻底清除溢出物。

加热物质

- 在加热材料时戴安全镜或护目镜、围裙和手套。
- 使你的脸远离试管或烧杯。
- 当在试管里加热物质时，避免把试管的顶端对着其他人。
- 使用耐热玻璃制成的试管、烧杯和其他玻璃器皿。
- 不要使仪器处于无人看管状态。

- 使用安全钳和耐热手套。
- 如果你的实验室没有耐热工作台，把本生灯放在耐热垫上之后再点燃。
- 点燃本生灯时要注意安全；点燃本生灯时保持通气孔关闭，使用本生灯专用打火机而不用火柴。
- 使用电炉、本生灯和燃用气体完毕后立即关闭。
- 使易燃物远离火焰或其他热源。
- 手边准备一个灭火器。

实验结束

- 彻底清理你的工作场所和任何使用过的玻璃器皿。
- 洗手。
- 小心不要把化学品或污染了的试剂放入错误的容器。
- 不要在水槽里处理材料，除非要求这样做。
- 清理所有的残留物，把它们放到正确的容器里进行处理。
- 按照各地法律规定处理化学品。

随时保持安全意识！

遗 传 篇

简 介

从童年时期，学生们就对自己的外貌有了意识。父母和朋友可能会指出他们最引人注目的面部特征，或评论他们的相貌与其家庭成员是多么相似。这样的对话引发了人们对遗传学，也就是特征遗传这个话题的兴趣。

遗传篇为教科学的教师提供了 20 个原创实验，向学生们讲述了遗传学和遗传的基本原理。本篇设计的实验有助于学生了解遗传方式的意义和遗传特征的分子基础。经证实，本书中的每一个实验都适于开展课堂活动，能够加深学生对科学事实和科学本质的理解。初中生和高中生都适用于这些研究实验。

为适应学生的不同学习风格，书中的实验从多个角度来探究遗传课题。如有些实验要求学生使用模型、动手操作，或通过角色扮演等方式帮助他们理解发生在 DNA 和蛋白质中的变化。而其他实验则要求学生进行亲自动手。如在实验中学生们可以使用真正的 DNA，或使果蝇交配并观察它们的后代等。

"细胞的有丝分裂"这个实验为学生提供了理解遗传学的基础知识，讲述了有丝分裂的不同阶段，并要求他们观察处于各个阶段的细胞。在这个实验中，学生们将会发现，DNA 中的微小变化是如何导致镰状细胞性贫血症中的蛋白质发生了巨大改变。在"减数分裂"实验中，学生们用黏土来制作卵子发生和精子发生的模型。在"性状遗传"实验中，学生会扮演虚拟后代的父母，并用掷"染色体"的方法来确定其后代的性状。在"遗传杂交的预测与实际结果"实验中，学生会先对两只豚鼠的杂交进行预测，然后再模拟杂交过程并检验实际结果。

在"用染色体组型诊断疾病"实验中，学生们会剪下染色体的图片，并根据染色体大小和带型来确定染色体对，然后再找出染色体在大小和数目上的异常。在"从颊上皮细胞提取 DNA"的实验中，学生会收集自己的细胞，并把它们作为实验材料。在“染色体突变”实验中，学生们可以制作模型，展示染色体的缺失、重复、倒位、易位和相互易位。

此外，还从不同角度对遗传模式进行了探究。在“设计生物体性状”的实验中，学生可以通过对虚拟生物体性状的研究来了解不同的遗传模式。“遗传学学习中心”给予学生们充分的创造自由，让他们可以设立并发展使其他同学也能够了解不同遗传模式的场所。在“味觉遗传”实验中，学生可以自己设计实验，去了解更多关于显性和隐性性状从亲本传递给后代的方式。在“家族树体现家族内部特征”的实验中，学生们可以对一个大家庭中的外貌特征进行跟踪调查，然后建立一个特征家族树。

在“亲本与后代的性状不相同”和“伴性突变遗传”这两个实验中，我们用果蝇来展示遗传规律。前一个实验展示了孟德尔的基因分离定律，而后一个实验则着重讲述男性比女性更容易体现伴性特征的原因。

在“DNA 分子模型”实验中，学生们将通过制作一个双螺旋体来了解 DNA 分子的详细结构。“凝胶电泳简介”和“DNA 凝胶电泳”两个实验使学生们了解电泳原理，并将此原理用于限制酶切断 DNA 片段的实验。

在“基因工程简介”中，学生们可以分享基因工程在不同领域的多种用途。“质粒基因工程”实验向学生们展示了限制酶如何从真核 DNA 中除去目的基因，从而使得该目的基因可以插入细菌质粒 DNA。在“基因表达的控制”这个实验中，学生们还将学习关于控制基因活动的机理。

通过阅读本篇，学生们可以学习遗传学的基础知识。基于遗传咨询服务，一些学生甚至可能在日后作出重大的人生决定。希望本篇能够帮助所有学生了解 DNA 在他们生活中所起到的重要作用。

实验1　细胞的有丝分裂

题　目

细胞在有丝分裂过程中发生的明显变化。

简　介

当你翻看自己婴儿期的照片，你会清楚地看到你比当时大多了。换句话说，你长大了。成长是生物体的特性之一。而想要成长，就需要通过有丝分裂获取更多的细胞。

细胞有自己的生命周期，其模式也可预知。细胞生命的大部分时间都在一个叫作间期的成长期中度过。有丝分裂前，细胞会先复制染色体。人体的所有细胞(除生殖细胞外)都包含46条染色体。有丝分裂前，细胞会先复制出另一套染色体。而当一个细胞从中部向内凹陷，最后分裂并形成两个细胞时，每个子细胞都会得到一整套的46条染色体。

为了便于研究有丝分裂，科学家将这一过程分为四个阶段：前期、中期、后期和末期。在这几个阶段，两个叫作中心体的微小细胞器会在细胞中产生一个有丝分裂纺锤体。纺锤丝与染色体相连，并围绕染色体运动。有丝分裂的末尾，会进行原浆移动，从而将细胞从中部一分为二。在本实验中，你将见证有丝分裂的各个阶段。

实验时间

第一部分：25 分钟

第二部分：25 分钟

实验材料

- 讲解细胞间期的课本、有丝分裂细胞及互联网。
- 剪刀
- 胶水
- 图 1 的复印件
- 实验记录本

安全提示

使用剪刀时注意安全。请仔细阅读并遵守本书“实验前必读”中的“安全准则”。

实验步骤　第一部分

1. 使用课本或互联网查看细胞间期及有丝分裂各个阶段的细胞个数。

2. 回答分析问题 1—3。

3. 观察图 1 中有丝分裂各阶段的细胞。请注意：这些细胞不是按照有丝分裂的发生顺序排列的。请复印图 1，并用剪刀将各个细胞剪下，再按如下顺序用胶水将细胞粘贴在实验记录本上。

① 间期：细胞膜围绕在核质周围。细胞核已存在，呈小点状。同时可见小桶型的中心粒。

② 早前期：细胞膜仍然存在，细胞核消失，染色体缩短变粗。中心粒开始分散，中心粒间出现纺锤丝。

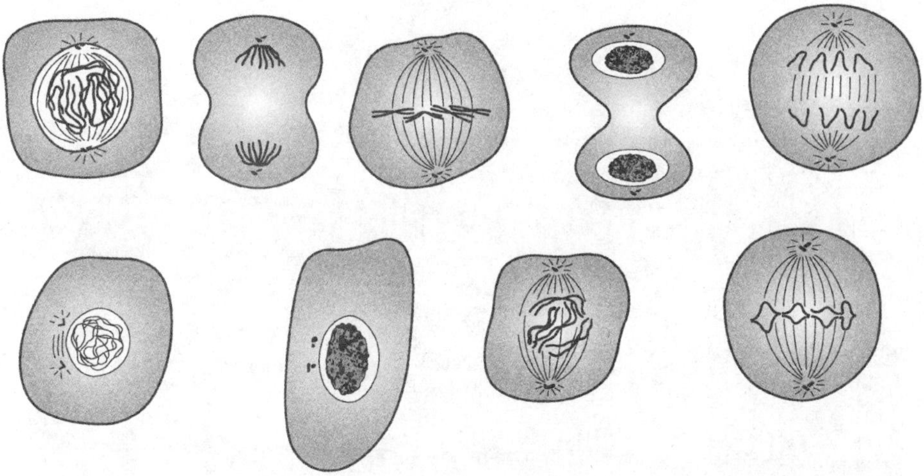

图 1　有丝分裂的各个阶段(随机顺序)

③ 中前期：细胞膜仍然可见，中心粒向细胞的两极移动，纺锤丝形成。

④ 后早期：细胞膜消失，中心粒已位于细胞的两极，纺锤体已完全形成。

⑤ 中期：染色体排列在细胞赤道上。

⑥ 早后期：染色体开始分散并离开细胞赤道。

⑦ 晚后期：染色体完全分散。

⑧ 末期：染色体到达细胞两极。

⑨ 原浆移动：细胞质从细胞中部挤压并断开后形成两个细胞。

4. 为每个细胞做标注，以表示有丝分裂的各个阶段。

5. 在每一个细胞中标注染色体、中心粒、细胞膜、细胞核和纺锤丝。

实验步骤　第二部分

1. 图 2 是显微镜下的洋葱根尖细胞图。请注意，有些细胞处在间期，而其他细胞则处于有丝分裂的各个阶段。

2. 数一数处于有丝分裂各个阶段的细胞数。将数据表抄写在实验记录本上，并记录细胞数。

3. 数一数图中的细胞总数，将数字记录在实验记录本上。

4. 计算有丝分裂各阶段的细胞百分率。为了测算出百分率，可用处于每一阶段的细胞数除以图中的细胞总数，再乘以 100%。最后将得数填在“百分率”

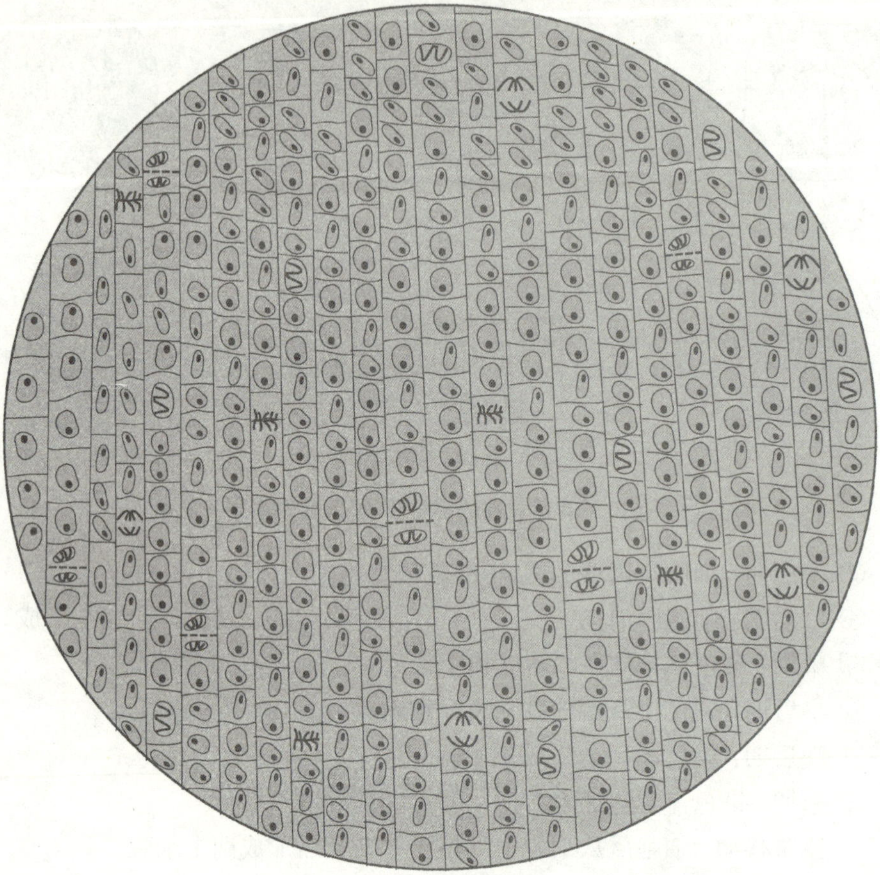

图 2　洋葱根尖细胞

一栏中。

5. 回答分析问题 4—7。

数　据　表

有丝分裂各阶段	细　胞　数	百　分　率
前　期		
中　期		
后　期		
末　期		

分 析

1. 请描述间期细胞的细胞核。
2. 为什么前期细胞的细胞核与间期细胞的细胞核不同?
3. 请描述处于中期、后期、末期的细胞外观。
4. 根尖中处于间期的细胞的百分率是多少?
5. 从你的发现来看,细胞在生命周期内大多处于哪一阶段?
6. 我们为什么要选择根尖细胞来寻找有丝分裂的细胞?
7. 请提出一些其他可能进行有丝分裂的组织。

实验中将会发生什么?

在生长活跃的组织中,一些细胞可能正在进行有丝分裂。即使如此,大部分细胞仍处于间期,也就是有丝分裂两个不同阶段的中间时期。在间期,细胞的体积会增大,并会合成新的细胞器官。细胞的 DNA 以染色质的形式存在,染色质呈细丝状,在多功能光学显微镜下无法观察到。然而,显微镜下可见一个或多个核仁。每个核仁都含有用于制造核糖体 RNA 的基因。在有丝分裂过程中,这些基因会先分离,再共同回到子细胞中。在间期,细胞膜清晰可见。有丝分裂进行前刻,细胞的 DNA 开始复制。同时,细胞器官也会进行复制,这样子细胞就会拥有所需要的所有器官。有丝分裂前期,DNA 缩短或者形成短螺旋体。缩短的 DNA 可使细胞的核质更易于移动。有丝分裂结束后,两个子细胞形成,细胞膜重建,细胞核重新出现,染色质再次变为长丝状。

与现实生活的联系

有丝分裂是一个由多个基因精密操控的过程。然而,假如在有丝分裂过程中,细胞不能对正常的程序做出反应,就会引发癌症。如果负责控制有丝分裂的基因发生变异就会导致癌症(例如实验 9 从颊皮细胞提取 DNA 的图 1)。基因控制着正常的细胞周期,而在许多癌症中,这条基因都是有缺陷的。另一个例子是阻止肿瘤发生的 BRCA1 基因。如果这条基因发生变异,就会导致乳腺癌。

在这两种基因中，细胞的有丝分裂不受控制，分裂次数也不确定。而在正常情况下，细胞在人体死亡前仅会进行约 50 次有丝分裂。

细胞的快速分裂会引发肿瘤，而肿瘤可能是良性的，也可能是恶性的。良性肿瘤不会向人体的其他组织扩散，并可通过手术切除。而恶性肿瘤则会通过血液和淋巴扩散到人体其他部分，从而引发新的肿瘤。通常，恶性肿瘤无法通过外科手术切除。肿瘤的治疗方法有放疗和化疗。放疗是通过大剂量放射线照射肿瘤的方法来杀死癌细胞。而化疗中使用的药物则是通过阻止细胞的有丝分裂来治疗癌症。植物抗癌药有两种：紫杉醇和长春新碱。它们都可以阻止正在分裂的细胞中有丝分裂纺锤体的形成。其他抗癌药物的原理有两种：一是阻止 DNA 链解开进行复制，二是在复制过程中阻止核苷酸形成带有解开 DNA 链的基对。

想要了解更多吗？

参见附录中“我们的发现”。

实验 2　镰状细胞性贫血症中的氨基酸

题　目

血色素中的核酸突变引发镰状细胞性贫血症。

简　介

血色素是红细胞中的一种蛋白质。这种分子负责将氧气从肺部输送到人体细胞。细胞需要氧气进行细胞呼吸。在这一过程中，葡萄糖会被氧化，以三磷酸腺苷的形式为人体提供能量。每个血色素分子都由 4 部分组成：两个 α 链和两个 β 链。在镰状细胞性贫血症中，β 链的基因带有一个错误。因此，整个蛋白质发生变形，呈现出僵硬的镰刀形。

异常蛋白质出现在细胞制造蛋白质的过程中。首先，脱氧核糖核酸(DNA)加速解开螺旋，使一部分核苷暴露。然后，细胞核碱基对中的自由信使核糖核酸(即信使 RNA)核苷与暴露的 DNA 核苷结合。在核糖核酸(RNA)中，腺苷酸与尿嘧啶(A－U)结合在一起，而胞核嘧啶与鸟嘌呤(C－G)结合在一起。当这些核苷以正确的顺序排列在一起时，它们会形成一条链。如果链体完整，它会留下细胞核，进入细胞质与核糖体结合，为合成蛋白质提供所需的编码信息。每个基码负责为一个特别氨基酸编码。

在本实验中，你将会看到部分为正常血色素编码的 DNA 核苷和部分为镰状细胞性贫血症编码的 DNA 核苷，还会看到异常蛋白质是如何产生的。

实验时间

45 分钟

实验材料

- 剪刀
- 胶带
- 图 1 和图 3 的复印件
- 实验记录本

安全提示

使用剪刀时注意安全。请仔细阅读并遵守本书“实验前必读”中的“安全准则”。

实验步骤

1. 复印本实验的图 1，然后用剪刀剪下正常血红素的单螺旋 DNA 和镰状细胞性血色素的单螺旋 DNA 图形。回答分析问题 1。

2. 复印本实验的图 2 和图 3，然后用剪刀剪下信使 RNA 和氨基酸的图形。

3. 将正常血色素的单螺旋 DNA 放在桌面上。以正常血色素单螺旋 DNA 为模板，使用信使 RNA 核苷图形，并运用 RNA 碱基配对原则来构建一条单螺旋 RNA。用胶带将信使 RNA 基对粘在一起，保持单螺旋 RNA 的完整性。

4. 运用本实验的数据表，确定你制作的由单螺旋信使 RNA 编码而成的氨基酸。例如，如果你的基码是 UUU，这一编码就代表苯基丙氨酸。沿单螺旋信使 RNA 排列正确的氨基酸图形。在连接点将这两组图形用胶带连接在一起，制成一个短多肽。

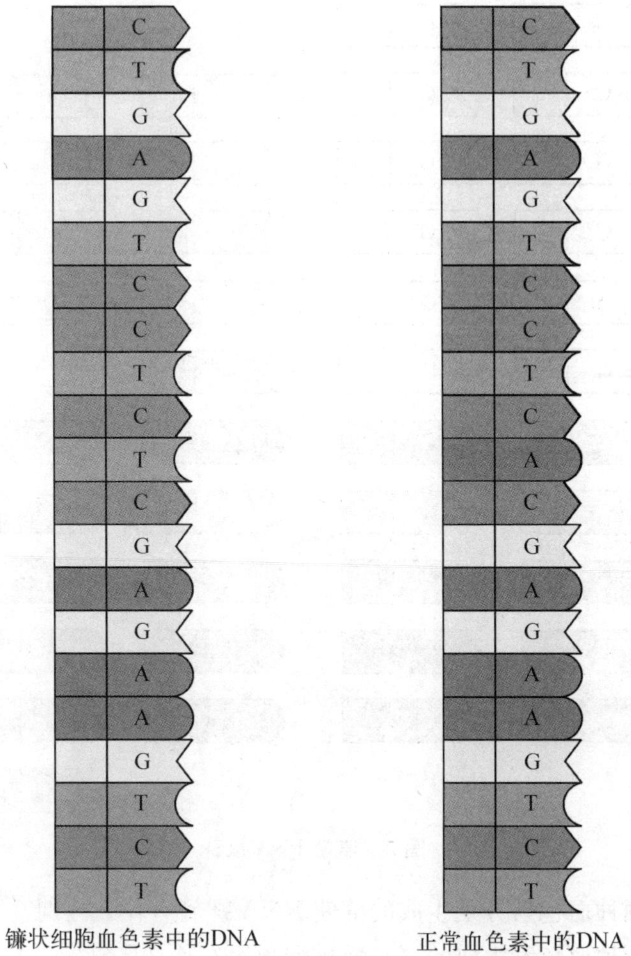

图 1

5. 重复步骤 3 和步骤 4，制成镰状细胞性血色素的单螺旋 DNA。回答分析问题 2—4。

6. 比较两个氨基酸螺旋的形状。

7. 回答问题 5—7。

分　析

1. 正常血色素与镰状细胞血色素的 DNA 螺旋有什么区别？

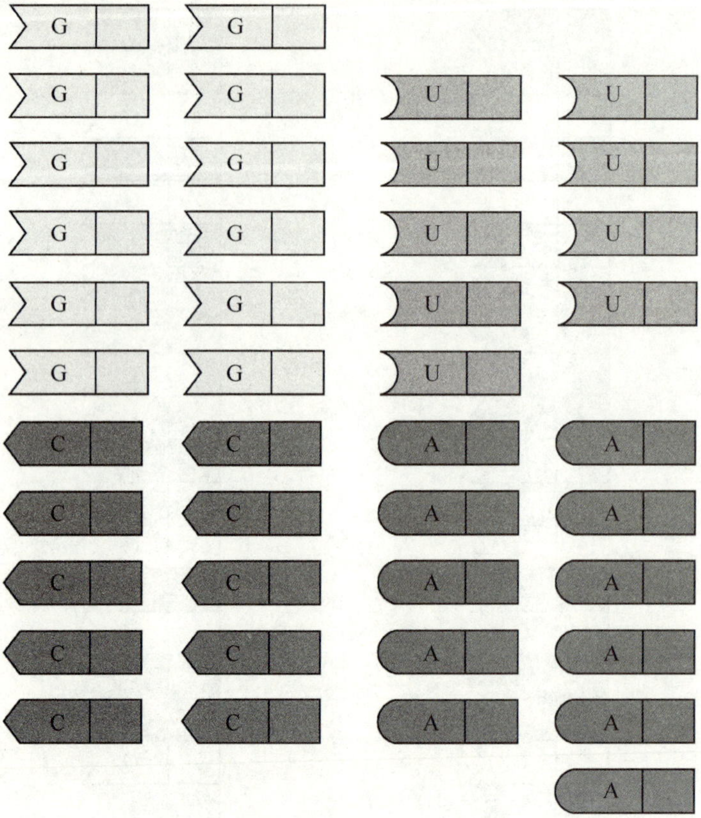

图 2　信使 RNA 核苷

2. 以上两种血色素分别生成的信使 RNA 螺旋有什么区别?

3. 以上两种血色素生成的氨基酸排列顺序有什么区别?

4. 谷氨酸的存在对氨基酸链有何影响?

5. 一些氨基酸带有电荷(或正或负),而有些氨基酸是中性的。带电荷的氨基酸被称为极性氨基酸。观察本实验图 4 中的谷氨酸和缬氨酸的构成,并回答哪一个是带有电荷的?

6. 如果使带负电荷的氨基酸与带正电荷的氨基酸彼此接近,你认为会发生什么情况?

7. 基于对问题 6 的回答,你认为极性氨基酸会对蛋白质的形状产生什么样的影响?

数 据 表

第二个字母

第一个字母	U	C	A	G	第三个字母
U	UUU UUC 苯基丙氨酸 UUA UUG 亮氨酸	UCU UCC UCA UCG 丝氨酸	UAU UAC 酪氨酸 UAA 终止基码 UAG 终止基码	UGU UGC 半胱氨酸 UGA 终止基码 UGG 色氨酸	U C A G
C	CUU CUC CUA CUG 亮氨酸	CCU CCC CCA CCG 脯氨酸	CAU CAC 组氨酸 CAA CAG 谷氨酸	CGU CGC CGA CGG 精氨酸	U C A G
A	AUU AUC AUA 异亮氨酸 AUG 起始基码	ACU ACC ACA ACG 苏氨酸	AAU AAC 天冬酰胺 AAA AAG 赖氨酸	AGU AGC 丝氨酸 AGA AGG 精氨酸	U C A G
G	GUU GUC GUA GUG 缬氨酸	GCU GCC GCA GCG 丙氨酸	GAU GAC 天冬氨酸 GAA GAG 谷氨酸	GGU GGC GGA GGG 氨基乙酸	U C A G

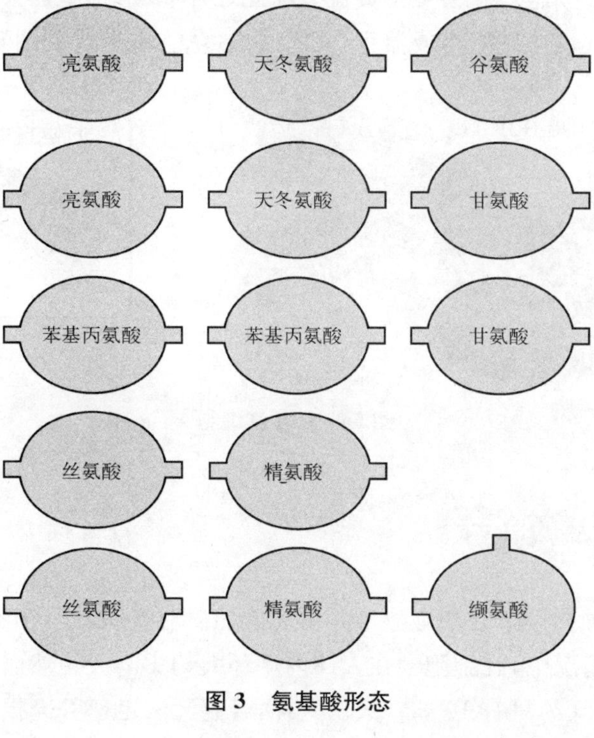

图 3 氨基酸形态

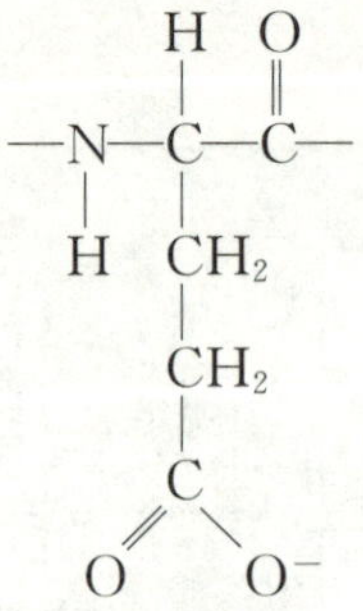

谷氨酸

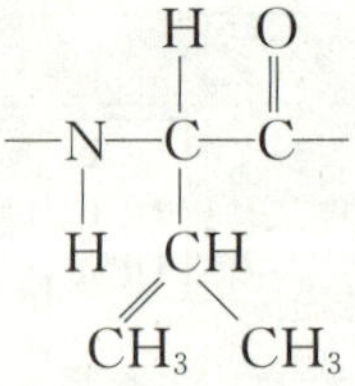

缬氨酸

图 4

实验中将会发生什么?

镰状细胞血色素与正常血色素只在一个氨基酸上有所区别。氨基酸链上的缬氨酸影响了蛋白质的折叠方式,从而导致最终产物的形状发生错误。血色素β链的错误折叠使血色素分子粘成一簇,致使运送它们的红细胞发生变形。人体破坏这些异常细胞后就会发生贫血。除此之外,畸形细胞还会阻塞毛细血管,妨碍人体将氧气运送到组织或器官,从而造成疼痛(本实验的图 5a 和图 5b)。

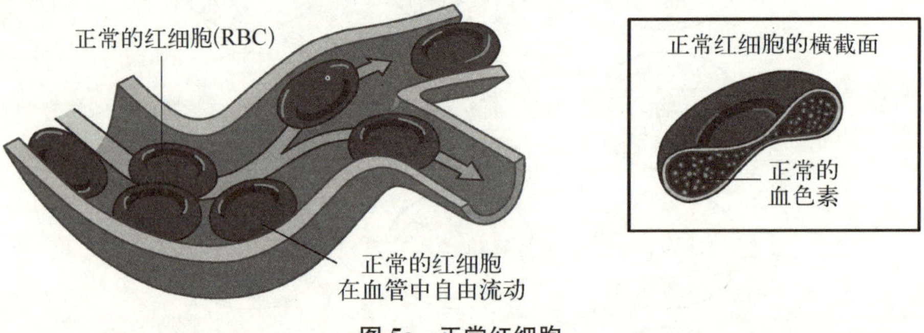

图 5a　正常红细胞

与现实生活的联系

贫血是一种会导致红细胞数量异常降低的血液疾病。红细胞在长骨的骨髓中生成。正常情况下,红细胞会在人体内循环大约 120 天。然而,镰状红细胞的寿命则短得多,大约只有 10—20 天。这样,骨髓无法迅速补充损失的细胞,所以

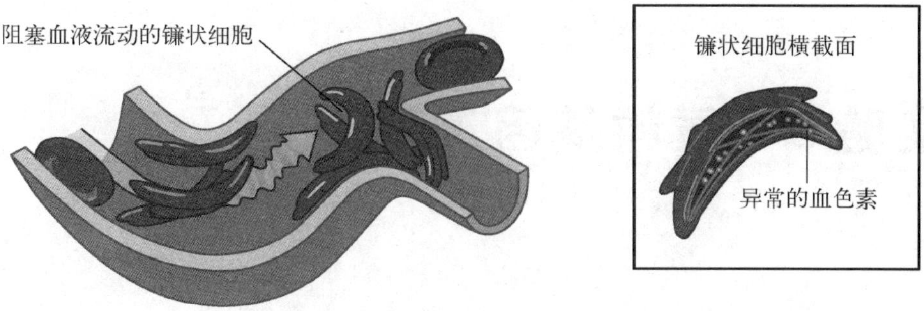

图 5b　异常的镰状红细胞(镰状细胞)

血液循环中,负责将氧气输送到细胞的红细胞的数目就少得多。

镰状细胞性贫血是一种隐性遗传疾病。该病患者会从父母双方各获得一个隐性基因(S),从而形成 SS 基因型。如果父母中的一方携带正常基因(A),而另一方携带镰刀形基因(S),他们的每一个子女都有 25%的概率遗传该疾病。关于该疾病的遗传可能,请参见本实验图 6 的庞纳特方格。在很多情况下,父母并不清楚他们自身携带该基因。

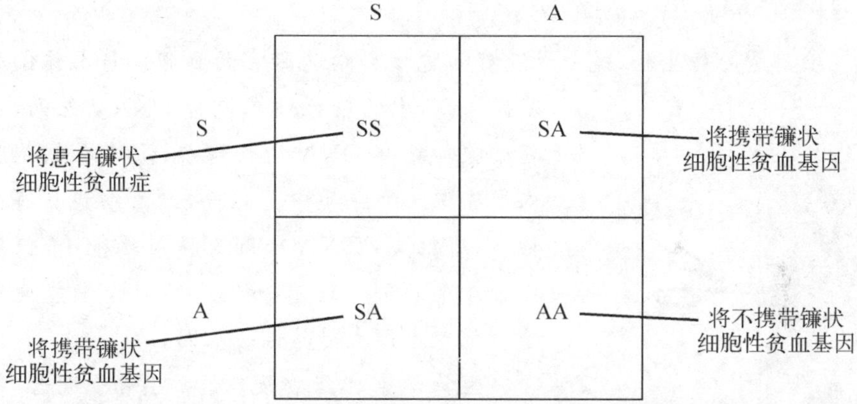

图 6　携带镰状细胞性贫血基因的父母具有 SA 基因型。具有这种基因型的父母双方可能将性状传递给他们的子女。这个庞纳特方格显示,他们的后代遗传这种疾病的可能性是 25%。

想要了解更多吗?

参见附录中"我们的发现"。

实验3　质粒基因工程

题　目

用模型展示基因向质粒移动的步骤。

简　介

细菌是原核生物，是一种没有细胞核和细胞器官的细胞。与人体细胞不同，细菌中的染色体不包含DNA。然而，这些细胞却具有DNA的长螺旋，漂浮在细胞膜内果冻状的细胞质中。此外，细菌细胞具有被称为“质粒”的DNA小圆环。质粒很小，仅能携带几个基因。还有一些质粒则携带能使细胞对抗生素产生耐药性的基因。

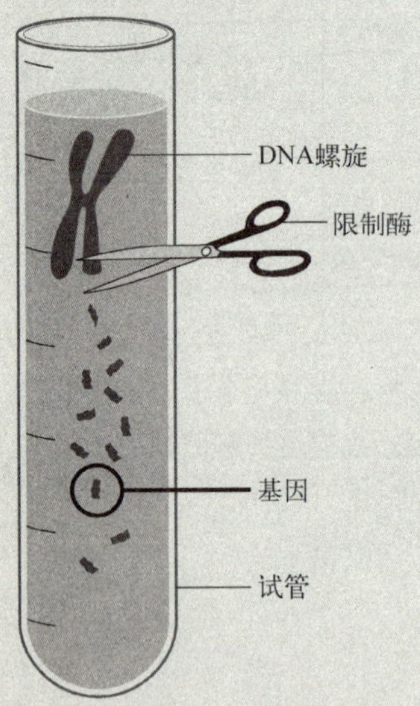

图1　试管中的限制酶切断DNA螺旋的一部分

生物学家已经发现，质粒可用于进行“基因克隆”，即基因工程的一种。在这一过程中，“目的基因”(如为胰岛素进行编码的基因)被识别和复制。其基本步骤如下：

1. 限制酶(以特定顺序切断DNA的酶)锁定目的基因的位置，并将其从人类的DNA中去除。(图1)

2. 同样的限制酶将细菌的质粒分离并切断。

3. 质粒和目的基因混合在一起。一些基因与质粒结合，形成重组DNA。（图 2）

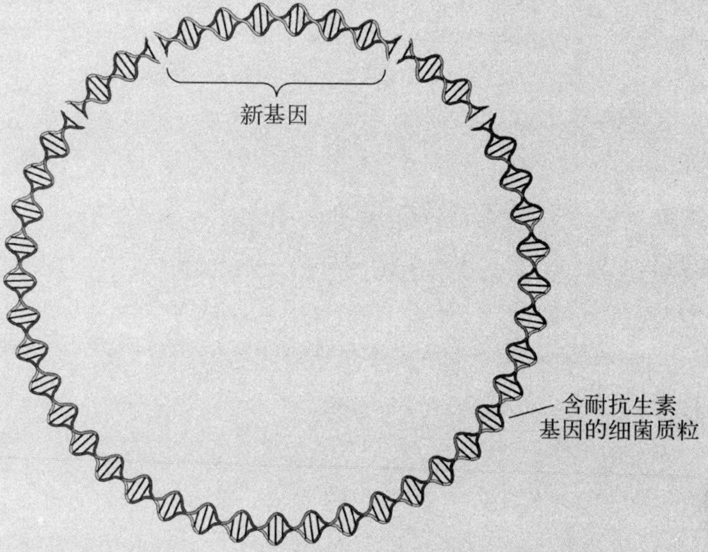

图 2　重组质粒

4. 重组 DNA 进入细菌细胞。并不是所有细菌都包含质粒。

5. 皮氏培养皿中生长的细菌带有生长介质和抗生素。只有带有质粒的细胞才具有耐抗生素的质粒，才能成活。这些细胞也包含目的基因。

6. 细菌大量生长，产生可分离并用于制药的胰岛素。

在本实验中，你将会看到重现这些步骤的模型。

实验时间

45 分钟

实验材料

- 约 15.2 厘米×5 厘米的白色纸条
- 约 15.2 厘米×5 厘米的彩色纸条

- 剪刀
- 胶带
- 荧光笔
- 实验记录本

安全提示

使用剪刀时注意安全。请仔细阅读并遵守本书“实验前必读”中的“安全准则”。

实验步骤

1. 下面的字母序列代表一个质粒中的DNA螺旋。划横线的部分代表耐抗生素基因。在彩色纸条上按顺序抄写下面的字母。A T A T C A A G C T T C C C G A G A C T T A C C C C A G A G A C A C G A A A。

2. 用胶带将纸条的两端粘在一起，使其成为环形。这个纸环就代表一个质粒。

3. 生物学家使用限制酶来解开质粒环。让酶是限制酶中的一种，它能够在AAGCTT序列上的两个腺嘌呤(两个A)之间切断DNA。为了模拟让酶解开质粒DNA的过程，请先在纸条上找到序列AAGCTT，然后用剪刀在两个A之间将纸条剪开。这时，剪刀就代表一个限制酶。

4. 下一步是插入一个人类基因。上面的字母序列代表人类DNA核苷的一部分。这段DNA包含胰岛素基因：CCCTAGAACAA。

在白色纸条上按次序抄写下面全部字母：A A G C T T A A A A T A G C A T C C C T A G A A C A A C C C A A G C T T。

5. 用荧光笔标出胰岛素基因。

6. 在胰岛素基因前找到AAGCTT，然后用剪刀在两个A之间将纸条剪断。这是在模拟让酶切断这段基因。将与胰岛素基因不相连的那部分较短的DNA片段扔掉。

7. 在胰岛素基因的后面找到相同的序列AAGCTT，然后用剪刀在两个A之间将纸条剪开。将与胰岛素基因不相连的那部分较短的DNA片段扔掉(剪完后，可能会有额外的核苷与胰岛素基因相连）。

8. 用胶带将你从白纸条上剪下的包含胰岛素基因的 DNA 片段粘在质粒内侧。

分　析

1. 在本实验中，剪刀代表什么？
2. 在本实验中，胶带代表什么？
3. 当你模拟用让酶解开质粒的过程时，你剪断了耐抗生素基因吗？
4. 为什么在基因工程中，质粒中含有耐抗生素基因很重要？
5. 下列选项中哪个代表重组 DNA：
   ① 带有胰岛素基因的白色纸条
   ② 带有质粒 DNA 的彩色纸条
   ③ 贴在彩色纸条内侧的白色纸条

   请解释你的推理。
6. 为什么细菌能将人类基因转化为蛋白质？
7. 请给出重组 DNA 的其他用途。

实验中将会发生什么？

让酶只是众多限制酶中的一种。在模拟实验中，使用让酶是因为它能切断质粒 DNA 和胰岛素 DNA 两端的 DNA 序列。以剪刀代表让酶，你解开了质粒，然后又切断了胰岛素基因。而将白色纸条和彩色纸条粘在一起，你模拟的是创建重组 DNA 的过程。在基因实验室中，下一个步骤是将重组质粒和细菌混合在一起。这样，细菌就会吸收质粒。但这种吸收率并不是 100%，所以吸收了质粒的细菌一定会被分离出来。这就是耐抗生素基因之所以重要的原因。细菌在含有抗生素营养物的皮氏培养皿中生长。只有那些吸收了质粒的细菌才能存活。

与现实生活的联系

遗传学家必须考虑到这样一个事实：DNA 是双螺旋分子。当使用限制酶时，它们事实上切断的是双螺旋。但一些限制酶的切断方式不是横向直剪。相反，这种交错切割会生成易于与被同种类酶切断的DNA片段结合的单链末端，这就是“黏性末端”（图3）。

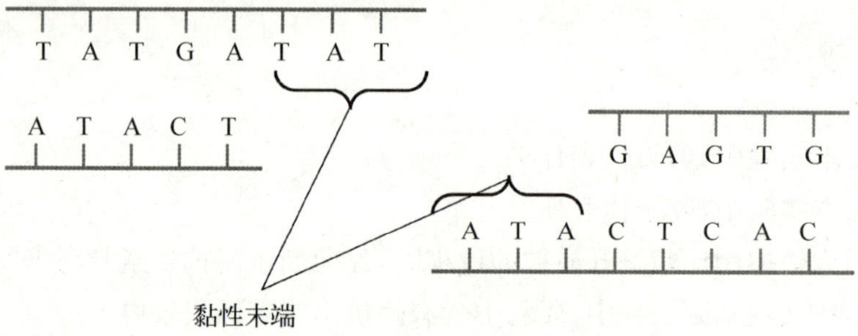

图3

当质粒的黏性末端与DNA序列的互补黏性末端相遇时，由于氢键的作用，两者之中的核苷会相互吸引。可是因为氢键的作用力并不强，所以为了使两者永远结合在一起，必须沿着DNA螺旋的磷酸糖类中枢形成共价键。这样的共价键被“连接酶”催化。沿着DNA或RNA中枢形成共价键的过程被称为“连接反应”。

想要了解更多吗？

参见附录中“我们的发现”。

实验 4　减数分裂

题　目

精子发生和卵子发生都属于减数分裂，但它们又有着重要的不同。

简　介

减数分裂是指生殖器官中的二倍体细胞形成单倍体配子的一系列细胞分裂过程。减数分裂使染色体中的数目减半。男性和女性减数分裂的时限有所不同。从青春期到绝经期，女性每个月产生一个卵子。而男性从青春期一直到老年期每天都可以产生几十万个精子。

每个人体细胞都包含 46 条(23 对)染色体。每对染色体中都有一条来自父亲，一条来自母亲。匹配成对的染色体大小相似，被称为"同系染色体"。减数分裂可分为两个阶段：减数分裂第一阶段和减数分裂第二阶段。在每一个阶段，都会经历如下步骤：前期、中期、后期、末期和原浆移动。前期第一阶段是最复杂的时期。在这一阶段，姊妹染色单体中的同源基因组会聚集在一起。这样，4 个姊妹染色单体会在短时间内结合，形成一个四分染色体。这时，染色单体重叠，DNA 成分交换。在中期第一阶段，四分染色体排列在细胞赤道上。在后期第一阶段，四分染色体被分开，每套同源姊妹染色单体都会向细胞的两极移动。在有丝分裂后期的第一阶段，染色单体到达细胞两极。在原浆移动中，细胞质从细胞中部分裂，形成两个细胞。

每个新生成的细胞都会经历与减数分裂相同的减数分裂第二阶段。在前期第二阶段，每个细胞内的染色体准备再次分裂。在中期第二阶段，染色体排列在细胞赤道上。在后期第二阶段，姊妹染色单体被拉向细胞的两极。在末期第二阶段和原浆移动期，它们到达细胞两极，细胞质从细胞中部分裂，形成两个细胞。

尽管男性和女性的减数分裂过程基本相同，但两者也有着重要区别。在本实验中，你将制作一个女性体内卵子发生的模型和一个男性体内精子发生的模型。

实验时间

55 分钟

实验材料

- 两种颜色的黏土或培乐多橡皮泥
- 图画纸或硬纸板
- 实验记录本

安全提示

请仔细阅读并遵守本书“实验前必读”中的“安全准则”。

实验步骤

1. 展示含有两对同源染色体的卵细胞的减数分裂过程。请按如下步骤操作：
① 将两张图画纸用胶带粘在一起，或准备一张硬纸板。
② 在纸的末端画一个圆圈，代表女性的二倍体细胞，即可以产生卵子的卵

原细胞。将两块小手指大小的同颜色的黏土放在细胞里，代表已经复制的染色体。将其从正中间断开。再取两块另一颜色的黏土，将它们放在细胞中，代表已经复制的另一个染色体。仍将其从正中间断开。这 4 块黏土大小要相同。在这个细胞模型中，你展示的是两个分别来自父亲和母亲同源染色体。此时，它们已经完成复制，形成了姊妹染色体。

③ 减数分裂的第一阶段是前期第一阶段。在这个阶段，同源染色体会进行"染色体配对"或交换。请再画一个圆圈，表示卵子发生中前期第一阶段发生的事实。将另两套染色体放进这个圆圈，然后把它们捏在一起，形成一个四分染色体。

④ 从每个染色体上捏下一部分，按图 1 所示进行部分交换。

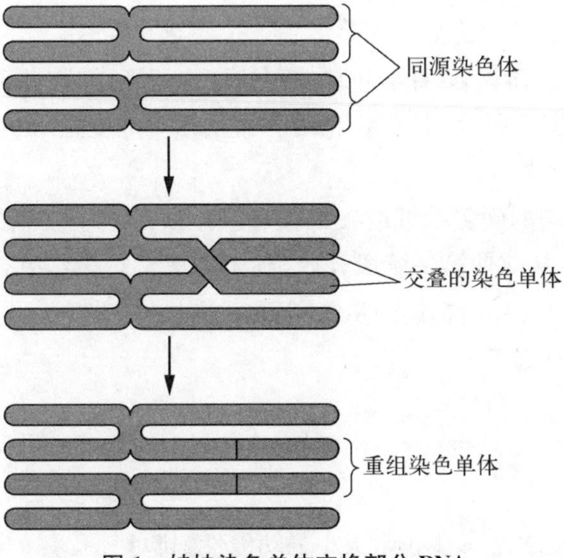

图 1　姊妹染色单体交换部分 DNA

⑤ 在中期第一阶段，四分染色体排列在细胞赤道上。在这个实验中，也有一个四分染色体。画一个圆圈，再准备几块黏土来代表这个四分染色体。不要忘记展示已经交换了部分 DNA 的染色体。将这个四分染色体放在细胞赤道上。

⑥ 在后期第一阶段，四分染色体被牵引分开，同源染色体对向细胞相反的两极移动。请分开四分染色体，使姊妹染色单体结合在一起，来展示上述过程。

⑦ 在末期第一阶段，姊妹染色单体到达细胞的两极，细胞一分为二。在卵

子发生中，一个细胞很大，而另一个则很小。为了展示这一过程，请画两个圆圈，一个与之前圆圈的大小相同，另一个要小得多。准备更多的黏土，以代表染色体。这样，你可以在较大圆圈和较小圆圈中各放上一套姊妹染色单体。在较大圆圈下标注“卵母细胞”，为较小圆圈标注“极体”。

⑧ 减数分裂第二阶段发生在正则胞体和极体中。在前期第二阶段，每个细胞准备再次分裂。你无须在模型上展示这一阶段，因为它与末期第二阶段非常相似。

⑨ 在中期第二阶段，染色体排列在细胞赤道上。在卵母细胞旁画一个大圆圈和一个小圆圈。在极体旁画两个小圆圈。在每一个细胞中，将一套姊妹染色单体放在细胞赤道上。

⑩ 在后期第二阶段，姊妹染色单体被牵引分开，向细胞相反的两端移动。用圆圈和黏土展示这一过程。

⑪ 在末期第二阶段，姊妹染色单体到达细胞两极，细胞进行原浆移动，形成两个新细胞。按图 2 所示，用圆圈和黏土（或培乐多橡皮泥）展示这一过程。

2. 回答分析问题 1—4。

3. 用一张不同的硬美术纸或硬纸板和黏土展示精子发生的不同过程。为每一阶段做标注，从前期第一阶段开始，到末期第二阶段结束。关于图 2，请注意精子发生遵循简介中所描述的步骤，但是没有极体。

4. 回答分析问题 5—9。

分 析

1. 卵子发生会产生多少正常大小的功能性细胞？
2. 卵子发生的第一个细胞中有多少条染色体？
3. 卵子发生的最后一批细胞中有多少条染色体？
4. 卵子发生的最后一批细胞中的所有染色体都相同吗？为什么？
5. 精子发生会产生多少正常大小的功能性细胞？
6. 精子发生的第一个细胞中有多少条染色体？
7. 精子发生的最后一批细胞中有多少条染色体？
8. 精子发生的最后一批细胞中的所有染色体都相同吗？为什么？
9. 减数分裂中的哪一事件会使后代产生基因变异？

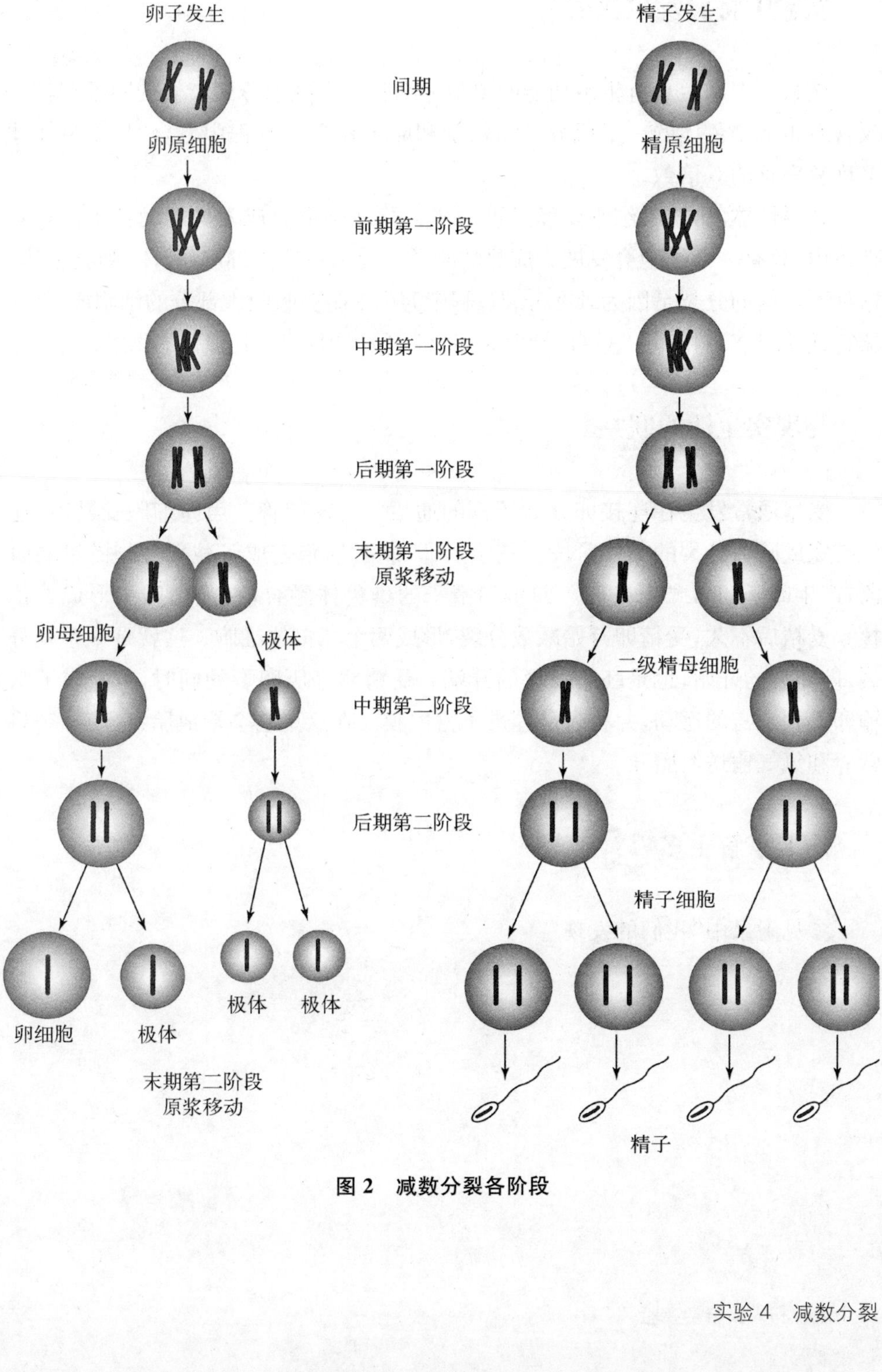
卵子发生
精子发生
间期
卵原细胞
精原细胞
前期第一阶段
中期第一阶段
后期第一阶段
末期第一阶段
原浆移动
卵母细胞
极体
二级精母细胞
中期第二阶段
后期第二阶段
精子细胞
极体
极体
卵细胞
极体
末期第二阶段
原浆移动
精子

图 2　减数分裂各阶段

实验中将会发生什么?

减数分裂产生具有生殖功能的单倍体细胞。由减数分裂产生的卵子和精子仅含有正常染色体的一半成分。当精子和卵子在受精过程中融合时,染色体才会恢复完整的双倍数。

在男性体内,精子细胞要经过进一步分化才会形成成熟的运动精子。在女性体内,只有一个细胞会发展为成熟的卵子。而另一些小细胞(极体)则会解体。这种不均衡的分裂是因为处在分裂过程中卵母细胞会吸收大部分的细胞质、细胞器官、信使 RNA 和酶。这可以确保卵细胞为受精卵提供一切所需的供给营养。

与现实生活的联系

受精通常发生在连接卵巢和子宫的通道——输卵管。当卵细胞受精时,还没有完成减数分裂的第二阶段。精子入卵,刺激细胞完成了减数分裂的第二阶段,产生卵子和第二个极体。卵子和精子的染色体融合,在受精卵中形成二倍核。受精后不久,受精卵开始减数分裂,形成两个二倍体细胞。这就是一系列分裂,即卵裂的开始,也是胚胎发育的开端。受精卵经历卵裂的同时,也完成了从输卵管到子宫的运动,并将自己埋进子宫内膜。在这里它会形成胎盘,使母亲将营养和氧气输送给胎儿。

想要了解更多吗?

参见附录中“我们的发现”。

实验5　性状遗传

题　目

显性性状和隐性性状造就可预知的遗传方式。

简　介

格雷戈尔·孟德尔(Gregor Mendel，1822—1884)用豌豆实验发现了性状是如何从亲本传递给后代的。他最终确定，豌豆的性状具有两组遗传因素，每一组各来自一个亲本。科学家现在知道许多性状拥有两个等位基因。虽然大部分的人类特征都由多基因决定，但仍有一些特征遗传自一个基因中的两个等位基因。其中，一个等位基因来自父亲，另一个来自母亲。这两个等位基因或都是显性的，或都是隐性的，或是混合型的，即一个显性、一个隐性。在混合型基因中，通常显示显性特征，而隐性特征则会被隐藏。

生物体的基因是基因型。生物体的呈现方式是它的显性。孟德尔发现，如果豌豆苗继承了两个高茎显性等位基因，即TT基因型，这株豌豆的显性就是高茎。如果豌豆继承了一个显性基因和一个隐性基因，即Tt基因型，豌豆的显性也是高茎。在本实验中，我们将模拟人类的显性特征和隐性特征的遗传。

实验时间

45 分钟

实验材料

- 硬币
- 白纸
- 彩色铅笔
- 实验记录本

安全提示

请仔细阅读并遵守本书“实验前必读”中的“安全准则”。

实验步骤

1. 在本实验中，你将和你的同伴一起创造一个假想的后代。将你的同伴指定为父亲，将另一个实验者指定为母亲。

2. 每个实验者需要一枚硬币，以确定实验者为假想后代提供的是显性等位基因还是隐性等位基因。如果硬币正面朝上，持硬币者提供显性等位基因。如果硬币反面朝上，持硬币者提供隐性等位基因。

3. 回答分析问题 1—3。

4. 将本实验的数据表抄写在实验记录本上。抄写时，请查看人类特征列表。第一个特征是脸型。为了表示父母双方都会为后代的脸型提供一个等位基因，你和你的同伴都要掷出硬币。掷硬币后，将你掷出的每一个等位基因填写在对应的栏中(如果掷出正面朝上，你提供的是等位基因 O；如果你的同伴掷出反面朝上，他提供的等位基因是 o。)

5. 将等位基因组合填写在“婴儿基因型”一栏中。

6. 如果基因型是 OO 或 Oo，婴儿的脸型是椭圆形。如果基因型为 oo，婴儿的脸型为方形。将婴儿的显性填写在最后一栏中。

7. 重复步骤 4—步骤 6，得出下面列出的婴儿特征。在每一个特征中，记录其基因型和显性。

① SS 或 Ss 表示下颏光滑，没有沟痕。ss 则表示下颏上有沟痕(图 1)。

② CC 代表卷发，Cc 代表波浪发，cc 则是直发。

③ WW 和 Ww 表示发际线呈 V 型，ww 表示发际线是直的(图 2)。

④ 杏仁眼是显性遗传，基因型为 AA 或 Aa。圆眼则是隐性遗传，基因型为 aa。

⑤ 离生耳垂是显性遗传，基因型为 FF 或 Ff。附着耳垂是隐性遗传，基因型为 ff。

⑥ 雀斑是显性遗传，基因型为 FF 或 Ff。无雀斑是隐性遗传，基因型为 ff。

⑦ 长睫毛是显性遗传，基因型为 LL 或 Ll。短睫毛是隐性遗传，基因型为 ff。

图 1　下颏上有沟痕的原因是两个隐性等位基因的遗传

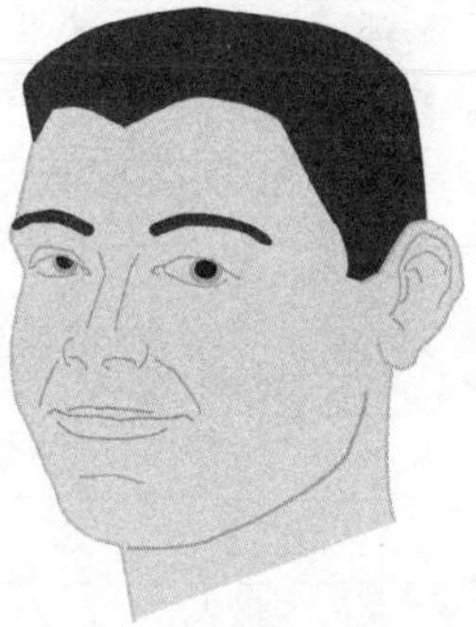

图 2　发际线呈 V 型是显性特征

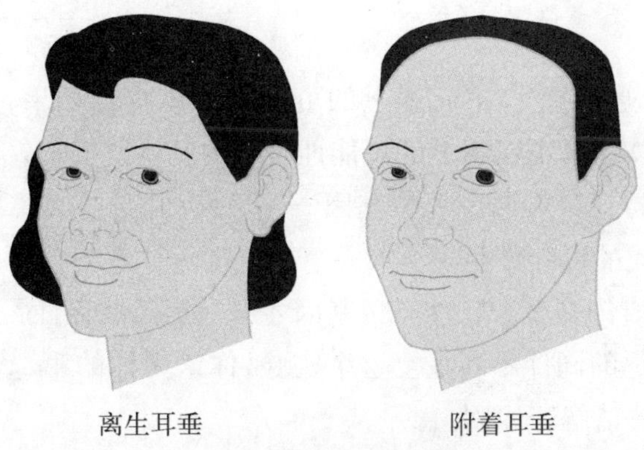

离生耳垂　　附着耳垂

图 3　离生耳垂是显性特征

⑧ 酒窝是显性遗传，基因型为 DD 或 Dd。无酒窝是隐性遗传，基因型为 dd。

⑨ 分散眉是显性遗传，基因型为 SS 或 Ss。集中眉是隐性遗传，基因型为 ss。

⑩ 黑发是显性遗传，基因型为 DD 或 Dd。浅色发是隐性遗传，基因型为 dd。

⑪ 褐色眼是显性遗传，基因型为 BB 或 Bb。蓝色眼是隐性遗传，基因型为 bb。

8. 填好数据表后，画出具有所有特征的婴儿的脸。

9. 回答分析问题 4—7。

数 据 表

特　征	母亲的等位基因	父亲的等位基因	婴儿的基因型	婴儿的显性
脸型				
下颏光滑或有沟痕				
卷发、波浪发或直发				
发际线呈 V 型或直线型				
眼睛形状				
耳垂				
雀斑				
睫毛				
酒窝				
眉毛				
头发颜色				
眼睛颜色				

分 析

1. 如果你掷硬币一次，正面朝上的可能性是多少？如果你连续掷硬币 99 次，那么掷第 100 次时，正面朝上的可能性是多少？

2. 如果一个特征只有两个等位基因——显性和隐性，父母中的一方将显性特征传递给下一代的可能性是多少？

3. 后代必须遗传多少个隐性等位基因才会呈示隐性显性？

4. 如果你和你的同伴不断重复这个实验，你认为你的第二个子女的外貌会和第一个相似吗？请解释原因。

5. 在本实验中，卷发的遗传有什么独特之处？

6. 请解释一个家庭中的两兄弟为什么在外貌上可能会有很大差异。

7. 一个孩子与其父母的眼睛都是褐色的，这对父母的下一个孩子的眼睛可能是蓝色的吗？请解释原因。

实验中将会发生什么？

许多遗传特征是由仅含有两个等位基因的基因来控制的：显性基因和隐性基因。通过掷硬币的方式，你和你的同伴模拟了基因的遗传。你的虚拟后代的特征完全是由运气决定的。如果你和你的同伴决定再拥有两个孩子，他们的一部分特征将与第一个孩子相同，而同时也会有一些差异。

然而，并不是所有基因都遵循孟德尔的显隐性定律。例如，有些特征是不完全显性，它们混合在一起生成一种中间形式。在这个实验中，由于不完全显性，波浪发就是介于直发和卷发之间的中间形式。此外，有一些其他特征显示出等显性，即所有的显性特征都会得到表现。血型就是一种等显性特征。如 A 和 B 是血型的两个等显性的等位基因，所以会产生 AB 型的血型。

与现实生活的联系

许多遗传性疾病是由单基因上的突变造成的，并表现了孟德尔的显隐性法则。在这样的条件下，发生突变的基因导致蛋白质组合错误，从而造成蛋白质不能完成其功能。现在科学家已经发现了 6 000 余种单基因紊乱，其中包括镰状细胞性贫血、囊性纤维化病、马方综合征和亨丁顿舞蹈症等。镰状细胞性贫血是一种血液疾病，患者血液中的部分红细胞细胞呈长钉状，而这会阻止它们向细胞输送氧气。囊性纤维化病患者的肺内和消化道内会产生浓稠的黏液，影响其正常的生长发育。马方综合征是一种结缔组织疾病，通常出现在身体的软骨、肌腱、韧带、心脏瓣膜或其他组织。亨丁顿舞蹈症是一种遗传病，患者的大脑神经细胞退化，导致其动作失控、丧失语言能力、恐惧社交活动。

想要了解更多吗？

参见附录中“我们的发现”。

实验6　遗传杂交的预测及实际结果

题　目

庞纳特方格在预测遗传杂交结果上的用途。

简　介

在奥地利遗传学先驱格雷戈尔·孟德尔的研究之前，科学家们认为父母的特征融合在一起形成了后代的特征。不过，孟德尔在遵循严谨的实验步骤，收集大量的遗传杂交实验结果后，证明了这样的说法是错误的。孟德尔在自己的实验中最初采用的是纯种植物，这些植物总是繁育出与本身非常相似的后代。在使两种不同的纯种杂交后，他得到了具有不同亲本特征的杂交品种。孟德尔发现，某些特征是显性的，它们拥有掩盖隐性特征的能力。孟德尔对几百种豌豆进行了实验。在经历了几年杂交豌豆、观察、计数、记录后代特征的工作之后，他得出结论：第一代豌豆后代，即子一代豌豆，只与一个亲本相似。子二代豌豆是子一代豌豆的自交品种，75%的子二代豌豆与子一代相似，而另25%呈现另一种性状。换句话说，就是子二代的一种性状与另一种性状的比例是3∶1。孟德尔解释说，出现这种比例的豌豆性状是由于一种性状是显性的，另一种是隐性的。图1显示了在子一代的豌豆中，显性性状(高茎)是如何掩盖了隐性性状(矮茎)。矮茎在子二代中再度出现，孟德尔认为这是性状作为“因子”由亲本传递给了后代。如今，科学家们知道，这些因子就是基因。基因有两种或多种形式，或

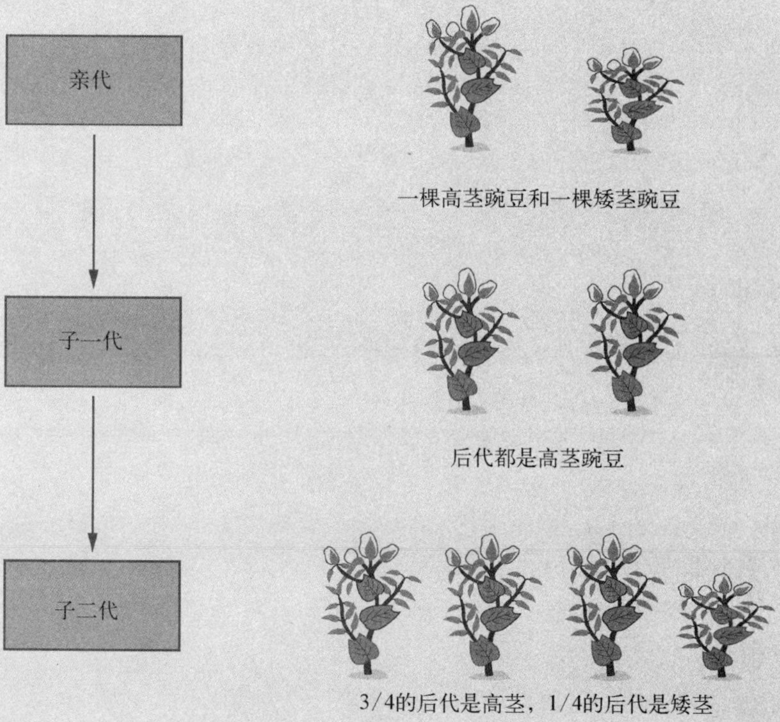

图 1

等位基因。显性等位基因能阻止隐性性状的出现。遗传学家将后代实际拥有的基因称为“基因型”，将后代的表现形式称为“显性”。

借助孟德尔提供的资料，遗传学家用庞纳特方格来预测遗传杂交的后代。方格分为 4 个部分。方格的上方是一个亲本的等位基因，方格的旁边是另一亲本的等位基因(图 2)。方格的 4 个部分分别显示基因的各种组合

父本等位基因

母本等位基因	D	d
d	Dd	dd
d	Dd	dd

图 2　庞纳特方格显示了等位基因为 Dd 的父本与等位基因为 dd 的母本的杂交结果。

可能。动物饲养员、农民、遗传学家和其他人员发现，庞纳特方格能够帮助预测任何一个后代继承一套特殊等位基因的可能性。在本实验中，你将使用庞纳特方格来预测两只豚鼠的杂交后代，并模拟杂交，以检验预测结果是否准确。

实验时间

45 分钟

实验材料

- 2 个小纸袋
- 2 根黑色管式清洁器
- 2 根白色管式清洁器
- 实验记录本

安全提示

请仔细阅读并遵守本书“实验前必读”中的“安全准则”。

实验步骤

1. 在你的实验记录本上画一个庞纳特方格，来表示两只基因型均为 Bb 的豚鼠的交配结果(图 3)。先画一个正方形，再将其分成 4 个部分。在正方形上方写出一个亲本的基因型 Bb，再在方格的左侧写出另一个亲本的基因型 Bb。在方格的 4 个部分中写出可能的基因组合。

2. 回答分析问题 1—3。

3. 找出庞纳特方格中显示的预期结果与模拟实验中豚鼠杂交的实际结果

Bb

Bb

图 3　雄性和雌性豚鼠的基因型均为 Bb。

有何区别。

黑色管式清洁器代表等位基因 B，白色管式清洁器代表等位基因 b。将一根黑色管式清洁器和一根白色管式清洁器放进一个纸袋中，代表雌性豚鼠的等位基因 Bb，并在纸袋上标注“雌性”。将另一根黑色管式清洁器和另一根白色管式清洁器放进第二个纸袋中，并在纸袋上标注“雄性”。

4. 为了模拟这两只豚鼠的交配，请摇动纸袋以混合基因。不要用眼看，从每一个纸袋中拿出一根管式清洁器。这两根管式清洁器代表第一个后代的基因。将第一个后代的基因型记录在数据表中。再将管式清洁器放回袋子中。

5. 再重复 9 次步骤 4。

6. 请算出基因型为 BB 的后代的比例。为了计算出这一比例，先将基因型为 BB 的后代的数目除以后代的总数 10，再把结果乘以 100%，得到百分比。

7. 重复步骤 6，得到基因型为 Bb 和 bb 的后代的比例。

8. 回答分析问题 4。

9. 在你的实验记录本上绘制一个与上面相似的数据表，但留出可记录 100 个后代信息的空格。

10. 重复步骤 4—步骤 7，得到 100 个后代的基因信息。回答分析问题 5。

数 据 表

后　代	基　因　型
1	
2	
3	
4	

续　表

后　代	基　因　型
5	
6	
7	
8	
9	
10	

分　析

1. 庞纳特方格的目的是什么？

2. 你预计杂交豚鼠具有下列基因型的比例分别是多少？a. BB　b. Bb　c. bb

3. 如果这对豚鼠产下 10 个后代，你预计具有下列基因型的后代分别有多少？a. BB　b. Bb　c. bb

4. 与庞纳特方格中的预期数字相比，模拟实验中豚鼠后代基因型的实际数目如何？

5. 与庞纳特方格中的预期数字相比，在管式清洁器模拟实验里的 100 个后代中，每种基因型的实际数字如何？

实验中将会发生什么？

如果你掷 10 次硬币，你预期会有多少次正面朝上？你可能会认为有 50% 的概率正面朝上，50%的机会反面朝上。然而，当你真正掷出硬币时，也可能掷出 3 次正面朝上，7 次反面朝上。也可能 9 次正面朝上，1 次反面朝上。如果掷硬币 100 次，你得到的结果也会是不同的。掷硬币 100 次后，约有一半是正面朝上，另一半是反面朝上。换句话说，实验的样本越大，就越可能接近预期结果。孟德尔也懂得这个道理，所以他在研究中搜集了几千个遗传杂交的结果。在遗传学中，“可能性”发挥了作用。生物体是二倍体，也就是说它们的体细胞内含有两个染色体组。其中一个染色体组遗传自父本，另一个遗传自母本。因此，染色体携带的遗传性状会受到这两个染色体组的影响。在有性生殖中，这两个染色体组被随机分配给不同的卵子和精子。在受精过程中，当卵子和精子结合，哪两个性状会组合在一起要依靠“可能性”。

与现实生活的联系

当“可能性”起作用时，两条法则帮助我们解释了所发生的情况。独立事件法则告诉我们，过去发生的事件对未来事件没有影响。例如，如果你掷硬币3次，每次都是正面朝上，但当你掷第四次的时候，正面朝上的概率还是只有50%。另一种解释方法是，正面朝上的概率总是50%是因为硬币只有两面。然而，乘法法则关注的是不同的事件对彼此的影响。根据这一法则，两个事件同时发生的可能性与每个事件发生的可能性相等。因此，如果你一次掷两枚硬币，那么两枚硬币同时正面朝上的可能性为50%乘以50%，也就是25%。这两条法则也可以应用在基因性状遗传的可能性上。

想要了解更多吗?

参见附录中“我们的发现”。

实验 7　味觉遗传

题　目

一个人辨别苯硫脲试纸味道的能力可以遗传。

简　介

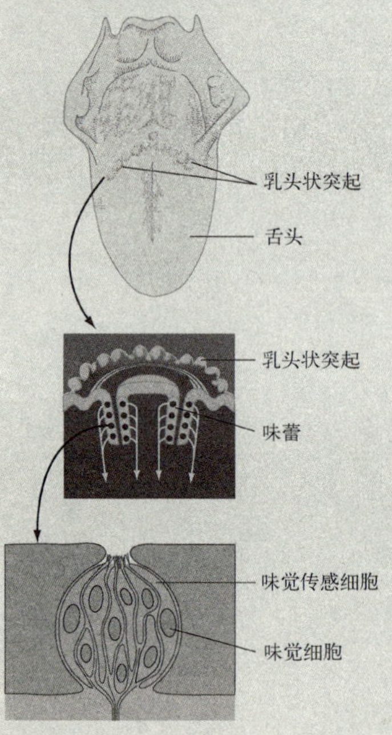

图 1

1931 年，美国化学家亚瑟·福克斯(Arthur Fox)对粉末状的苯硫脲进行研究。他正要将这种物质从一个容器移至另一个容器中，因此一些粉末飘散到空中。他的同事对这种粉末的苦涩味道抱怨连连，而福克斯却并没有尝到。后来，福克斯对他的朋友和家人进行了调查。他发现，有的人能够尝出苯硫脲的苦味，而有的人则不能。尝出苯硫脲的能力似乎只在一些家庭中存在。此外，他还同时发现，有些人觉得这种化学物质苦不堪言，而另一些人则认为苦味很淡。2003 年，遗传学家已经确定，一种为舌头上的传感器编码的基因能够探测苯硫脲。这种基因具有 4 个等位基因，其中 1 个是味盲基因，而另外 3 个则是辨味基因的不同形式。每一个基因都可以为调节味觉传感器形状的蛋白质进行编码，这也就确保了苯硫脲能够与传感器很好地结合(图 1)。每个人都从父母那里遗传两条等位基因。在本实验中，你可以设计实验步骤，更多地了解辨别苯硫脲味道的能力。

实验时间

A 部分 10 分钟
B 部分 55 分钟

实验材料

- 饮用水
- 苯硫脲试纸
- 控制测试试纸
- 小纸杯
- 实验记录本

安全提示

请仔细阅读并遵守本书“实验前必读”中的“安全准则”。

实验步骤　第一部分

1. 用纸杯中的水漱口，清洁口腔。
2. 尝一下控制试纸，描述它的味道并记在实验记录本上。
3. 再尝一下苯硫脲试纸，描述它的味道并记在实验记录本上。
4. 采访 3 个同学，看看你的结果与他们的结果是否相同。

实验步骤　第二部分

1. 设计一个实验，回答下列问题：

① 辨别苯硫脲味道的能力是显性的还是隐性的？

② 在你的学校中，能够辨别苯硫脲味道的同学占多少比例？

③ 辨别苯硫脲味道的能力是在男性中更为普遍还是在女性中更为普遍？

④ 辨别苯硫脲味道的能力与喜爱芥末科食物（如椰菜、花椰菜和卷心菜等）的偏好是否相关？

2. 你可以补充教师提供给你的实验用品。

3. 在进行实验前，先确定你具体要做些什么。在数据表中写下你的实验步骤和计划使用的实验材料。将你的实验步骤和实验材料清单请教师过目，确定实验步骤是否合适，实验材料是否齐全。如果可以，请继续进行实验。如有问题，请进行更改并再请教师过目。

4. 回答分析问题1—3。

5. 征得教师的同意后，收集你所需的实验材料，开始按实验步骤操作。

6. 将你的实验结果整理在自己设计的数据表中。

7. 回答分析问题4—6。

分　析

1. 什么是PTC试纸？

2. 为什么有些人能辨别苯硫脲试纸的味道，而有些人不能？

3. 为什么实验步骤的A部分需要辨别控制试纸的味道？

4. 你的假设是什么？

5. 你的实验能支持你的假设吗？请解释原因。

6. 如果你可以重新操作这个实验，你会对它进行怎样的改进？

数　据　表

你的实验步骤	

续 表

你的材料清单	
教师的意见	

实验中将会发生什么?

人类有辨别各种味道的能力。味道大体可分为 4 种：苦、甜、咸、酸。辨别每种味道的味蕾分布在舌头的不同区域(图 2)。这 4 种味道又可以进一步细分为几百种具有细微差别的味道。遗传学家已经发现，辨识这些味道的能力由人体的 DNA 控制。能够辨别苯硫脲苦味的基因位于 7 号染色体上。与仅有 3 个核酸的味盲基因不同，这个基因拥有 1 002 个核酸。

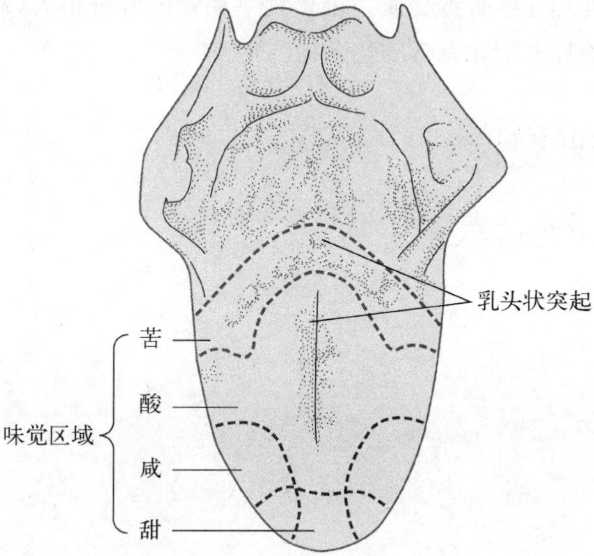

图 2

大约有 70%的人能够辨识苯硫脲的味道。其中，男性与女性在辨味能力上没有明显区别。那些不喜欢吃椰菜、花椰菜和卷心菜的人通常可以辨味。此外，大多数吸烟者是味盲。人们曾经一度认为，相对于味盲基因，使人能够辨别含有硫磺的化学物质苯硫脲的等位基因是孟德尔式显性。然而如今，遗传学家们发现，辨味基因显示出不完全显性。与从父母双方分别继承一个辨味等位基因和一个味盲基因的人相比，从父母双方各继承一个辨味等位基因的人对苯硫脲的味道更加敏感。

与现实生活的联系

辨别不同苦味的能力大约受到 30 个基因的影响。然而，苯硫脲辨味基因的出现与一个人对其他苦味的敏感度相关。既然人们大都不喜欢苦味的食物，你可能会疑惑，为什么这种辨别苦味的基因还会世世代代地传递了几千年呢？也许你可以在早期人类的食谱中找到这个问题的答案。一些有毒植物含有苦味化学成分，它可以使食草动物敬而远之。因此，正是自然选择保存了辨别苦味的基因，因为是这些基因确保了它们生存无忧。大多数食草动物对味道、特别是苦味的感受并不像人类这样敏感。因为食草动物在吃下苦味的有毒植物后，它们的消化系统能够处理这些有毒物质。很多食草动物的肝脏很大(通常比人的肝脏大得多)，可以处理并清除有毒的化合物。

想要了解更多吗?

参见附录中“我们的发现”。

实验 8　用染色体组型诊断疾病

题　目

同源染色体具有类似的带型，通过外观就可以识别。

简　介

染色体组型可以描述一个人染色体的图像。图 1 展示的是一个正常女性的染色体组型。请注意，这个染色体组型含有 23 对按顺序排列的染色体。最后一对染色体，也就是第 23 对染色体为 XX。如果是正常男性的染色体组型，最后一对染色体应该为 XY。Y 染色体比 X 染色体小得多。染色体组型能够显示染色体是否出现增加、缺失或破损的部分。一个人可以通过检测染色体组型来查看自己是否具有可能会遗传给后代的染色体异常。有过流产史的女性可能需要进行染色体组型的检测，以确定是否是染色体异常造成的流产。准父母有时也需要检测胎儿的染色体组型以确定胎儿是否有染色体缺陷。如果婴儿出生时具有两性生殖器，染色体组型还可以帮助确定婴儿的性别。一些通过基因组型确定的、最普遍的遗传病如下：

- 克莱恩费尔特综合征，该病男性患者比常人多出一条 X 染色体。
- 特纳氏综合征，该病的女性患者仅有一条 X 染色体。
- 唐氏综合征，该病患者的第 21 号染色体比常人多出一条。
- 巴特氏综合征，该病患者比常人多出一条 13 号染色体。
- 爱德华氏综合征，该病由三套第 18 对染色体造成。

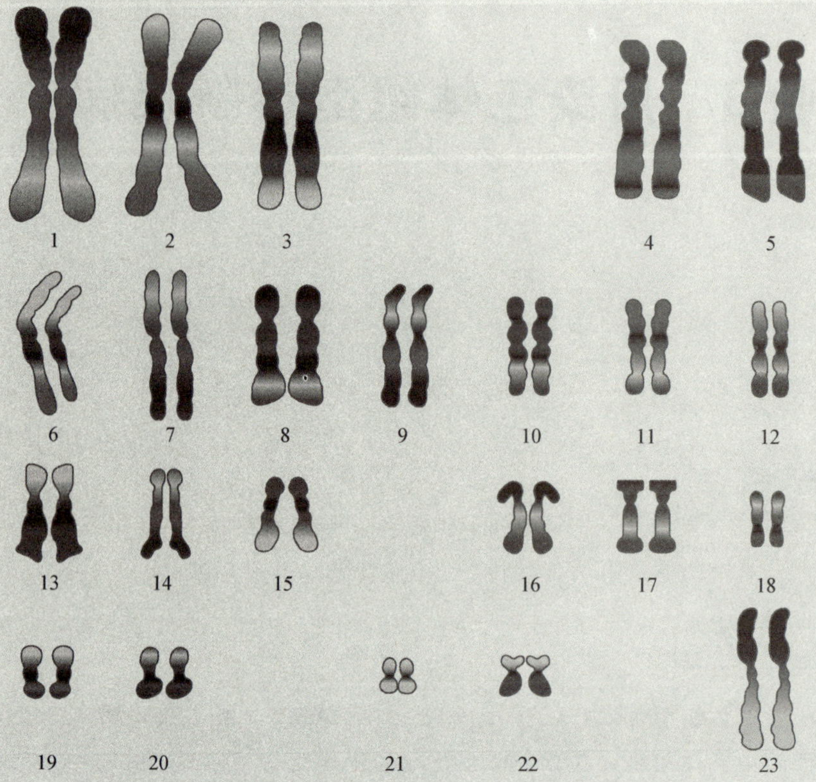

图 1　正常女性的染色体组型

为了制备染色体组型，体细胞聚集在一起，在培养液中繁殖成长，然后开始细胞分裂。细胞分裂时，通常细长的细胞会缩短变粗，并可在显微镜下清晰成像。

我们将照片中的染色体分开，并按 1—23 号把配对染色体排列好。亮色带和暗色带可以帮助我们识别这些染色体。染色剂使染色体中的腺嘌呤—胸腺嘌呤区域变暗。在本实验中，你要剪下纸质的异常“染色体”，并把它们和正常染色体作比较。

实验时间

45 分钟

实验材料

- 剪刀
- 胶带或胶水
- 图 2 和图 3 的复印件
- 实验记录本

安全提示

使用剪刀时注意安全。请仔细阅读并遵守本书“实验前必读”中的“安全准则”。

实验步骤

1. 回答分析问题 1 和 2。

2. 本实验图 1 是正常女性的染色体。观察图 1 并回答分析问题 3—6。

3. 图 2 是染色体异常的胎儿染色体。剪下复印图中的染色体，并按对排列。将这些染色体与图 1 中的染色体作比较，并回答分析问题 7—9。

4. 图 3 是年轻男性的染色体。剪下复印图中的染色体，并按对排列。将这些染色体与图 1 中的染色体做比较，并回答分析问题 10。

分　析

1. 为什么一对夫妇可能要检测他们胎儿的染色体组型？

2. 男性与女性的染色体组型有哪些不同？

3. 图 1 中的这个人有多少条染色体？其中从其母亲处遗传多少条染色体？从其父亲处遗传多少条染色体？

4. 一整套染色体被称为二倍体染色体数。图 1 中的二倍体染色体数是多少？

5. 半套染色体是单倍数。图 1 中的单倍数是多少？

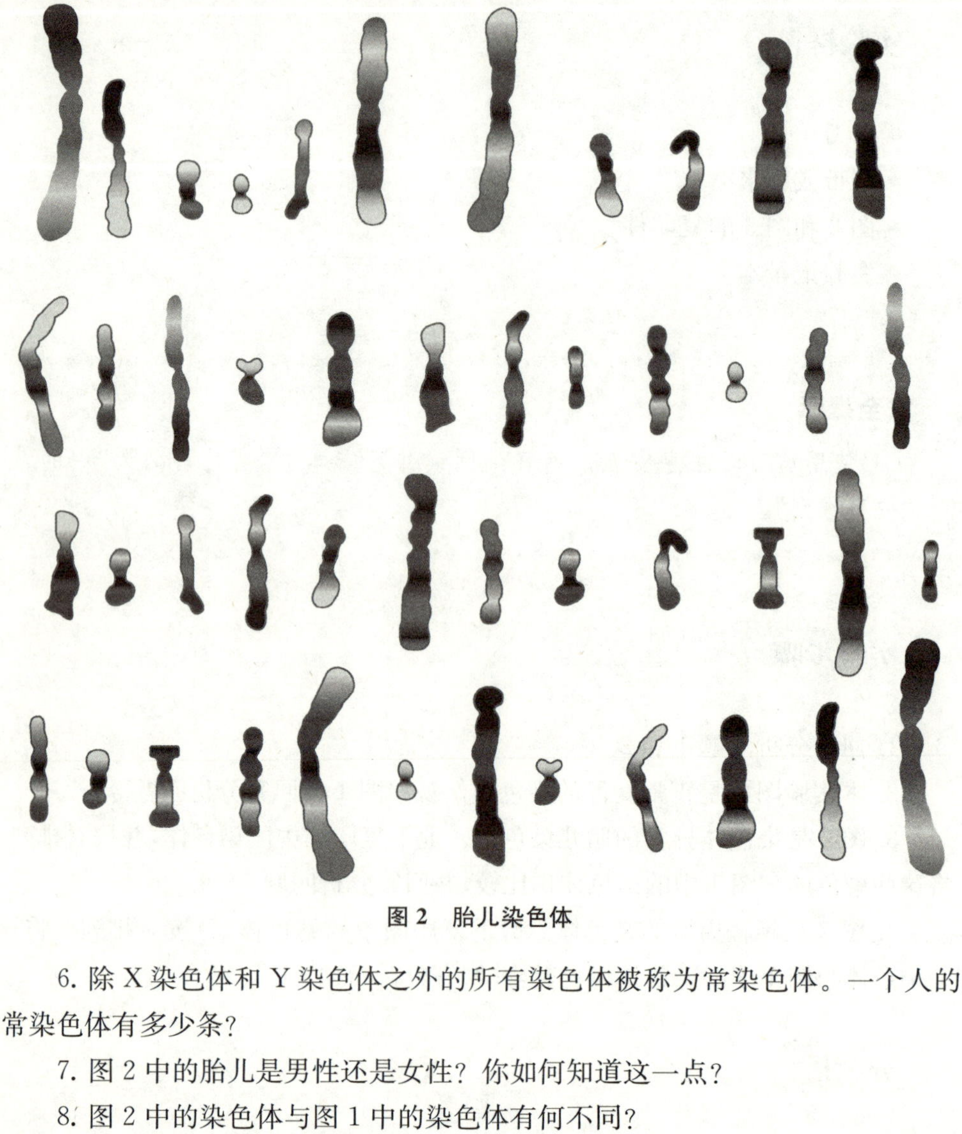

图 2　胎儿染色体

6. 除 X 染色体和 Y 染色体之外的所有染色体被称为常染色体。一个人的常染色体有多少条？

7. 图 2 中的胎儿是男性还是女性？你如何知道这一点？

8. 图 2 中的染色体与图 1 中的染色体有何不同？

9. 图 2 显示的是什么综合病症？

10. 图 3 中的染色体与图 1 中的染色体有何不同？

实验中将会发生什么？

在本实验中，你进行的是遗传学家的工作：剪下染色体的图片，将它们按

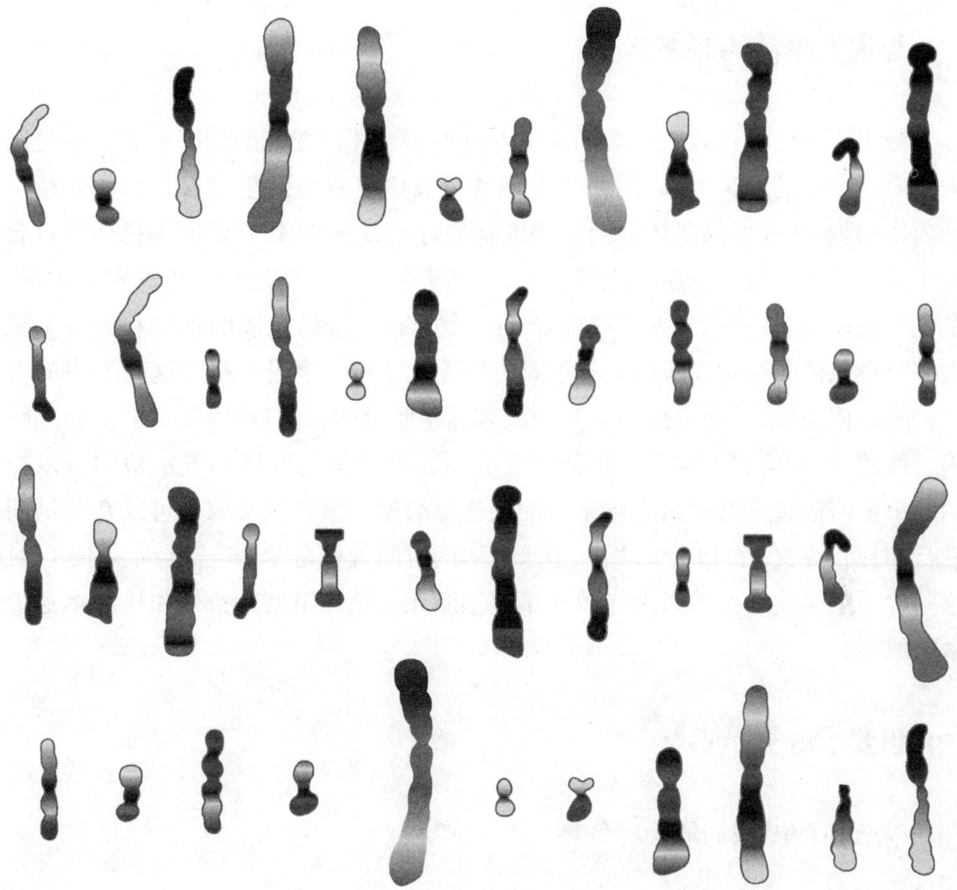

图 3　年轻男性的染色体

对排列，然后观察是否有染色体异常。你查看的第一个染色体组型（图 2）是带有一个多余 21 号染色体的女性胎儿染色体。这个孩子将会患有唐氏综合征，或 21 三体综合征。带有这种基因缺陷的儿童大约为八百分之一。患有唐氏综合征的儿童身体及心理发育迟缓。图 3 展示的是患有克莱恩费尔特综合征的男性的染色体，这种疾病是由一条多余的 X 染色体引发的。克莱恩费尔特综合征是一种最常见的由染色体异常引起的疾病，它的发生率大约为五百分之一。在很多情况下，多余的 X 染色体并不会显示出任何症状。但在其他病例中，患者睾丸激素的分泌比常人低，所以这些男性通常不育，且面部及身体毛发也少于正常男性。

与现实生活的联系

与年轻女性相比，超过 35 周岁的女性产下三体性婴儿的概率更大。这是因为随着女性年龄增长，她们的卵子在减数分裂中更容易发生错误。卵子和精子的前体细胞有 46 条染色体。当这些细胞进行减数分裂时，它们的染色体数目会减半。所以每个生殖细胞最终只含有 23 条染色体。如果这个过程中发生错误，染色体粘在一起，减数分裂就可能产生一个带有多余染色体的细胞和另一个缺失一个染色体的细胞。不过，这些女性可以通过一些检测来避免这种不幸的发生。超声检查(就是通过使用高频声波来显示胎盘的影像)可以发现某些胎儿缺陷。然而，这种检测不能对染色体进行分析。绒膜绒毛取样和羊水检测可以在胎儿出生前通过采集胎盘细胞来检测染色体组型。绒膜绒毛取样可以在孕早期进行，时间大约在孕 11—12 周。羊水检测的时间大概是孕 15—20 周。不过，对这些检测感兴趣的女性必须谨慎衡量获知胎儿染色体组型的益处和检测本身带来的风险。

想要了解更多吗?

参见附录中“我们的发现”。

实验 9　从颊上皮细胞提取 DNA

题　目

除红细胞细胞外，身体内的所有细胞都含有 DNA。

简　介

脱氧核糖核酸是一种将遗传信息带入细胞的大型有机分子。在真菌、细菌、原生动物、植物和动物中，这种分子可以决定生物体的性状。决定你所有特征的 DNA 密码使你成为人，而且这些特征使你成为独一无二的人。在你的 DNA 中，与其他人不同的只占不到 0.1%。在所有真核生物的细胞中，DNA 都存在于细胞核中。DNA 分子是一种细长的丝，当细胞准备分裂时，DNA 就会缩短变粗，成为推动细胞重组的染色体。人类有 46 条或 23 对染色体。DNA 分子是一种由核苷组成的双螺旋体(图 1)。每个核苷有 3 个基本的组成部分：含氮碱基、糖类和磷酸根基团。在所有组成部分中，糖类和磷酸根基团是相同的，但含有 4 个不同的碱基：腺嘌呤(A)、鸟嘌呤(G)、胸腺嘧啶(T)和胞嘧啶(C)。基因密码是由这些碱基的排列顺序决定的。在本实验中，你将从你的口腔中收集细胞，然后再从这些细胞中分离出 DNA。

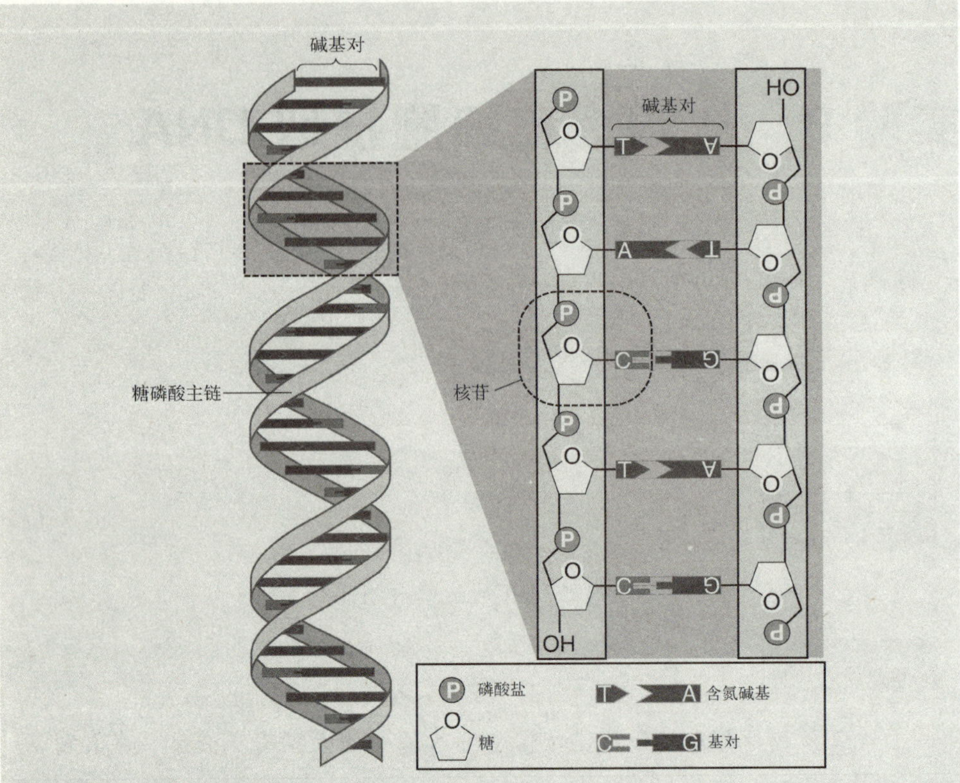

图 1

实验时间

45 分钟

实验材料

- 试管
- 2 克盐(氯化钠)
- 图 2 和图 3 的复印件
- 1 毫升洗手液
- 1/2 试管的凉乙醇(95%)

- 蒸馏水(约 50 毫升)
- 2 个小纸杯
- 量筒
- 搅拌棒
- 一小块塑料包装袋
- 实验记录本

安全提示

乙醇极易燃烧，使用时请注意安全。请仔细阅读并遵守本书“实验前必读”中的“安全准则”。

实验步骤

1. 在一个小纸杯中倒入 10 毫升蒸馏水，再加入 1 克盐并搅匀。
2. 在另一个小纸杯中倒入 3 毫升蒸馏水，再加入 1 毫升洗手液并搅匀。
3. 用盐水漱口 1 分钟。
4. 将水吐回纸杯。
5. 将漱过口的盐水倒入试管。
6. 在试管中加入 1 毫升洗手液溶液。
7. 用一小块塑料包装袋将试管口封住，轻轻晃动试管，直至液体充分混合。
8. 揭下塑料包装，在试管中加入 95%的凉乙醇。不要搅拌或也不要使溶液混合。
9. 几分钟后观察试管。DNA 会漂浮在盐水及洗手液的混合溶液和乙醇的分界面。你可以旋动搅拌棒，将 DNA 提取出来。

分　析

1. 什么是 DNA？
2. 你的 DNA 遗传自何人？

3. 一个 DNA 分子是由数以千计的核苷组成的链体。请描述核苷。
4. 请描述你在实验中获取的 DNA 的外观。
5. 实验中的 DNA 从何而来?
6. 请提出 DNA 的其他来源。

实验中将会发生什么?

虽然相对来说 DNA 是一种大型分子,但人的肉眼仍无法看到。在这个实验中,你获取了上万亿的 DNA 链。漱口时,你采集到附着在颊上的上皮细胞。你使这些细胞与两种化学物质接触:盐和清洁剂。清洁剂破坏了细胞膜,将 DNA 释放到溶液中。此外,盐和清洁剂去除了与 DNA 相结合的蛋白质。当你在盐、清洁剂和细胞的混合溶液中加入乙醇,除 DNA 以外的所有物质都会溶解。DNA 在冷乙醇中不易溶解,所以可以从溶液中沉淀出来,并出现在乙醇与混合物的交界面。

与现实生活的联系

一种最简单的从人体获取 DNA 的方法就是用棉签擦拭口腔。在这个测试中,我们可以使用消毒棉签(图 2)擦拭口腔内部以获得细胞。这样,我们就可以对这些细胞中的 DNA 进行分析。口腔擦拭法获取的 DNA 还可以用于许多其他用途。如警察可以用这种方法把疑犯的 DNA 和罪案现场收集的 DNA 进行比对;当不能确定孩子的父亲是谁时,口腔擦拭法还可以用来确定亲子关系;此外,如果婴儿由于出生时带有两性生殖器而难以辨别性别时,口腔擦拭法还可以确定他的性别。

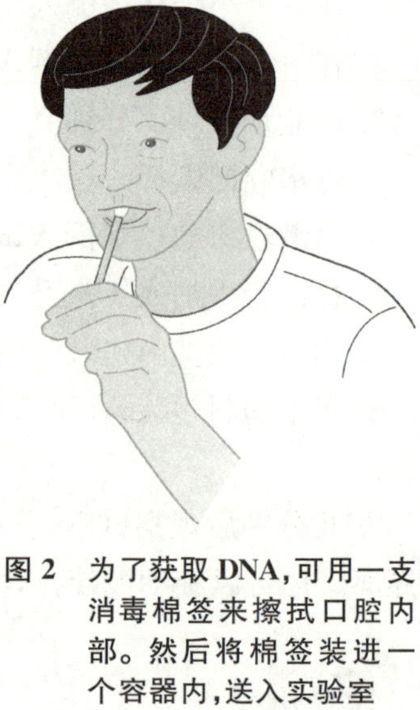

图 2 为了获取 DNA,可用一支消毒棉签来擦拭口腔内部。然后将棉签装进一个容器内,送入实验室

想要了解更多吗?

参见附录中“我们的发现”。

实验 10　设计生物体性状

题　目

生物体的一些性状是显性或隐性遗传，而另一些性状则是不完全显性、等显性或伴性遗传。

简　介

当孟德尔进行豌豆实验时，他发现一些性状可以掩盖其他性状。例如，他了解到，如果存在高茎性状，那么矮茎性状就会被掩盖。他将这些能掩盖其他特点的性状称为显性，而将被掩盖的性状称为隐性。如今，我们知道孟德尔研究的这些性状是由等位基因控制的。一个生物体具有的基因组成了它的基因型，而基因所展示出的生物体外观就是它的显性。

从孟德尔的时代起，人们就发现了其他的遗传类型。例如，一些性状被称为等显性，就是因为两种性状都可以得到完全显示。如马和牛的毛色就可以显示出等显性。如果马或牛继承了一个红毛等位基因(R)和另一个白毛等位基因(W)，那么这两种毛色就都可以得到体现。如果马或牛的毛色有红有白，就会呈现出枣红色。

在另一种遗传形式，即不完全显性中，生物体可以继承两种性状，但它们都不是完全显性。所以，这些性状会发生混合效应。如红色金鱼草(R)和白色金鱼草(W)杂交产生的后代为粉色(RW)(图 1)。

一些基因附着在 X 染色体上，这些基因就是伴性遗传。因为雌性(XX)

图 1 如果纯种红色金鱼草(RR)与纯种白色金鱼草(WW)杂交，其后代会开出粉色花朵(RW)

会遗传两个基因副本，而雄性则只能遗传一个基因副本。如红绿色盲就是一种伴性遗传的性状。色觉基因位于 X 染色体上，隐性等位基因(c)会造成色盲，而带有显性基因(C)的后代则色觉正常。带有一个隐性基因(XcXc)的女性色觉正常，但是带有一个隐性基因的男性(XcY)则是色盲。

在本实验中，你将设计一个假想的生物体(一个怪物)去验证不同的遗传模式对显性有着怎样的影响。

实验时间

45 分钟

实验材料

- 2 张黄色索引卡(或方形卡片)
- 2 张蓝色索引卡(或方形卡片)
- 2 张绿色索引卡(或方形卡片)
- 2 张红色索引卡(或方形卡片)
- 2 张紫色索引卡(或方形卡片)
- 剪刀
- 彩色铅笔
- 实验记录本

安全提示

使用剪刀时注意安全。请仔细阅读并遵守本书“实验前必读”中的“安全准则”。

实验步骤

1. 你的任务是设计一个带有5种不同基因性状的怪物。在实验记录本上列出你想让怪物拥有的性状。

2. 为5种性状分别指定一种遗传类型。请按如下步骤操作：

① 分别将两种性状确定为完全显性基因和完全隐性基因。例如，你可以将“角”确定为完全显性基因。如果你做好决定，请将“角”写在本实验数据表中“性状”一行中的“完全显性”下。然后确定你要将哪个基因分配给“角”。例如，你可以用H代表有角的显性基因，用h代表无角的隐性基因。将你想使用的基因写在“性状”一行中的“完全显性”下。

② 选择另一项完全显性的性状，把它加在数据表中“完全显性”一栏下。在“性状”一行中写下该性状，把你想使用的基因填在“基因”一行中。

③ 确定你所设计的怪物哪一种性状是等显性，把它填在数据表中“性状”一行的“等显性”下。将你想使用的基因填在该列的“基因”一行中。在等显性中，两个基因都用大写字母表示。

④ 选择一个由不完全显性控制的性状。将该性状和基因分别填写在“不完全显性”一列的“性状”和“基因”行中。在不完全显性中，两个基因都用大写字母表示。

⑤ 最后一个性状必须是伴性遗传的。将该性状和基因分别填写在“伴性遗传”一列的“性状”和“基因”行中。这类基因或是显性的，或是隐性的。请将该基因写成X染色体的上标。Y染色体不携带伴性遗传的性状。

3. 在数据表中，填写“可能的基因型”一列。可能的基因型即每种遗传类型的可能基因组合。以实验步骤1为例，可能的基因型即为HH、Hh和hh。

4. 在数据表中，填写“可能的显性”一列。可能的显性即是上一行“可能的基因型”所表现出的性状。如步骤1中的显性可能是“有角”或“无角”。

5. 索引卡代表怪物的染色体。两张同色卡片就是同源染色体——大小结构相似，但分别来自父本和母本。请按如下步骤操作：

① 在一张黄色卡片上写下“完全显性”中的一个性状的两个基因。请分别将两个基因写在该卡片的正反两面。然后在另一张黄色卡片上重复同样的步骤。例如，如果角是完全显性，就在每张卡片的两面分别写“H”和“h”。

② 在一张蓝色卡片上写下“完全显性”中的一个性状的两个基因。请分别将两个基因写在该卡片的正反两面。在另一张蓝色卡片上重复同样的步骤。

③ 在一张绿色卡片上写下“等显性”的两个基因。请分别将两个基因写在该卡片的正反两面。例如，如果头发颜色的性状是等显性的，就在卡片的正面写P，代表紫色；在反面写G，代表绿色。在另一张绿色卡片上重复同样的步骤。

④ 在一张红色卡片上写下“不完全显性”的两个基因。请分别将两个基因写在该卡片的正反两面。例如，如果长手指的基因用L代表，短手指的基因用S表示，就在卡片的一面写L，在另一面写S。在另一张红色卡片上重复同样的步骤。

⑤ 紫色卡片显示伴性遗传。在一张紫色卡片的一面写X，在另一面写Y。在另一张紫色卡片的正反两面都写上X。然后返回数据表，在X染色体上填写你创建的伴性遗传性状。你可以将这些性状写成显性（用大写字母表示）或隐性（用小写字母表示）。

6. 为获得怪物的特征，请将所有的卡片扔向空中。这表示怪物父母的等位基因混合在一起。

7. 不要翻动卡片，将卡片按颜色配对。

8. 观察两张黄色卡片。只要有一张黄色卡片显示的是显性基因，该怪物就会具有这一显性性状。如果两张卡片都显示隐性基因，怪物就会具有这一隐性性状。将怪物的特征记录在数据表中。

9. 查看两张蓝色卡片。只要有一张卡片显示显性基因，怪物就会具有这种显性性状。如果两张卡片都显示隐性基因，怪物才会具有这种隐性性状。将怪物的特征记录在数据表中。

数 据 表

	完全显性	完全显性	等显性	不完全显性	伴性遗传
性 状					
基 因					
可能的基因型					

续 表

	完全显性	完全显性	等显性	不完全显性	伴性遗传
可能的显性					
卡片颜色	黄色	蓝色	绿色	红色	紫色
怪物特征					

10. 查看两张绿色卡片。如果两张卡片上的基因相同，怪物就会显示这种特征。不过，如果卡片上的基因不同，怪物就会表现出这两种性状。将怪物的特征记录在数据表中。

11. 查看两张红色卡片。如果两张卡片上的基因相同，怪物就会显示这种特征。不过，如果卡片上的基因不同，怪物就会表现出这两种性状的综合特征。将怪物的特征记录在数据表中。

12. 查看两张紫色卡片。先确定怪物是雌性还是雄性，然后再决定怪物表现出来的是显性基因还是隐性基因。将怪物的特征记录在数据表中。

13. 现在你已经了解了怪物的特征，将它画在实验记录本上。

14. 在实验记录本上写出对怪物的描述。说明怪物的基因性状对其日常活动起到哪些重要的作用。

分 析

1. 孟德尔在其豌豆实验中见到了什么类型的遗传方式：完全显性、等显性、不完全显性，还是伴性遗传？
2. 解释等显性性状和不完全显性性状的不同。
3. 为什么男性比女性更容易出现伴性遗传的隐性性状？
4. 在这个实验中，代表怪物染色体的是什么？
5. 在这个实验中，代表怪物基因的是什么？
6. 这个关于怪物遗传特征的实验与现实生活有着怎样的联系？

实验中将会发生什么？

在这个实验中，你尝试了几种不同的遗传方式，以此来展示一个虚构的生物体是如何继承其基因性状的。由于你是怪物的设计者，所以你可以为其指定任何特征。例如，你可能将怪物脸上有痣(W)设定为显性性状，而将无痣设定为隐性性状(w)。这种性状只可能产生两种基因型：脸上有痣(WW 和 Ww)和脸上无痣(ww)(图 2)。你也可能将尖耳(P)设定为显性，圆耳(p)设定为隐性。将直发设为 S，卷发设为 C。这样，继承了一个 S 基因和一个 C 基因的怪物就会拥有部分直发和部分卷发。你也可能将怪物的身体颜色设定为不完全显性。红色(R)和白色(W)怪物的后代就可能产下粉色(RW)的后代。此外，实验中怪物的附属肢体(胳膊或翅膀)可能遵循伴性遗传方式。其中胳膊为显性(A)，翅膀为隐性(a)。大部分雌性怪物会长出具有显性特征(A)的胳膊，因为其基因型为 XAXA 和 XAXa。而要想生出翅膀，雌性怪物必须具有两个隐性基因 XaXa。基因型为 XAY 的雄性怪物会长出胳膊，而基因型为的 XaY 则会长出翅膀。

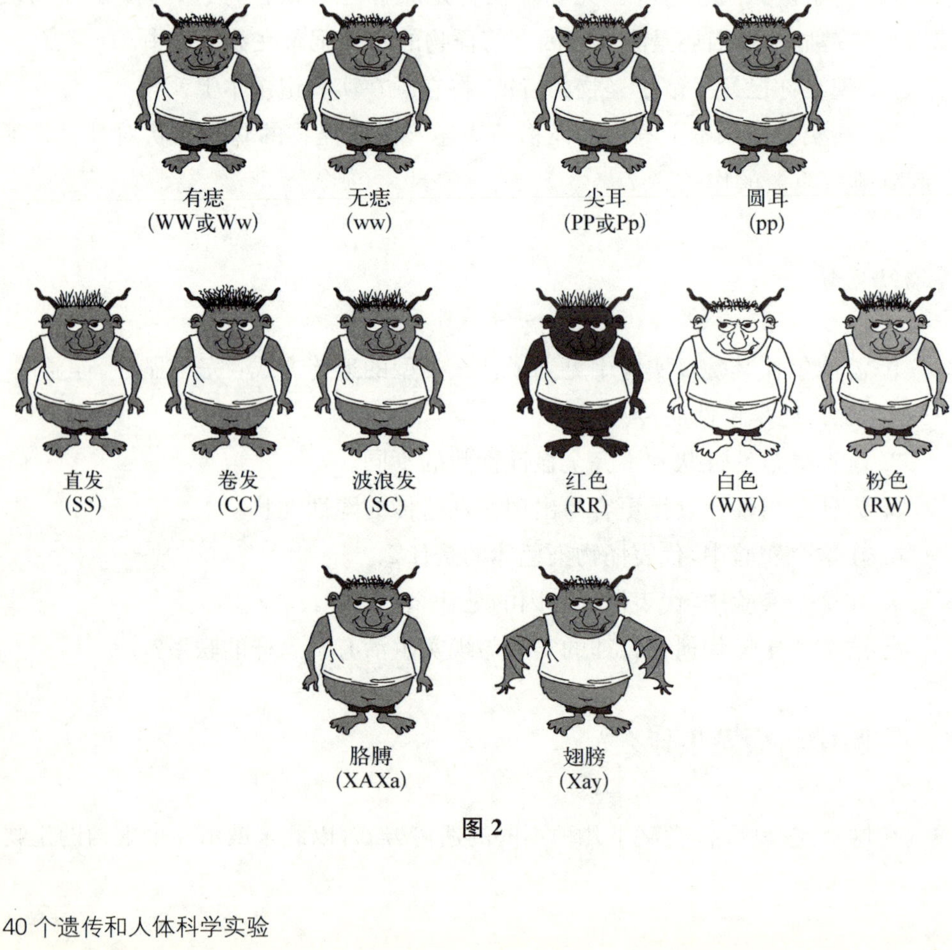

图 2

与现实生活的联系

在人类中，这几种遗传方式也很常见。由完全显性控制的特征包括雀斑、发际线形状和卷舌的能力等。不完全显性可以决定后代的头发是直发、波浪发、还是卷发。如果孩子从父母双方分别遗传了直发和卷发基因，那么孩子的头发将是波浪状的。血型遗传受等显性基因影响。血型有 3 个等位基因：A、B 和 O。A 型和 B 型都是显性，O 是隐性。如果孩子继承了两个等位基因 A，或 1 个 A 和 1 个 O，孩子的血型将为 A 型。同样，如果孩子继承了两个等位基因 B，或 1 个 B1 个 O，孩子的血型将为 B 型。不过，如果孩子继承了 1 个 A 型和 1 个 B 型的等位基因，其血型将为 AB 型。人类的伴性遗传特征包括色觉和血友病。

想要了解更多吗？

参见附录中“我们的发现”。

实验 11　染色体突变

题　目

用模型来展示染色体突变的类型。

简　介

你的基因信息由 23 对染色体携带，这 23 对染色体位于人体内几乎每个细胞的细胞核中。每个染色体是一个脱氧核糖核酸长分子。而基因是一些染色体片段，可以对身体活动发出指令。人体的染色体包含约 2.5 万个基因。

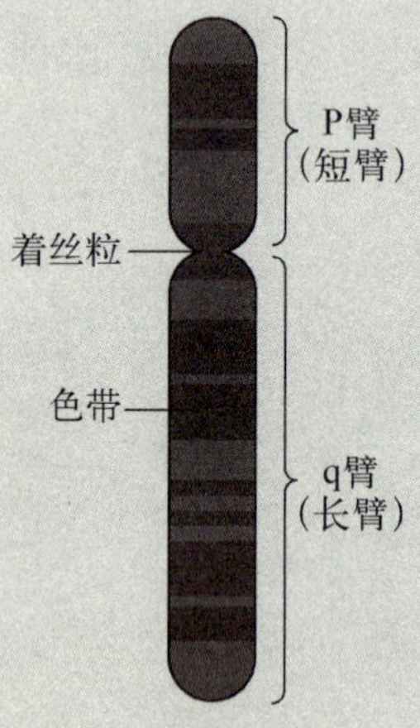

图 1

所有的染色体都具有相似的特征。每条染色体有一个短臂（p 臂）和一个长臂（q 臂），短臂和长臂由一个收缩的区域（着丝粒）分开。对染色体着色后，每个部分会呈现深浅各异的色带（图 1）。我们将每个色带标号后，可以将其作为识别染色体的参考点。

DNA 的任何变化都称为突变。DNA 在向后代传递的过程中，有时会发生损坏或改变。此外，染色体改变也会出现在胎儿期。

染色体突变的类型包括：缺失、重复、倒位、易位及相互易位。如果缺失产生，染色体的一部分及其携带的遗传信息会被删除。缺失程度越大，DNA 丢失越多，后果也就越严重。缺失可能发生在任何一条染色体臂上，缺失程度也不尽相同。

在重复中，染色体 DNA 的某个部分会被复制，从而造成过多的 DNA 出现。有些重复会产生三体细胞，原因是参与重复的基因以 3 个一组的形式出现。在倒位中，DNA 的某个部分会被删除，而后在相反的位置被重新插入。这种改变影响了一些基因的示性方式。当 DNA 的某个部分从染色体上丢失，并被插入到另一染色体上，便产生了易位。这种突变影响基因示性。如果是相互易位，DNA 的几个部分从两条不同的染色体上被移除，并相互调换位置。在本实验中，你将设计基因突变的各种模式。

实验时间

45 分钟

实验材料

- 剪刀
- 胶水或胶带
- 复印图 2
- 纸张
- 实验记录本

安全提示

使用剪刀时要当心。请仔细阅读并遵守本书“实验前必读”中的“安全准则”。

实验步骤

1. 在你的实验记录本上誊写数据表。

2. 图 2 为你提供了这节课上将使用到的染色体图。把图 2 中染色体 A 的复制图剪下来。改变染色体 A，说明如果缺失产生，染色体 A 会是什么样子。为了显示这一改变，请剪去图中的亮色部分，然后用胶带把染色体重新粘到一起。用胶带或胶水，把变化后的染色体粘到你的实验记录本上数据表右侧的任意一行(将染色体粘在数据表上之后，把它交给另一名同学，让这名同学辨认出所发生的突变类型。因此，不要按顺序摆放，如不要将第一个染色体粘到第一行，第二个染色体粘到第二行等)。

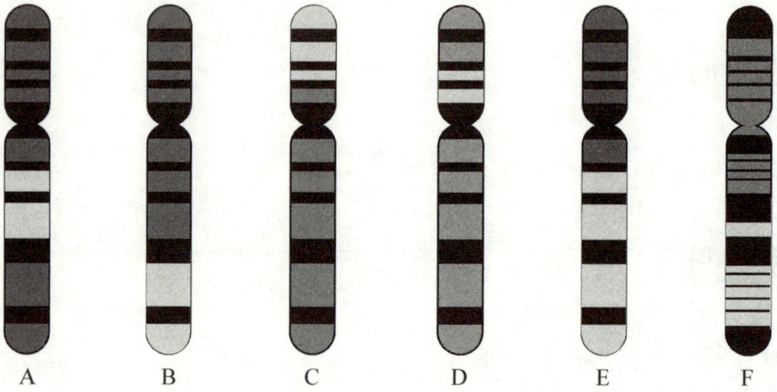

图 2

3. 剪下染色体 B。在一张纸上再画出一个这条染色体上的亮色部分。在染色体 B 的亮色部分上方将这条染色体剪开，然后嵌入你画好的染色体部分。把这条染色体和新插入部分重新粘好。用胶带或胶水，把变化后的染色体粘到数据表右侧的任意一行。

4. 剪下染色体 C。然后剪下亮色部分，将其上下颠倒之后重新放在染色体上，再用胶带将染色体重新粘好。用胶带或胶水，把变化后的染色体粘到数据表右侧的任意一行。

5. 剪下染色体 D，并将亮色部分剪去。在纸上画出与之不同的染色体的一部分，用胶带将其固定在亮色部分原来所在的位置。用胶带或胶水，把变化后的染色体粘到数据表右侧的任意一行。

6. 剪下染色体 E 和 F，将亮色部分剪下，将它们在两条染色体上的位置互换。用胶带或胶水，把变化完成后的染色体粘到数据表右侧的任意一行。

7. 与另一名同学交换信息表。在其数据表的左栏中写出粘在右栏中的基因突变类型。

8. 与创建数据表的同学核对，确认你是否正确指出了基因突变的类型。

分　析

1. 哪些染色体异常会导致遗传信息丢失？

2. 某些基因会被相邻的基因打开或是激活。倒位会对这些基因产生怎样的影响？

3. 基因点突变只涉及一个基因中的某个区域。基因点突变与基因突变有什么不同？

4. 你认为缺失和易位哪个会导致更严重的改变？请说明原因。

实验中将会发生什么？

在这个实验中，你验证了染色体中可能出现的一些改变。虽然在某些情况下，父母将这些改变遗传给了孩子，但在大多数情况下，这些改变在胎儿时期就自然出现了。我们称胎儿时期的一种新突变为 *de novo* 异常。在这两种情况下，染色体改变对于个体产生的不同影响取决于涉及的染色体类型和基因数量。与染色体重组相比，在缺失中丢失的 DNA 可能会造成更加严重的改变。例如，由 5 号染色体短臂的部分或完全缺失所引起的染色体异常就是猫叫综合征。

数　据　表

染色体突变名称	发生改变的染色体

DNA 组成成分的大量缺失会引起复杂的症状，这些症状包括发出尖锐的、猫一样的叫声，猫叫综合征也因此得名。具有这种缺陷的儿童可能会出现发育迟缓、智力低下、头小畸形、肌无力及特殊面容等症状。智力低下的主要原因可能是某一特定基因，即 CTNND2 基因的缺失，该基因作用于成组的神经细胞的发育。婴儿出生后，该基因在神经刺激传导过程中起决定性作用。

与现实生活的联系

在代代相传的过程中，某一群体的基因改变并不明显。但是日积月累，随着变化的不断产生，在这一人群中就会产生明显的基因改变。最终，这些变化可能会导致新物种的产生。在植物界，如果两种稍有区别的物种进行异花授粉，后代可能会保留部分或全部染色体的特征。在植物界，一套额外染色体（我们称其为“多倍化”）的出现也十分常见。据科学家估计，70％的有花植物都具有多倍染色体。例如，很多种类的咖啡树都具有多倍染色体。原始品种有 22 个染色体，但是其他品种的染色体数量分别是 44、66 和 88 个。科学家们相信，其他品种都是由原始品种发育产生的多倍体。同样的染色体突变也存在于动物界，其中包括各种昆虫、鱼类和两栖动物等。为数不多的一种多倍体哺乳动物是一种阿根廷大老鼠。这种多倍体生物的细胞比正常老鼠的细胞大得多，这是因为这些细胞比正常的细胞携带了更多的 DNA。

想要了解更多吗？

参见附录中“我们的发现”。

实验 12 亲本与后代的性状不相同

题目

经过三代杂交后，果蝇能够将其显性遗传性状和隐性遗传性状的趋势呈现出来。

简介

你的生理特点，如：头发和眼睛的颜色、身高都来自你的祖先。这些特征位于基因，即 DNA 染色体片段上。这些染色体携带着决定你自身特征的蛋白质合成编码。你从母亲那里得到一套染色体，从父亲那里得到另外一套染色体。你的一些特征就源于这些基因中的显性基因或其等位基因，这就意味着这些显性基因总是能够获得表达。而其他特征由于受到隐性等位基因的控制，只有在显性特征不表现时才能够显现出来。

一个人特有的基因组合方式就是他的基因型。如果这种组合是两个显性基因，那么其基因型是纯显性。如果是两个隐性基因组合，那么基因型是纯隐性。一个显性基因和一个隐性基因组合则是杂合型。尽管杂合型个体携带一个隐性基因，但它总是表达显性特征。

我们以是否有酒窝为例，来理解显性基因和隐性基因的原理。这个基因有两个等位基因：有酒窝的显性等位基因(D)和无酒窝的隐性等位基因(d)。携带 DD 型基因或 Dd 型基因的人有酒窝，而那些携带 dd 型基因的人则没有酒窝。

	A	a
A	AA	Aa
a	Aa	aa

图 1　庞纳特方格：两个杂合型果蝇进行单基因杂交的结果

通过庞纳特方格，我们能够确定子代拥有某些基因型并表达出某些显性或外貌特征的可能性。图 1 中的庞纳特方格展示了两个杂合型个体杂交之后的结果。它们的子代表达显性性状的可能性是 75%，表达隐性性状的可能性是 25%，显性与隐性比为 3∶1。在本实验中，你将饲养果蝇，观察由纯种系父代繁殖的两代后代的显性特征，并观察显性和隐性特征的出现频率。

实验时间

第一部分：30 分钟

第二部分：30 分钟

第三部分：4—6 周

实验材料

- 2 种果蝇，一种野生型，一种突变型（如：残翅果蝇、黑檀果蝇、无眼果蝇等）
- 2 个装果蝇的瓶子及瓶塞
- 果蝇培养基
- 水
- 小画笔
- 检索卡
- 麻醉剂或用来麻醉果蝇的乙醚
- 装有异丙醇的密封瓶
- 放大镜或解剖显微镜
- 计算器
- 实验记录本

安全提示

避免吸入麻醉剂和乙醚。请仔细阅读并遵守本书“实验前必读”中的“安全准则”。

实验步骤　第一部分

1. 观察父代果蝇并按照雌雄将其分类。此后，用麻醉剂或乙醚将果蝇麻醉，用小画笔在检索卡上记录其分类。麻醉果蝇时请注意，不要伤害它们。雌性果蝇腹部色浅且尖（该部位称为产卵器），雄性果蝇腹部色深且圆，同时前腿有性梳（图 2）。你可以借助放大镜或者解剖显微镜观察野生型果蝇和突变型果蝇。观察结束后，将果蝇装进密封瓶里，把它们处理掉。

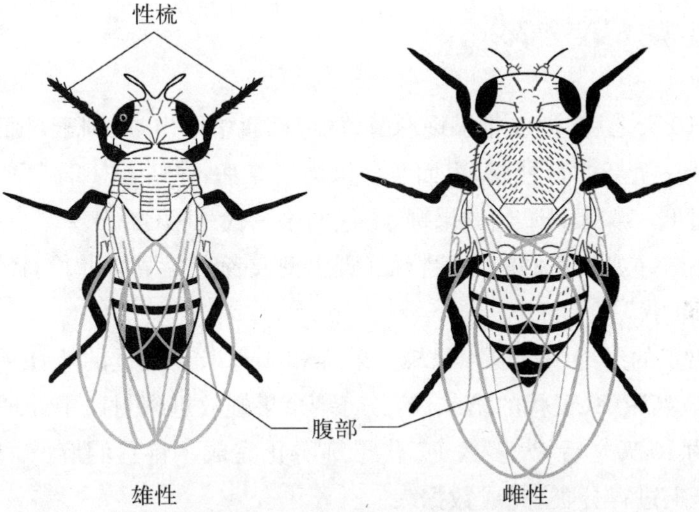

图 2　雄性果蝇和雌性野生果蝇不同的身体外形

2. 雌性果蝇可以和多个雄性果蝇交配产卵。因此，为确保实验中的杂交过程是在两个纯合型果蝇之间进行的，你需要从野生型果蝇瓶和突变型果蝇瓶中取出未交配过的雌性果蝇。然后，再取出储藏瓶中的剩余的成年野生型果蝇和突变型果蝇，放进密封瓶内处理掉。孵化后的果蝇未交配过，这些果蝇将在步骤 2 中使用。这些孵化的果蝇成熟后是父代果蝇（P 代），即原始的纯种果蝇。

实验步骤　第二部分

1. 选择一个交配瓶，贴上“F1 代”标签，里面放置供果蝇产卵的培养基。将一份水和一份培养基混合，搅拌混合后置于瓶底并密封。在放入果蝇前先让培养基风干。

2. 将刚刚孵化出的雄性果蝇和雌性果蝇麻醉并分类（在理想状态下，这一步骤将在果蝇孵化后 8 小时内进行）。

3. 将 4 只雄性果蝇和 4 只雌性果蝇放入一个贴有“F1 代”标签的新交配瓶中。你可以选用 4 只野生雌性果蝇（w.t.f.）和 4 只突变型雄性果蝇（m.m.），或者 4 只突变型雌性果蝇（m.f.）和 4 只野生雄性果蝇（w.t.m.）。把交配瓶上的标签贴好。成年果蝇将在接下来的几天至一周内交配产卵。

实验步骤　第三部分

1. 8—10 天之后，把成年果蝇麻醉，从玻璃瓶中取出，放到密封瓶里处理掉。

2. 选择一个新的育种瓶，里面装满果蝇培养基，并贴上“F2 代”的标签。

3. 再过 8—10 天，F1 代的果蝇（子代的第一代）将开始出现。当果蝇孵化之后，将其麻醉，并观察它们的显性特征（野生型或者突变型均可）。将信息记录在数据表内“F1 代”那一行中。

4. 从出现的果蝇中选取 4 只雄性果蝇和 4 只未交配过的雌性果蝇，放入新的“F2 代”玻璃瓶中（子代的第二代）。将剩余果蝇放进密封瓶中处理掉。

5. 大约 10 天之后，大多数 F2 代果蝇孵化完成。将它们麻醉，并根据其显性在索引卡上进行分类，完成数据表。

6. 实验结束后，如果教师没有其他指示，将密封瓶里所有的果蝇都处理掉。

分　析

1. 画两个庞纳特方格，来预测实验中每组交配的预期结果（第一组是在两个纯合型之间进行的，第二组是在纯合型交配后的子代之间进行的）。

数 据 表

	野生型果蝇数量	突变型果蝇数量
F1 代		
F2 代		

2. 利用数据表中的记录结果，计算果蝇每个显性的百分比。计算百分比时，用具备该显性的果蝇数量除以果蝇总数，再将结果乘以 100%。计算公式如下：

$$百分比 = \frac{具备该显性的果蝇数量}{果蝇总数} \times 100\%$$

3. 实际百分比与根据庞纳特方格所得的预测数据相近吗？为什么？

4. 将 F2 代的数据与全班同学的数据放在一起统计，重新计算每种显性的百分比。

5. 如果使用更多的果蝇样本，所得的结果会有所不同吗？请解释原因。

6. 如果在 F2 代果蝇只孵化出少数子代之后，你就进行了数据收集，那么你的数据将有何不同？

7. 根据数据分析来预测一个种群的特征时，使用更多的生物样本会更有利于数据统计。为什么？

实验中将会发生什么？

在 19 世纪末对豌豆展开研究的孟德尔被誉为现代遗传学之父。孟德尔是一位奥地利修道士，他发现了豌豆遗传性状的模式。经过计算，孟德尔发现拥有某些性状的豌豆作物其显性“因子”与隐性“因子”的比例大约为 3∶1。这一结果来源于孟德尔的“分离定律”。该定律表明，每个父代有两个因子，而当性细胞形成时，这两个因子分离。这些因子能够与来自另外一个父代的因子结合，从而形成多种不同的组合。今天，科学家们了解到这些因子就是染色体上的基因，它们在细胞减数分裂的过程中相互分离。

尽管在杂合型交配之后，其显性性状与隐性性状的显性比大约是 3∶1，但其基因型的比率则是 1∶2∶1。子代中大约有 25%是纯显性基因型，50%是杂合基因型，25%是纯隐性基因型。但是，我们无法区分纯显性个体与杂合型个体，因为它们的性状相同。所以，必须经过特殊类型的交配，即杂交测试，才能确定这些生物的基因型。

与现实生活的联系

隐性基因可导致很多人类疾病，如白化病、囊性纤维化病、镰状细胞性贫血症等。当孩子患有隐性遗传病时，父母通常都十分惊讶，因为他们都没有患过此类疾病。因此，很多人在准备生孩子之前，都会进行基因测试和基因咨询。有遗传病史的人经常会做DNA测试，以确认自己是否携带隐性等位基因，从而确定这些基因是否会影响他们的后代。基因咨询师能够检测父母双方的基因，并根据结果告知他们的孩子遗传某些疾病的可能性。从基因咨询师那里获得信息后，很多夫妻就可以做出明智的选择，决定是自己生孩子还是领养孩子。

想要了解更多吗?

参见附录中“我们的发现”。

实验 13　伴性突变遗传

题　目

果蝇杂交实验可以展示伴性特征的遗传性。

简　介

我们可以在染色体上发现决定生物性状的基因，即 DNA 片段。人类有 23 对染色体，其中 22 对为常染色体，可以决定与个体性别无关的特征。一对为性染色体，决定个体的性别是男性还是女性。女性有两条 X 染色体，而男性有一条 X 染色体和一条 Y 染色体。X 染色体相对较大，携带一些与性别无关的特征。由于 Y 染色体很小，所以它携带的特征也极少。位于 X 染色体上的基因被称为伴性基因。

果蝇中的一类，即黑腹果蝇常被用于基因研究，原因在于它们繁殖迅速，便于保存与研究。果蝇有 4 对染色体：3 对常染色体和 1 对性染色体。在决定性别和 X 与 Y 染色体上携带特征的数量方面，果蝇的性染色体与人类的性染色体十分相似。

庞纳特方格能够预测伴性特征。伴性特征写在 X 的上角标位置（图 1）。在本实验中，你可以预测果蝇杂交的结果。通过饲养果蝇，你也可以观察伴性特征是如何遗传给下一代的。

红眼雌性果蝇 \ 白眼雄性果蝇	X^r	Y
X^R	X^RX^r	X^RY
X^R	X^RX^r	X^RY

图 1　描绘伴性特征遗传的庞纳特方格

实验时间

第一部分：30 分钟

第二部分：30 分钟

第三部分：4—6 周

实验材料

- 两类果蝇，一类是野生型，一类是伴 X 染色体突变型（如白眼果蝇或黄色果蝇）。
- 3 个装果蝇的玻璃瓶和密封塞
- 果蝇培养基
- 水
- 小画笔
- 索引卡
- 用来麻醉果蝇的麻醉剂或乙醚
- 处理果蝇用的密封瓶（装满甲丙醇的玻璃瓶）
- 放大镜或者解剖显微镜
- 计算器（可选）
- 实验记录本

安全提示

避免吸入麻醉剂或乙醚。请仔细阅读并遵守本书“实验前必读”中的“安全准则”。

实验步骤　第一部分

1. 观察父代果蝇，并按照性别将其分类。此后，使用麻醉剂或者乙醚将果蝇麻醉，并用小画笔在检索卡上记录其分类。麻醉果蝇时请注意，不要伤害它们。野生型雌性果蝇腹部色浅且尖（该部位称作产卵器），野生型雄性果蝇腹部色深且圆，同时前腿有性梳（参见实验 12 的图 2）。你可以借助放大镜或者解剖显微镜进行观察。

2. 观察父代突变型雄性果蝇和雌性果蝇。和野生型果蝇一样，这些雌性与雄性果蝇的腹部形状不同。除了腹部形状这一特征外，突变型雄性果蝇携带伴性特征，这些特征使其具有明显的特点，能够帮助你将其辨别出来。其他特征包括它们的眼睛和身体颜色的差异。

3. 观察结束后，把果蝇放在密封瓶里处理掉。将两个装有亲本品系的玻璃瓶中剩余的成年果蝇取出，放进密封瓶中处理掉。由于雌性果蝇可以和多个雄性果蝇交配产卵，所以在实验中你必须使用未交配过的雌性果蝇。你将在步骤 2 中使用到的孵化果蝇是纯种系果蝇产下的未交配过的果蝇。你能够通过果蝇身上的产卵器辨认出雌性果蝇。

实验步骤　第二部分

1. 把交配瓶贴上“F1 代”标签。交配瓶里面放置供果蝇产卵的培养基。将一份水和一份培养基混合，搅拌混合后置于瓶底。在放入果蝇前先将培养基风干，然后密封。

2. 将交配瓶内刚刚孵化出的雄性果蝇和雌性果蝇（P 代）麻醉并分类（理想状态下，这一步骤将在孵化后 8 小时内进行）。

3. 把 4 只突变型雄性果蝇和 4 只野生型雌性果蝇放入一个新的交配瓶中。

把交配瓶贴上“4 m.m.×4 w.t.f.”的标签。成年果蝇在接下来的几天至一周内交配并产卵。

实验步骤　第三部分

1. 几天或一周后，把成年果蝇麻醉，并将其从玻璃瓶中取出，放到密封瓶里处理掉。

2. 再过 8—10 天，F1 代果蝇开始形成。制作一个新的培育瓶，里面装满果蝇培养基，并贴上“F1 代(子代的第一代)”的标签。当果蝇孵化之后，将其麻醉并观察它们的性别(雄性或雌性)和显性特征(野生型或突变型)。将信息记录在数据表内。

3. 从孵化的果蝇中选取 4 只雄性果蝇和 4 只未交配过的雌性果蝇，放入新的 F2 代育种瓶中(将剩余的果蝇放进密封瓶中处理掉)。经过一段时间，果蝇交配产卵后，将成年果蝇从育种瓶中取出，放进密封瓶里处理掉。

4. 大约 10 天之后，绝大多数 F2 代(子代的第二代)果蝇孵化完成。将其麻醉并根据它们的性别和显性在索引卡上排序。将数据记录在数据表中。

5. 实验结束时，如果教师没有其他指示，将密封瓶里所有的果蝇都处理掉。

数　据　表

	野生型雄性果蝇数量	野生型雌性果蝇数量	突变型雄性果蝇数量	突变型雌性果蝇数量
F1 代				
F2 代				

分　析

1. 画两个庞纳特方格，预测两次交配可能产生的结果(第一次是一只野生型雌性果蝇与一只突变型雄性果蝇交配，第二次是 F1 代雌性果蝇与雄性果蝇交配)。

2. F1 代果蝇表达哪些显性？你能从外观上分辨出哪些是携带突变基因的果蝇吗？

3. 你的数据与庞纳特方格中所预测的比例一致吗？为什么？

4. 如果你研究某一具体特征，但并不知道它是伴性遗传还是常染色体遗传，那么你将如何通过你的数据进行判断？

5. 雌性果蝇能表达伴性的突变显性（如实验中研究的显性）吗？在实验中，你观察到任何具有该特点的雌性果蝇了吗？如果没有，请解释原因。

6. 画一个庞纳特方格，预测杂合型雌性果蝇（X^RX^r）与 F2 代突变雄性果蝇（X^rY）杂交的结果。和第一代父代杂交一样，这次是显性野生型雌性果蝇与突变雄性果蝇的杂交。这次实验结果与实验中 F1 代杂交的结果有何不同？

实验中将会发生什么？

男性会比女性显现出更多的伴 X 染色体特征。这一差异是由决定性别的染色体性质造成的。包括人类和果蝇在内的很多物种在内，雌性都有两条 X 染色体，而雄性有一条 X 染色体和一条 Y 染色体。Y 染色体比 X 染色体小得多，所携带的基因只能编码合成睾丸激素和雄性第二性征（图 2）。然而，X 染色体则携带多种影响个体显性的基因。如果一个基因存在于雄性的 X 染色体上，即使它是隐性基因，它也总是可以获得表达。这是因为 Y 染色体没有携带其互补基因以掩盖这种隐性基因。相反，如果雌性个体表达伴 X 染色体隐性特征，那么她一定有两条携带这个隐性同位基因的 X 染色体。如果雌性个体的一条 X

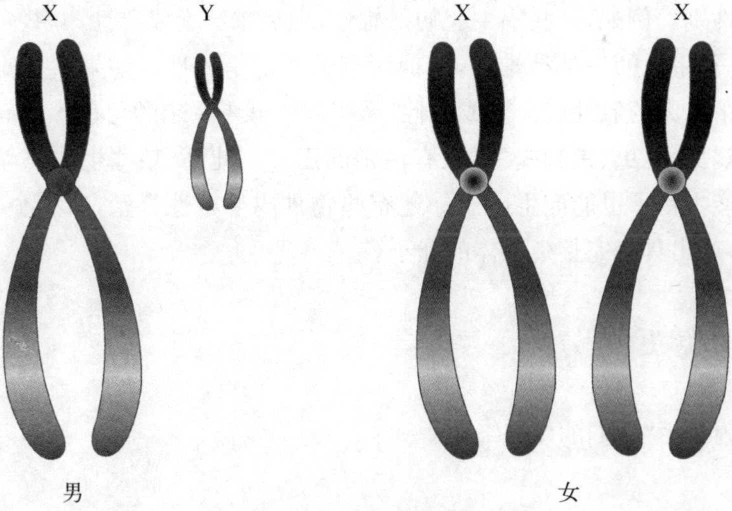

图 2　人类性染色体

染色体上有一个显性基因，那么这个显性特征将获得表达，它的隐性同位基因就会被掩盖。但是，有50%的雌性会将隐性同位基因遗传给她的雄性后代，她的雄性后代最终还是会表现这种隐性特征。因此，X染色体上的隐性同位基因被称为伴性基因。这是因为经历几代遗传之后，男性表达该隐性特征的人数远多于女性。

与现实生活的联系

人类和很多其他物种都有X染色体和Y染色体，这决定了他们是雄性还是雌性。不过，很多物种中的性别决定因素不同。例如蟑螂和很多其他昆虫，它们没有Y染色体。其雄性只有一条X染色体，而雌性则有两条X染色体。在许多鸟类中，性别是由Z染色体和W染色体决定的，其中决定性别的方式与常规XY染色体系统决定性别的方式刚好相反。在ZW系统中，雄性有两条相同的性染色体(ZZ)，雌性则有两条不同的性染色体(ZW)。像蚂蚁、蜜蜂这样的昆虫，其性别由单元二倍体决定。所有受精卵和具有两套染色体的卵子都发育成雌性，而没有经过受精的卵子和只有一套染色体的卵子都发育成雄性。

另外，一些生物的性别不是由染色体决定的。在很多物种中，个体的性别取决于它们的生存环境。大多数爬行动物的性别取决于在其发育的关键时期——卵子孵化期的温度。根据年龄和接触个体不同，一些生物在一生中都有机会改变自身的性别。例如，一些蜗牛起初是雄性，但后来会变成雌性；一些鱼类，如蓝头濑鱼，除了最大的一条是雄性，其他所有的鱼都是雌性。如果那条雄性死亡，那么体型第二大的雌性就会变成雄性，承担起族群中头领的角色。还有些物种，包括一些蠕虫、昆虫、鱼和蜗牛，没有性别的区分。此外，某些生物是雌雄同体，本身既能产生精子也能产生卵子。还有些物种属于单性繁殖，所有个体全都是雌性，能够产出具有完整染色体的卵子。

想要了解更多吗?

参见附录中“我们的发现”。

实验 14　家族树体现家族内部特征

题　目

家族树体现遗传模式，该方式能够确定特征的遗传方式。

简　介

遗传学家是研究从父代到子代，甚至几代人之间基因传递情况的科学家。研究家族树可以了解家族之间的关系和个体显性。无论是赛马的遗传、狗的遗传还是人类遗传，家族树都能记录下某个特征从一代遗传到下一代的方式。

家族树是由图形和线条绘制而成的。方形代表男性，圆形代表女性。如果个体表达某个特征，就把代表该个体的方形或圆形涂黑。如果个体携带某个特征的基因，但并没有表达该特征，就把代表该个体的图形涂黑一半。竖线表示世代。如果把一个男性和一个女性用横线相连，表明他们是父母双亲。横线之下的竖线连接的图形代表兄弟姐妹。如图 1 就是绘制家族树时使用的符号。

人类有 23 对染色体，大部分基因位于从 1 到 22 号的常染色体上。第 23 对染色体是性染色体，女性为 XX，男性为 XY。X 染色体比较大，携带一些与性别无关的特征。X 染色体上携带的特征通常是伴性特征。只有极少数的特征位于 Y 染色体上。

研究家族树时，某些遗传方式可帮助你理解某个特征是如何从一代传

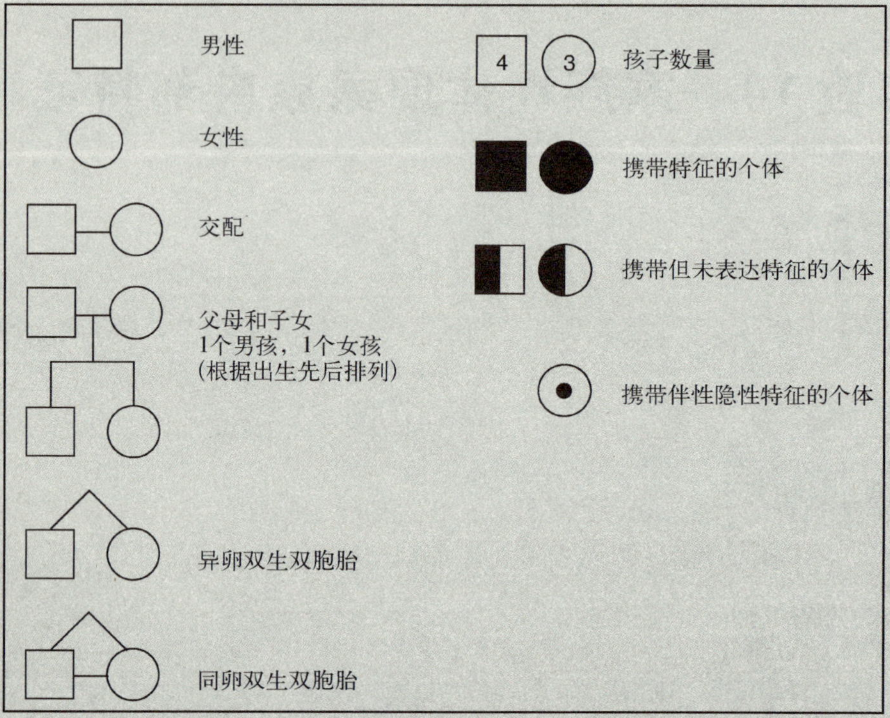

图 1　绘制家谱的符号

递给下一代的。如果某个特征在男性群体和女性群体中出现的概率相同，那么它极有可能位于常染色体上。即使父母中有一人并未表达某特征，但若该特征在每一代都出现，那么这个特征为显性特征。如果某个特征隔代出现，或者父母双方均为该特征的携带者，那么它可能是隐性特征。此外，男性更容易出现伴性特征。

在本实验中，你将选择你感兴趣的某项特征，记录它在家庭中的传递情况。根据你收集的数据，绘制一个家族树。

实验时间

课堂上 55 分钟

1—2 天收集有关家族特征的信息

实验材料

- 查阅互联网或遗传学方面的书籍
- 实验记录本

安全提示

请仔细阅读并遵守本书“实验前必读”中的“安全准则”。

实验步骤　第一天

1. 利用图 1 中的符号，绘制你自己的家族树，或者你的朋友或邻居家的家族树。其中尽可能多包含几代人和尽可能多的个体。

2. 分析家庭成员所表现的异常特征。例如：蹼趾、六指等，或以下特征中的一种或多种(如果你对以下特征不甚了解，请上网搜索或查询遗传学书籍)：

① 连生耳垂

② 手指中部有毛(手指的中间关节)

③ 卷舌能力

④ 白色额发

⑤ 额头 V 型发际线

⑥ 酒窝

⑦ 下颏有沟痕

⑧ 色盲

⑨ 拇指弯曲

3. 对于拥有这些特征的每个个体，把他们在家族树中所对应的图形涂黑(如果你要对多个特征进行分析，那么你需要针对每个特征都绘制一个家族树)。

4. 根据特征出现的频率，判断该特征属于常染色体显性特征，还是常染色体隐性特征，或是伴性特征。

分 析

1. 丹尼斯(Denise)和弗兰克(Frank)生下他们的第一个孩子——贾思敏(Jasmine)。这对年轻的父母惊讶地发现他们的孩子患有镰状细胞性贫血症。丹尼斯和弗兰克都不是该病患者，但弗拉克的姑妈和丹尼斯的叔叔都患有此病。绘制一个家族树来说明贾思敏为什么遗传了镰状细胞性贫血症。

2. 丹尼斯和弗兰克有了他们的第二个孩子——肖恩(Shawn)。他没有镰状细胞性贫血症。将肖恩填入家族树。

3. 肖恩长大结婚后，他想知道他的孩子遗传镰状细胞性贫血症的风险有多大。肖恩的妻子是艾琳(Erin)，她的家族中没有人患过该病。绘制一个庞纳特方格，分析肖恩是该致病基因携带者的可能性。

	A	a
A	AA	Aa
a	Aa	aa

图 2　庞纳特方格

庞纳特方格分成 4 部分，用于预测后代将遗传某些特征的可能性。将母亲的基因写在表格的上方，父亲的基因写在表格的一侧。把父母双方基因可能产生的组合填入中间 4 个方格，如图 2 所示。

4. 如果肖恩是携带者，那么他与艾琳所生的孩子们会遗传镰状细胞性贫血症的几率是多少？

5. 根据图 3 中的家族树，回答下列问题：

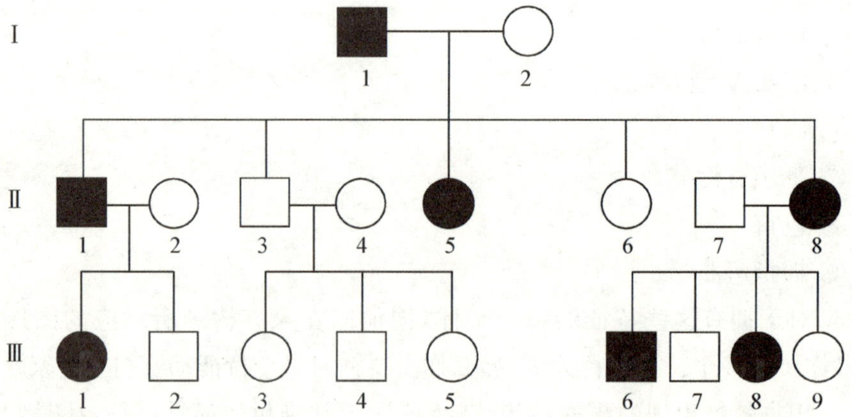

图 3

a. 图中的遗传是什么类型：常染色体显性遗传，常染色体隐性遗传还是伴性遗传？为什么？

b. 第三代中的个体 1 与第一代中的个体 1 是什么关系？

c. 第二代中的个体 3 与个体 6 为什么没有遗传第一代中个体 1 的特征？

实验中将会发生什么？

通过研究家族树，你可以确定某个特征的遗传模式。如果你对一个家庭中的游离耳垂进行研究，你会发现，每一代人都可能出现这一特征，因为它是常染色体的显性特征。额头 V 型发际线、酒窝、雀斑、卷舌、手指中部长毛，白色额发等特征也是显性特征。下颏有沟痕是隐性特征，所以它可能在隔代或多代后遗传。色盲是隐性伴性特征，所以大多数情况下，色盲仅出现在男性身上。女性遗传色盲的唯一途径就是从母亲(正常视力的色盲基因携带者)那里获得一条携带色盲基因的染色体，再从父亲(色盲患者)那里获得另一条携带色盲基因的染色体。

与现实生活的联系

很多疾病被称为遗传病，因为它们是由个体基因的变异所导致的。基因为蛋白质和承担多种角色的大分子编码。成千上万不同类型的蛋白质在细胞中发挥作用，为其提供细胞结构。如果一个基因突变，那么由其合成的蛋白质就不能起作用。很多病症的致病原因就是缺乏功能性蛋白质。

有 6 000 多种疾病是由单基因突变导致的。例如，囊性纤维化病是常染色体隐性疾病。在患有囊性纤维化病的个体中，合成一种膜蛋白质的基因有缺陷。因此，这个蛋白质不能发挥作用，所以全身细胞都不能承担运输氯化物的功能，因此会造成腺体分泌黏液异常。而异常黏液会干扰消化，从而导致营养不良和发育迟缓。同时，黏液还会影响肺功能，造成呼吸困难及永久性肺部损伤。患者的寿命一般为 30 岁，他们大多死于肺病。

想要了解更多吗？

参见附录中“我们的发现”。

实验 15　DNA 分子模型

题　目

DNA 模型有助于分析这种分子的形状与结构。

简　介

每个个体的遗传信息都由 DNA 携带。DNA 是一个大分子，它几乎存在于每个细胞核上。DNA，即脱氧核糖核酸，包含为特定蛋白质编码的基因。这些蛋白质的功能就是控制细胞的活动。

从结构上讲，DNA 是两条绞扭在一起的双螺旋体（图 1），每条螺旋体由数千个核苷酸组成。每个核苷酸包含 3 部分：核糖、磷酸基、含氮碱基。脱氧核糖一端连着磷酸基，另一端连着含氮碱基。含氮碱基包括腺嘌呤（A）、胸腺嘧啶（T）、鸟嘌呤（G）和胞嘧啶（C）。腺嘌呤和鸟嘌呤属于嘌呤组，体积稍大的胸腺嘧啶和胞嘧啶属于嘧啶。核糖与磷酸基构成螺旋体的主链，含氮碱基则延展至螺旋体中心。成对的碱基靠氢键连接。腺嘌呤与胸腺嘧啶是一对，鸟嘌呤与胞嘧啶是一对。在本实验中，你可以通过建立模型来展示并分析 DNA 分子的结构。

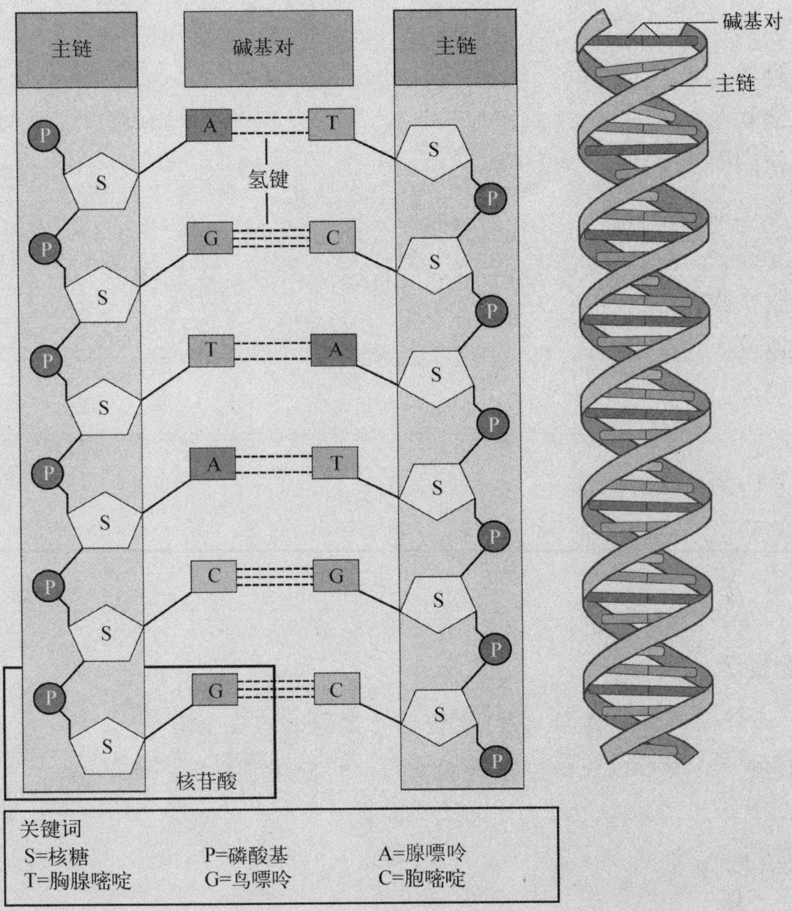

图 1

实验时间

55 分钟

实验材料

- 查阅互联网或有关 DNA 方面的书籍

- 硬纸板
- 曲别针
- 纱线
- 洗管器
- 模型陶土
- 彩色棉花
- 牙签
- 胶质软糖
- 剪刀
- 胶带
- 胶水
- 复印的分级评分表
- 实验记录本

安全提示

请仔细阅读并遵守本书“实验前必读”中的“安全准则”。

实验步骤

1. 你的任务是设计并建立一个 DNA 分子模型。这个模型必须包括以下部分,并符合以下规定:

① 至少 12 对含氮碱基

② 嘌呤和嘧啶的大小要不同

③ 有连接碱基的氢键

④ 有两边可对调的核糖与碱基

⑤ 有一个三维的扭曲梯子模型

⑥ 能说明模型各个部分的关键词

2. 你可以使用教师提供的任何物品,但不必全部都用上。

3. 在你设计模型时,请参阅本实验的评分表,以确保达到教师的所有要求。

4. 建立模型前，确定所需的材料和模型大小。填写数据表，描述模型和将使用的材料。把你的计划和材料单交给教师。如果得到教师的许可，就可以开始制作模型。否则，请继续修改你的计划，并再次交给教师。

5. 得到教师的同意后，你就可以收集所需材料开始工作。

6. 工作结束后，把你的名字写在评分表上，与模型一起上交。

数 据 表

描述你的模型	
材料单	
教师意见	

分 析

1. 什么是 DNA？
2. 你体内的 DNA 在哪里？
3. DNA 分子由两条核苷酸组成，每条核苷酸由什么分子组成？
4. 在 DNA 中，为什么腺嘌呤与胸腺嘧啶是一对，而不是与鸟嘌呤一对？
5. 是什么导致你细胞中的 DNA 分子与其他同学细胞内的 DNA 分子不同？

分级评分表

标　　准	3	2	1
模型所含碱基情况	12 对碱基 每对排列正确	9—11 对碱基 每对排列正确	8 对或少于 8 对碱基 每对排列正确
模型展示核糖、磷酸基团情况	核糖与磷酸基交替排列在每条螺旋体的主链上；含氮碱基与核糖相连	表现了核糖与磷酸基；但是含氮碱基未与核糖相连	核糖与磷酸基没有正确表现出来
模型展示 3D 结构情况	模型是三维螺旋结构	模型是三维非螺旋结构	模型不是三维结构
关键词	具备关键词，且准确而完整	具备关键词，但不完整或不准确	具备关键词，但既不完整也不准确
整洁度	非常整洁	一般整洁	不整洁

实验中将会发生什么？

你的模型展示了 DNA 分子的基本结构。你的模型中的碱基序列可能与其他同学的序列稍有不同。在真正的生命体中，除了同卵双生的双胞胎，没有任何两个个体拥有完全相同的碱基序列。

全世界的科学家一直致力于研究与 DNA 相关的知识并试图发现其结构。在 20 世纪 40 年代，大多数科学家都认为 DNA 携带个体遗传基因，但他们却不知道其原理。科学家们还知道分子中含有 4 种不同类型的含氮碱基。1949 年，奥地利籍美国裔生化学家欧文·查尔加夫（Erwin Chargaff，1905—2002）确定了 DNA 分子中的腺嘌呤数目与胸腺嘧啶数目相等，鸟嘌呤数目与胞嘧啶数目相等。

与此同时，在英国，生物物理学家罗莎琳德·富兰克林（Rosalind Franklin，1920—1958）和分子生物学家莫里斯·威尔金斯（Maurice Wilkins，1916—2004）通过使用 X 射线衍射法（一种将分子晶体暴露于 X 射线下的技术）试图发现 DNA 分子究竟是如何构成的。在该项技术中，X 射线反射晶体并在 X 光片上成像。通过观察这种成像，富兰克林和威尔金斯确定 DNA 分子是一种双螺旋体。

同期，美国分子生物学家詹姆斯·D.沃森（James D. Watson，1928—）和英国分子生物学家弗朗西斯·克里克（Francis Crick，1916—2004）也致力于类似的研究，但使用的技术稍有不同。他们建立了一个密集的球形 DNA 模型。1953 年，沃森和克里克收集了全部可用信息并开发出一种模型，该模型解答了科学家们所知的关于 DNA 的一切问题。1962 年，两位科学家因此而荣获诺贝尔生理学或医学奖。

与现实生活的联系

DNA 的双螺旋结构和特定的碱基模式为科学家提供了复制原理。细胞分裂期间，DNA 分子解开螺旋，形成两条独立单链。解螺旋时，DNA 内部的碱基暴露出来，自由核苷酸的碱基与暴露的碱基配对，形成两条单链的复制链。每个新分子都由原来的一条螺旋体和一条新螺旋体组成（图 2）。复制完成后，细胞

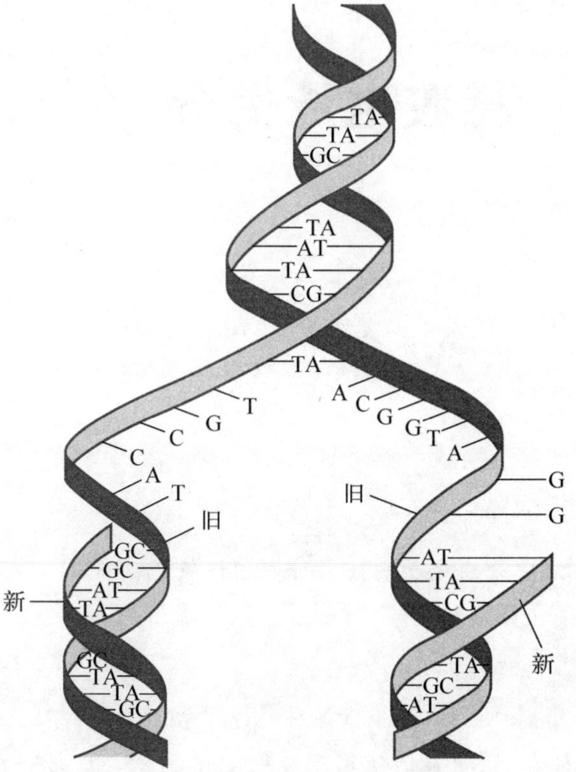

图 2　DNA 复制

核中包含两个完全相同的双链分子，它们携带着遗传信息。而当细胞分裂时，每个新细胞都会获得一个 DNA 分子。

想要了解更多吗?

参见附录中“我们的发现”。

实验 16 凝胶电泳简介

题目

在凝胶电泳中分离分子的技术可以通过染色实现。

简介

你可能知道，DNA(一种携带遗传信息的核物质)存在于细胞核上。为了分析DNA样本，科学家们使用了凝胶电泳技术。这是一种当分子在凝胶中运动时按其大小将分子片段分离的方法。同样，这种技术也可以应用于分离其他分子，如：蛋白质分子等。在凝胶电泳中，样本加载于琼脂凝胶中，而琼脂凝胶则放置在电泳槽内的凝固物质中(图1)。凝胶被封在能导

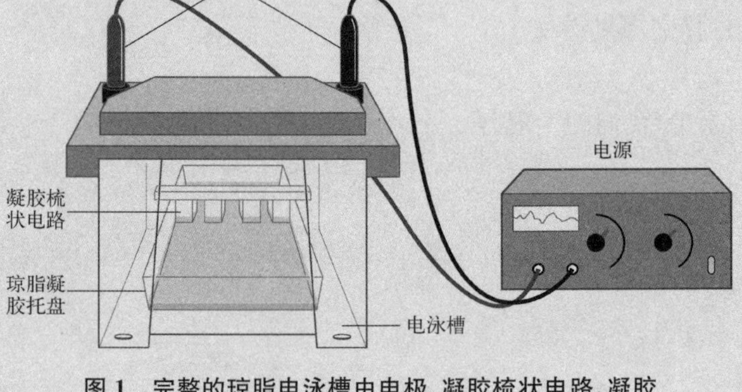

图1 完整的琼脂电泳槽由电极、凝胶梳状电路、凝胶托盘等构成，你所需的唯一附加设备就是电源

电的缓冲溶液里，然后将电极连在电泳槽的两端，从而产生微弱的电流。这样，就可以在凝胶中产生了一个正极和一个负极。带负电的分子通过凝胶向正极移动，而带正电的分子则向负极移动。小分子比大分子移动得快，因此最小的分子移动得最远。通过这种方法，科学家们就可以分离并分析分子片段。在本实验中，通过区分染色成分，你将学习到更多关于凝胶电泳的知识。

实验时间

55 分钟

实验材料

- 可容纳 20 微升下列染色剂的微型管：

√ 溴酚蓝

√ 杰纳斯绿

√ 橙黄 G

√ 番红 O

√ 二甲苯蓝

√ 未知染色剂

- 微型移液管(1—20 微升)
- 吸管端
- 电泳槽
- 电泳槽电源
- 在烧瓶中溶解约 30 毫升 0.8%的琼脂溶液(浸入热水中)
- 1 倍 TBE(三羟甲基氨基甲烷—硼酸酯—乙二胺四乙酸)溶液(大约 100 毫升，能够装满电泳容器)
- 公制尺
- 隔热手套

● 实验记录本

安全提示

请仔细阅读并遵守本书“实验前必读”中的“安全准则”。

实验步骤

1. 确保挡板处于电泳槽的凝胶托盘末端，避免热的琼脂流入电泳槽。如果你的凝胶托盘没有安装挡板，那么请用胶带将托盘末端封住(图 2b)。

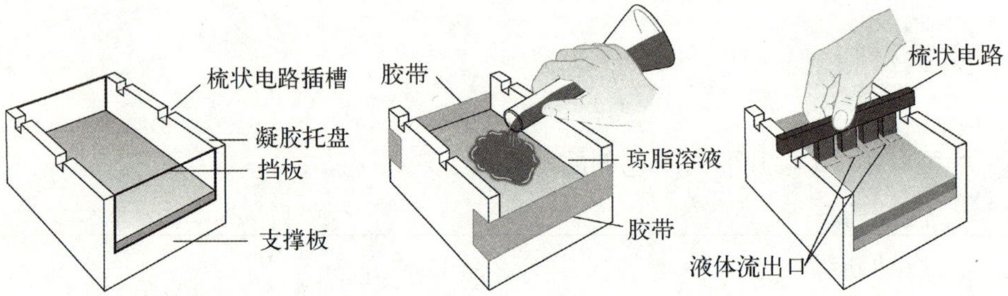

a. 将挡板固定在凝胶托盘上

b. 将琼脂溶液倒入托盘

c. 在托盘中间放置梳状电路形成液体流出口

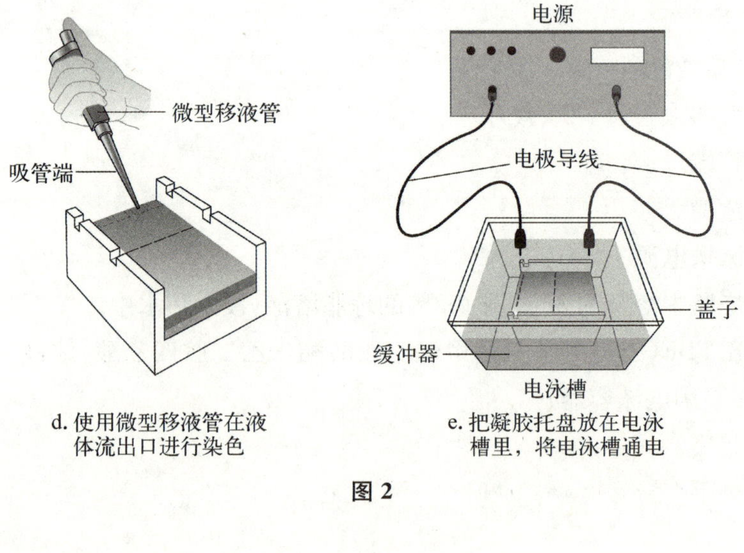

d. 使用微型移液管在液体流出口进行染色

e. 把凝胶托盘放在电泳槽里，将电泳槽通电

图 2

2. 戴上隔热手套，拿起烧瓶，向凝胶托盘中倒入融化的琼脂(图 2b)。

3. 把梳状电路放置在电泳托盘的中心插槽上(图 2c)。

4. 将琼脂糖凝胶托盘冷却 10 分钟。

5. 当琼脂糖凝胶冷却后，缓慢卸下梳状电路、隔板(或胶带)。

6. 给微型移液管安上吸管端。利用微型移液管，将 10 微升溴酚蓝染色剂滴入琼脂凝胶的第一个液体流出口内。

7. 给微型移液管安上一个新的吸管端。

8. 重复步骤 6 和步骤 7，将余下 4 种已知染色剂和一种未知染色剂滴入琼脂凝胶的液体流出口内。

9. 在你的实验记录本上画一个凝胶槽的草图，并标注出每种染色剂样本的位置。

10. 将凝胶托盘放置在电泳槽中。

11. 把 TBE 溶液倒在凝胶上，使其覆盖整个托盘。在电泳槽上放一个盖子。

12. 把电泳槽的电极与电源相连，插上电源(图 2e)。

13. 使凝胶运动约 45 分钟。

14. 拔掉电源插头。取下凝胶槽的电极和盖子。

15. 取出凝胶托盘，并将其放到桌面的纸巾上。以毫米为单位，用尺子测量从液体流出口流出的每条色带的长度，并在实验记录本上记录这些数据。

分　析

1. 你认为使用 TBE 缓冲溶液的目的是什么？
2. 哪些染色剂向正极移动，哪些染色剂向负极移动？
3. 根据你的观察，溴酚蓝携带哪种电荷？杰纳斯绿携带哪种电荷？
4. 移动最远的染色剂由最小的分子构成，这是哪种染色剂？它移动了多远？
5. 比较未知染色剂与已知染色剂的色带。未知染色剂中含有什么成分？

实验中将会发生什么？

实验中，你区分了多种染色剂成分并将其与未知染色剂进行了对比。这样，你会发现凝胶电泳槽的组成结构，会知道分子是如何根据大小和所带电荷被分离开来的。在准备凝胶过程中所使用的技术(如使用缓冲溶液、组建凝胶槽等)与在分离DNA片段中使用的技术非常相似。但它们之间的一项重要区别就在于创建电泳槽时梳状电路的位置。在该实验中,梳状电路被放置在凝胶中间。因此,你可以观察到一些染色剂向正极移动,而另一些染色剂向负极移动。由于相反电荷的吸引,你可以判断出染色剂所带电荷的正负性。实验中,橙色G、二甲苯蓝和溴酚蓝染色剂向正极移动。番红O和杰纳斯绿向负极移动,因为它们是带正电荷的染色剂。在凝胶中,小分子比大分子移动得快。实验中,橙色G染色剂是最小的分子。

与现实生活的联系

琼脂糖(提取自海草的聚合物)是一种琼脂提取物。因为琼脂质地很稠,所以常被用于食物和其他商品中,如冰激凌、洗发精和导体等。当把水、琼脂混合形成凝胶后,其稠度与果冻相似,但是凝胶遇热不变软。分子在凝胶中运动,琼脂凝胶中的粒子就好像在进行穿越障碍训练。在训练中,小粒子的穿越要比大粒子容易。想象一下,你和同伴打算穿越森林公园到达另一边,如果你们全部手拉手穿过公园,那么你们的进程将十分缓慢。但是,如果单个人穿越的话,你们将很容易地在短时间内到达另一边。

想要了解更多吗?

参见附录中“我们的发现”。

实验 17　DNA 凝胶电泳

题　目

利用限制性内切酶分割的 DNA 片段可以使用凝胶电泳进行分离。

简　介

DNA 是细胞核上的遗传物质，是一种长链分子。为了研究某个体的 DNA，科学家们将其分割成不同长度的片段，然后再使用凝胶电泳将这些片段分离。用于分割 DNA 的化学物质被称为限制性内切酶。通常来讲，分割过程中会使用多种限制性内切酶。每种限制性内切酶只能识别双链分子上特定的核苷酸序列，并与之结合。例如：限制性内切酶 EcoR1 只能识别如下序列：

GAATTC
CTTAAG

在第一种双链分子结构中，这种内切酶可以切断 G 和 A 之间的氢键；在第二种双链分子结构中，这种内切酶可以切断 A 和 G 之间的氢键(图 1)。另一种限制性内切酶 Sma1 能够识别如下序列：

CCCGGG
GGGCCC

这种限制性内切酶可以切断两条链上 C 和 G 之间的氢键。

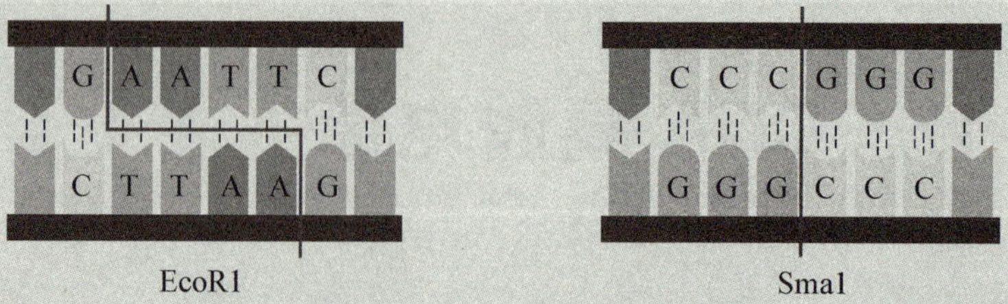

图 1　限制性内切酶切断特定的核苷酸序列

DNA 一旦被切成碎片，科学家们就将那些片段加载于琼脂凝胶中，并将其放在电泳槽内（见实验 16 中的图 1）。因为 DNA 携带负电荷，所以全部片段都向正极移动。片段的大小决定它们的移动速度。大片段移动很慢，所以它们在凝胶中的移动距离较短。小片段移动较快，因此移动距离较远。在本实验中，你将使用由限制性内切酶分割所得的 DNA 片段来完成凝胶电泳实验。

实验时间

第一天 45 分钟
第二天 45 分钟
第三天 45 分钟

实验材料

- 包含以下标签样本的微型管：
  微型管 1——未切断的 DNA
  微型管 2——HindIII
  微型管 3——BamHI
  微型管 4——EcoR1
  微型管 X——未知
- 微型移液管（1—20 微升）
- 吸管端

- 冰浴器
- 60 毫升亚甲蓝染剂
- 染色托盘
- 灯箱
- 电泳槽
- 缓冲溶液
- 蒸馏水
- 电泳槽电源
- 在烧瓶中溶解 30 毫升 0.8%的琼脂并将烧瓶浸入热水中
- 1 倍 TBE(三羟甲基氨基甲烷—硼酸酯—乙二胺四乙酸)溶液(大约 100 毫升,能够装满电泳容器)
- 公制尺
- 隔热手套
- 塑料膜
- 手套
- 冰箱
- 实验记录本

安全提示

小心使用电器设备。注意亚甲蓝染剂可能永久性污染衣物。请仔细阅读并遵守本书“实验前必读”中的“安全准则”。

实验步骤　第一天

1. 给微型移液管安上吸管端并将其设置为 1 微升。在每个微型管中放入 1 微升 TBE 溶液。

2. 将 8 微升 DNA 移入微型管 2 中,把这些 DNA 放在微型管中。

3. 轻敲微型管几次以混合其内部成分。在桌面上轻敲微型管一会儿,使微管内全部成分沉到底部。

4. 重复步骤 2 和步骤 3，分别将 DNA 移入微型管 3、微型管 4 和微型管 X 中。

5. 将微型移液管重设为 10 微升。将 10 微升 DNA 移入微型管 1 中。

6. 把微型移液管置于 37℃ 热水中 45 分钟，培养 DNA。培养完成后，把微型管储藏在冰箱中，待下节课使用。

7. 在微型管进行培养的同时，准备凝胶。确保挡板处于凝胶托盘末端，避免热的琼脂流入电泳槽。如果你的凝胶托盘没有安装挡板，请用胶带将托盘末端封住。

8. 戴上隔热手套，拿起烧瓶，向凝胶托盘中倒入融化的琼脂。

9. 把梳状电路放在电泳托盘的一端。

10. 将琼脂凝胶托盘冷却 10 分钟。

11. 琼脂凝胶冷却后，缓慢卸下梳状电路、隔板（或胶带）。

12. 用塑料薄膜覆盖凝胶，并放入冰箱内冷藏一晚。

实验步骤　第二天

1. 向每个微型管中加入 1 微升的缓冲溶液，并给每个微形管安上新的微型吸管端。轻敲微型管几次，使内部成分混合充分。在桌面上轻拍微形管一会儿，使微型管内全部成分沉到底部。

2. 将微型移液管设为 10 微升，将微形管 1 中的 10 微升样本 1 移入第一个工具槽内（图 2）。操作中，请把肘部放在桌面上。将微型移液管吸管端放入第一个工具槽时，要非常小心。然后再挤压橡胶管，将溶液挤入工具槽。切记：不可让吸管端插入凝胶。

3. 给微型移液管换上新吸管端并重复步骤 2，向其他工具槽内移入相应微

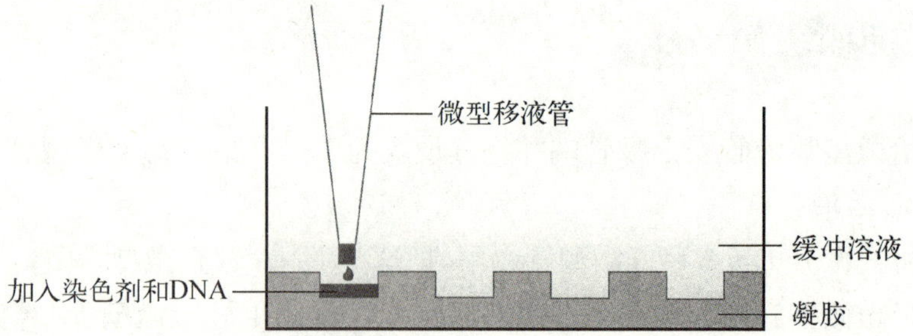

图 2

型管中的样本。

4. 在实验记录本上画出凝胶槽的草图，并标记出含有限制性内切酶的DNA所在位置。

5. 将TBE溶液倒入凝胶中，使其完全覆盖凝胶托盘。

6. 盖上电泳槽。将电泳槽电极与电源相连并插上电源。

7. 给凝胶通电45—60分钟，或者等到第一种染色剂距离凝胶底部约1厘米后再停止通电。

8. 拔掉电源，将电极与电泳槽分开，打开电泳槽。

9. 将电泳槽中的液体倒出，取出凝胶托盘，并将凝胶轻轻压入染色托盘中。

10. 戴上手套。把60毫升二甲苯蓝染剂倒在凝胶表面。用塑料薄膜盖上凝胶并放置一夜。

实验步骤　第三天

1. 将凝胶表面上的染色剂倒入教师提供的容器内。

2. 在凝胶表面倒上足量蒸馏水，覆盖整个凝胶层。让凝胶浸在水中约10分钟，然后将水倒掉。

3. 缓慢地将已染色的凝胶放入灯箱中(切记：凝胶质脆，易碎)。

4. 画一张已染色凝胶的草图，标记出DNA染色带的位置。

5. 测量每种染色带与工具槽之间的距离(测量工具槽内边到染色带前边的距离)。将测量数据记录在实验记录本上。

6. 利用每个片段的相对位移——R_f来确定该片段内碱基对的数量。以毫米为单位，计算每个片段R_f的公式如下：

$$R_f=\frac{\text{DNA 片段移动的距离(单位：毫米)}}{\text{工具槽到染色带的距离(单位：毫米)}}$$

分　析

1. 为什么微型管2中的染色带形式与微型管3中的染色带形式看起来不同？

2. 哪两个样本具有相同的染色带形式？

3. 微型管X中使用了哪种限制性内切酶？你如何得知？

4. 为什么科学家想了解 DNA 片段的 R_f?

实验中将会发生什么?

在实验步骤中,你准备了一份琼脂凝胶并把工具槽放在其一端。DNA 携带负电荷,因此所有的片段都向正极移动。因为 DNA 样本被不同的内切酶切断,所以产生的片段大小不一。小片段在凝胶中的移动速度比大片段快。染色可以显示 DNA 色带所在的位置。仅有微型管 3 和微型管 X 中的两种样本相同,因为这两种 DNA 样本是被同一种限制性内切酶 BamHI 所分割的。

DNA 所携带的负电荷来自自身的磷酸基。DNA 由双链核苷酸构成,形成双螺旋结构。每个核苷酸都由一个含氮碱基、脱氧核糖和带负电荷的磷酸基构成。交替排列的脱氧核糖与磷酸基构成 DNA 分子的主链,而核苷酸则伸向螺旋中心。核苷酸的排列方式就是携带遗传信息的编码。

与现实生活的联系

尽管每个人都拥有独特的 DNA,但事实上,仅有千分之一的分子是独一无二的。所以,若想利用 DNA 来确认个体身份,科学家必须关注 DNA 中那些起决定作用的差异。DNA 可以被仅能识别特定序列的限制性内切酶分解,该项技术就是限制性片段长度多态性。该技术之所以行之有效,就是因为特定识别位置的存在或缺失产生了不同长度的 DNA 片段。而这些片段正可用于电泳分离,用以识别个体身份。

如若采用限制性片段长度多态性技术,科学家必须拥有大量的 DNA 样本。除此之外,样本必须相对较新或者保存完好。聚合酶链反应是一项较新的技术,它可以利用少量 DNA 样本复制出数百万份相同的样本。此种大量复制 DNA 的技术为科学家提供了大量样本,使他们能够利用限制性片段长度多态性技术或其他技术对 DNA 进行分析和研究。

想要了解更多吗?

参见附录中“我们的发现”。

实验 18　基因表达的控制

题　目

控制乳糖分解的操纵子模式能够说明如何控制基因表达。

简　介

基因是为蛋白质编码的染色体 DNA 的一部分。当基因被激活或获得表达时,便会出现转录,DNA 上的信息也会被转化成信使 RNA(mRNA)。这个过程需要酶和 RNA 聚合酶的参与。信使 RNA 移动到细胞质中,附着在核糖体上,并在这里指挥氨基酸的合成,从而产生蛋白质,这一过程就是转译。

每个细胞携带包含相同基因的同一套染色体。但是,并不是所有细胞都需要产生一切蛋白质。例如,胰腺中的细胞产生胰岛素,但皮肤和肌肉细胞就不会产生这种蛋白质。这一特性的实现有赖于基因可以被"开启"和"关闭"的特点。我们对于基因表达的了解来自对大肠杆菌 DNA 的研究。大肠杆菌是人类消化道中的细菌生物。大肠杆菌能够分解乳糖——在牛奶中发现的一种糖类。乳糖是一种由两种单糖(葡萄糖和半乳糖)所产生的双糖。我们喝牛奶时,乳糖刺激大肠杆菌产生可以分解乳糖的酶。这些酶的产生取决于 3 个因素:结构基因、启动基因和操纵基因。结构基因使所需的酶能够消化乳糖。启动基因是 DNA 的一部分,它可以辨认 RNA 聚合酶并可以将其激活并开始转录。在这个过程中,DNA 编码被复制到 mRNA 的一条链上。这个过程需要 RNA 聚合酶,一旦转录完成,

mRNA就会移动到细胞质中，并在那里指挥产生乳糖酶和其他消化牛奶的酶。操纵基因是绑定在抑制蛋白上的一个DNA片段，抑制蛋白会阻止转录，因而无法产生酶。作为一种控制蛋白质产生的操纵子，这3个因素同时发生作用。控制乳糖分解的操纵子被称为乳糖操纵子。在本实验中，你将设计一种乳糖操纵子的模型。

实验时间

45分钟

实验材料

- 手工木棒（或雪糕棍）
- 雕塑黏土或三色橡皮泥
- 红、蓝、绿记号笔
- 黑色笔
- 实验记录本

安全提示

请仔细阅读并遵守本书“实验前必读”中的“安全准则”。

实验步骤

1. 用手工木棒制作乳糖操纵子的模型。步骤如下：

① 按图1所示，用蓝色记号笔在手工木棒上画出3个结构基因（真正的乳糖操纵子是弯曲的，而你用手工木棒制作出来的模型是直的）。用黑色笔标出基因“z”“y”和“a”。

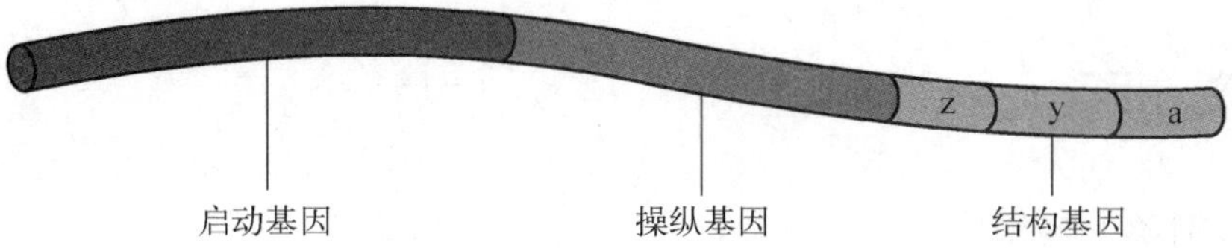

图 1

② 用绿色记号笔画出操纵基因区。用黑色笔在该区域上标注“操纵基因”。

③ 用红色记号笔画出启动基因。用黑色笔在该区域上标注“启动基因”。

2. 把一块黏土或培乐多橡皮泥做成一个扁平的球，这个球代表 RNA 聚合酶。

3. 将第二块不同颜色的黏土或培乐多橡皮泥做成 U 型，用来代表阻遏分子。

4. 将另一种颜色的黏土或培乐多做成一个小球，大小正好可以放在代表阻遏分子的那块 U 型橡皮泥中，这个小球代表乳糖诱导剂。

5. 将阻遏因子放到操纵基因上，模仿关闭操纵子的情况（图 2）。需要注意的是，阻遏因子位于合适位置时，聚合酶无法与操纵子结合也无法在操纵子上滑动。

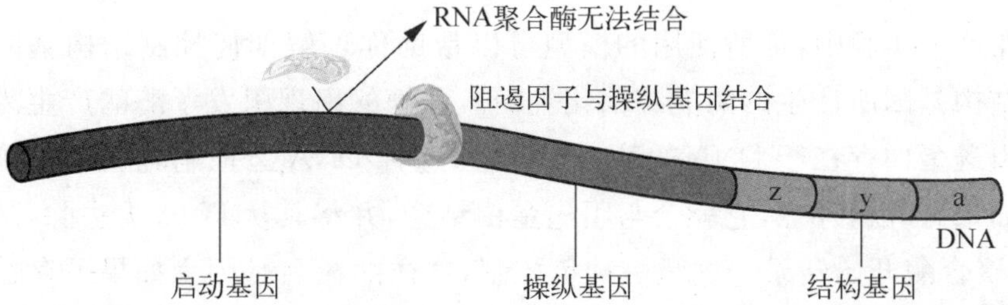

图 2

6. 拿走阻遏分子。把乳糖分子和诱导剂放进阻遏因子里。

7. 把 RNA 聚合酶放在操纵基因上。使阻遏分子沿操纵子滑动（图 3）。

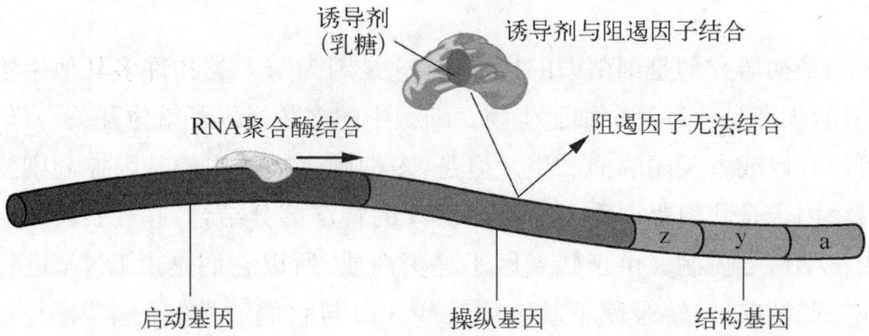

图 3

分析

1. 什么是转录?

2. 当阻遏分子处在适合位置时,RNA 聚合酶可以在操纵子上滑动,并与操纵基因结合吗?请解释原因。

3. 如果阻遏分子与诱导剂相连,它可以与 DNA 结合吗?请解释原因。

4. 诱导剂与阻遏分子结合后,是否存在阻碍 RNA 聚合酶在操纵子上滑动的因素?

5. 如果出现 RNA 聚合酶,会产生什么?

6. 用自己的语言来解释乳糖的出现是如何促使乳糖消化酶的产生。

实验中将会发生什么?

在这个实验中,你所使用的模型可以帮助你理解如何控制结构基因的表达。结构基因所产生的酶能够消化乳糖。乳糖的出现引发了酶的产生。通常一个阻遏蛋白存在于 DNA 的某一部分上,这种 DNA 会控制乳糖消化酶的产生。如果有乳糖存在,它就会与阻遏蛋白结合,并将其从 DNA 上去除,从而使 RNA 聚合酶开始转录。这是一种负控制,这样的命名是因为如果不存在乳糖分子,转录的过程通常就会中断。在这样的情况下,乳糖的存在提示细胞会切断分子。

与现实生活的联系

人们最初研究的是细菌中的操纵子,这是因为与人类和许多其他生物体的细胞相比,细菌是一种简单细胞生物。细菌中的多数操纵子就像开关一样简单,它们可以开启或者关闭酶的产生。但是,多细胞生物体内的基因控制则复杂得多。转录因子是几组蛋白质,它们与 DNA 的特定部分结合,并开始转录。这些因子由化学信号控制。由于转录因子是蛋白质,所以它们是由 DNA 进行编码的。在一些情况下,转录因子基因的某些片段与它们所控制的基因距离很近。而在另一些情况下,它们之间距离则很远。但是,DNA 可以形成环状,从而能够将转录因子基因聚集在它们所控制的基因周围。

想要了解更多吗？

参见附录中“我们的发现”。

实验 19　遗传学学习中心

题　目

遗传特征通过几种遗传方式从父代传递给子代。

简　介

遗传学家的工作是研究几代人遗传特征的遗传方式。遗传特征由基因(为某些特征编码的染色体片段)控制。人类有 23 对染色体(图 1),其中 1 对性染色体决定个体性别,22 对常染色体携带多数基因。

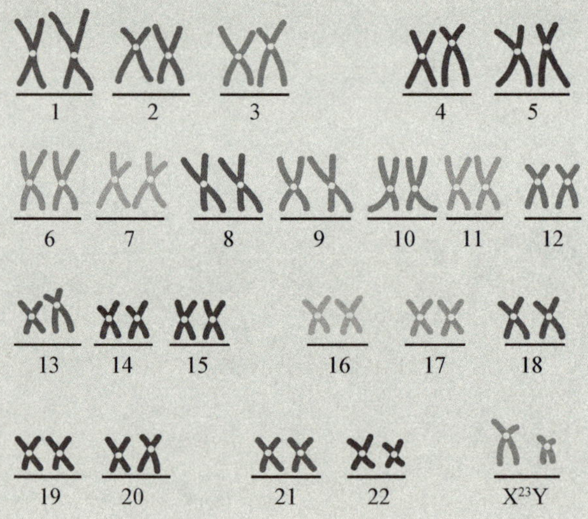

图 1　人类有 23 对染色体

遗传有几种重要的模式，遗传特征的传递也有几种方式。一些遗传特征是常染色体的显性遗传，也就是说，这些遗传特征是由常染色体携带的，而且它们可以覆盖隐性遗传特征。

如果存在显性基因，常染色体的隐性遗传特征就不会显现。此外，因为存在两种不同的基因形式，而这两种基因形式又都得以表达，所以一些遗传特征是等显性遗传。在这种情况下，两种基因形式都影响遗传特征的表达。伴X染色体显性遗传特征由两条性染色体中较大的X染色体携带。男性和女性都可能出现这样的遗传特征。伴X染色体隐性遗传特征则更多地出现在男性身上。线粒体遗传指的是由母体传给后代的遗传特征。这些特征由线粒体DNA携带，遗传信息是由母体内的线粒体携带，线粒体细胞器负责将糖分转化为能量。在本实验中，你将验证教师布置给你的遗传模式，并应用你的相关知识构建一个学习中心供全班同学共享。

实验时间

第一部分：55分钟
第二部分：两个55分钟
第三部分：55分钟

实验材料

- 查阅互联网或遗传学方面的书籍
- 打印机（可选）
- 美术用品（如硬纸板、画图用纸、颜料、胶水、记号笔、胶带、剪纸、纱线及黏土）
- 直尺
- 剪刀
- 硬纸盒
- 3个一组的展板
- 评价表复印若干

- 实验记录本

安全提示

使用剪刀或其他锋利工具时要小心。请仔细阅读并遵守本书"实验前必读"中的"安全准则"。

实验步骤　第一部分

1. 每组3—4人，按照教师的要求，查阅互联网或遗传学方面的书籍，研究一种遗传模式。尽量全面地研究题目中涉及的各个方面。可供研究的遗传模式如下：

常染色体显性遗传
常染色体隐性遗传
等显性遗传
伴X染色体显性遗传
伴X染色体隐性遗传
线粒体遗传

研究过程中，注意记录有关遗传特征是如何从父代传递给子代的各种相关细节，并举例说明该种方式遗传的特征。在你的实验记录本上记录下你的发现。

2. 画出简图或打印几张图片，用来解释你负责的题目。

实验步骤　第二部分

1. 与小组成员合作，设计一个展览，作为全班同学的学习中心。你的学习中心要有趣味性且引人入胜，并且提供准确而有教育意义的素材。所有的信息展示都必须易于理解。同学们将借助你的展示来回答本书中分析部分的问题。

2. 评价表中提供了学习中心所需的材料以及达到每项要求之后，你可以获得的分数。在创建学习中心之前，仔细研究这个评价表。注意：学习中心必须包括以下几点：

① 一份遗传方式的书面说明。

② 与主题相关的各种遗传特征、疾病和条件列表。

③ 与该遗传方式相关的最常见疾病或条件的描述。

④ 一个展示该遗传方式的庞纳特方格。

⑤ 一个展示该遗传方式的家族树。

⑥ 一个为同学们设计的词汇活动。

3. 在你创建学习中心之前，先阅读分析部分的问题。请确定你的学习中心能够回答与你研究的遗传模式相关的所有问题。

评 价 表

小组成员姓名＿＿＿＿＿＿＿＿		
题目＿＿＿＿＿＿＿＿		
要　　求	满　分	得　分
遗传方式的书面描述(不少于 200 字)	15	
通过该遗传方式传递的特征(或疾病或条件)列表	15	
对疾病或条件的描述	15	
展示该遗传方式的庞纳特方格	15	
展示该遗传方式的家族树	15	
包含至少 15 个关于该遗传方式重点术语的词汇活动。词汇活动可以是谜语、图表和连线等形式。	15	
趣味性	5	
简洁性	5	
总　分	100	

实验步骤　第三部分

1. 拜访每个遗传方式学习中心，使用评价表，对其他同学作出评价。完成评价后，将评价表交给教师。

2. 以学习者身份访问每个遗传方式学习中心。阅读相关信息，研究相关图片，完成词汇活动。

3. 回答分析部分的问题。

分 析

1. 将每种遗传方式与相对应的描述连线（不是所有的遗传方式都能用到，有些遗传方式可能多次使用）。

遗传方式：

a. 常染色体显性遗传

b. 常染色体隐性遗传

c. 等显性遗传

d. 伴 X 染色体显性遗传

e. 伴 X 染色体隐性遗传

f. 线粒体遗传

① 父亲没有将遗传特征传递给儿子。

② 出现某特征的个体其父母至少有一个表现该特点。

③ 出现某特征的个体其父母都没有表现该特点。

④ 一个表现该特征的男性和一个正常女性结合，他们所有的女儿都会呈现该特征。

⑤ 只有母亲将遗传特征传递给了后代。

⑥ 男性比女性更容易遗传某些特征。

⑦ 某特征出现在该家族的每一代人身上。

2. 下列特征、疾病或条件是由哪种遗传方式引起的（不需要使用所有的遗传方式）。

① X 染色体易裂症

② ABO 血型

③ 囊性纤维化病

④ 亨丁顿舞蹈症

3. 说出图 2 中每个家族树所呈现的遗传方式（不需要使用所有的遗传方式）。

实验中将会发生什么？

家族树可以为遗传学家提供很多信息，使他们了解某些特征及其遗传方式。其中最容易识别的一种遗传方式就是常染色体显性遗传特征。受这一遗传方式的影响，每个表现出该特征的个体，其父母也具有相同特征。同时，男性和女性

a.

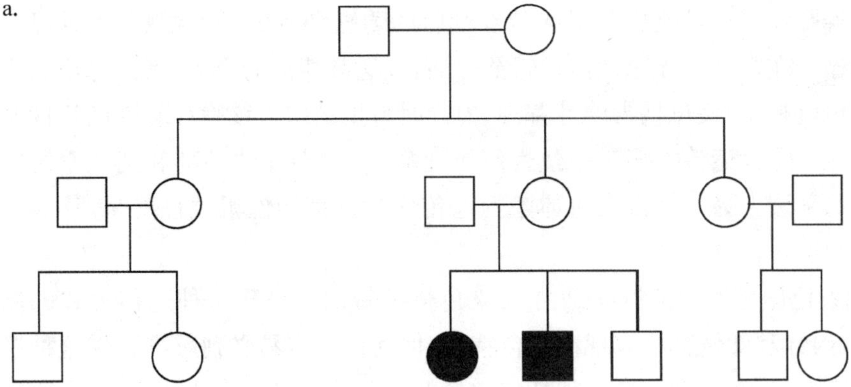

b.

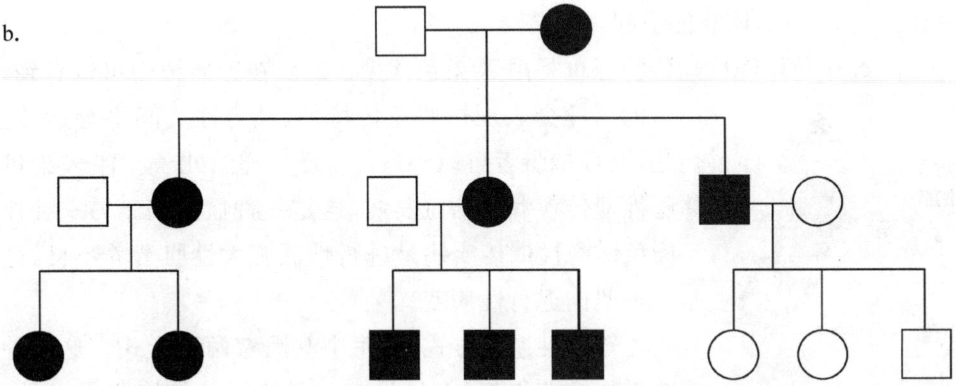

c.

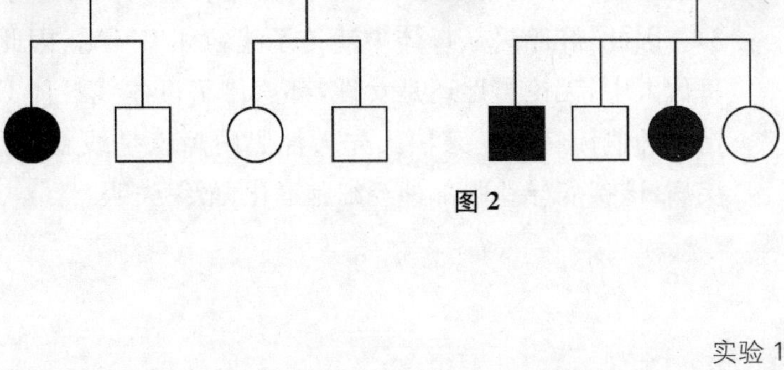

图 2

的遗传几率相等，且每代人都会出现该特征。这种遗传方式可能引起的疾病包括亨丁顿舞蹈症。这种疾病会引起神经细胞的萎缩和神经纤维瘤病，即神经组织出现肿瘤。在常染色体隐性遗传特征方面，表达某特征的个体，其父母不表现该特征。也就是说，父母携带隐性基因，但同时也携带掩盖该隐性基因的显性基因。常染色体隐性遗传疾病包括囊性纤维化病，该病会导致肺部和消化系统内产生浓稠的黏液。另一种常染色体隐性遗传疾病是家族性黑蒙性痴呆，该病可导致脑细胞退化。

伴X染色体显性遗传特征是由X染色体携带的。呈现该种遗传方式的家族树显示，男性和女性都会表现该遗传特征，但女性更容易受到影响。受这种遗传方式的影响，父亲不会将遗传特征传递给儿子。伴X染色体显性遗传疾病包括X染色体易裂症，该病可引起智力障碍。另一种伴X染色体显性遗传疾病是科勒二氏综合征，该病能引起骨骼畸形。

伴X染色体隐性遗传特征也是由X染色体携带的。在家族树中可以看到，更多的男性会表现这些遗传特征，且男性之间不会遗传。但是，女性携带者可以将遗传特征传递给儿子。伴X染色体隐性遗传疾病包括血友病，这是一种血液病。另一种伴X染色体隐性遗传疾病是进行性假肥大性肌营养不良，这是一种肌肉退行性病变。

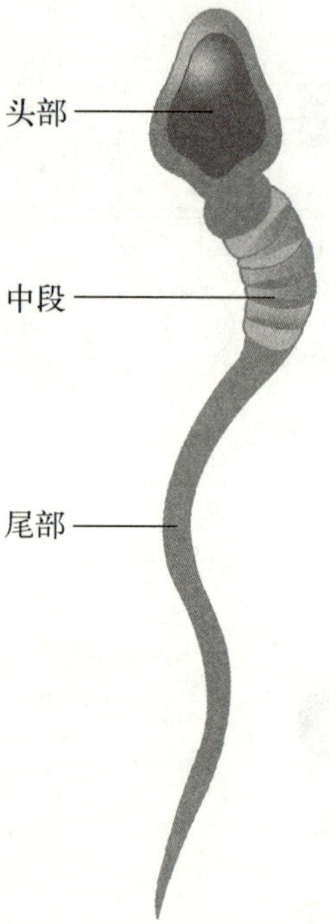

图3　精子

在等显性遗传方式中，每个基因有两种形式。这两种形式都能够获得表达，且没有一种特征能够掩盖另一种。血型就遵循等显性遗传方式。等显性遗传疾病并不常见，其中一种是抗胰蛋白酵素缺乏，这种疾病与肝脏和肺部疾病有关。

线粒体遗传又称母体遗传，可以通过受精方式来解释。卵子与精子结合时，只有精子的DNA进入到卵子中，而携带线粒体的精子尾部和中段并没有进入到卵子中（图3）。因此，胚胎只从母体中遗传了线粒体DNA。因此，在每代人中，无论男性还是女性，都遗传了母体线粒体DNA携带的遗传特征。莱伯氏先天性黑内障就是线粒体遗传疾病，该疾病导致眼部神经细胞退化，最终失明。

与现实生活的联系

人类的血型是由一个基因的 3 种形式，或 3 个等位基因，即 A、B 和 O 来决定的。A 和 B 都是显性等位基因，而 O 是隐性等位基因。如果某人从父母的一方遗传了等位基因 A，从另一方遗传了等位基因 B，他的血型就是 AB 型。如果遗传了等位基因 A 和 O，血型就是 A 型。同样，如果遗传了等位基因 B 和 O，血型就是 B 型。O 型血的人必须从父母双方都遗传到等位基因 O。

在细胞水平上，在 A 型血人的红细胞中，含有被称为 A 抗原的蛋白质。这些人会对 B 型血产生抗体，如果给 A 型血的人输入 B 型血，A 型血人体内会产生凝集。B 型血人的体内有 B 抗原，会对 A 型血产生抗体，所以给 B 型血人输血时不能输入 A 型血。AB 型血人的体内有以上两种抗原，并不会产生任何一种抗体。因为 AB 型血的人可以接受各种血型，所以他们是万能受血者。O 型血的人在体内没有这两种抗原，所以会产生两种抗体，因此他们被称为万能输血者。

想要了解更多吗？

参见附录中“我们的发现”。

实验 20　基因工程简介

题　目

基因工程使农业和药品方面的科技发展成为可能。

简　介

基因工程是一项改变生物体内部 DNA 的技术。DNA 形成染色体，即携带基因信息的细胞核内部结构。科学家们使用一种化学品(限制性内切酶)来切断 DNA 链，将部分基因从原来的位置上移走，然后再在基因中插入另一生物体的 DNA。

基因工程的早期工作是将人类基因插入细菌的 DNA 中，这样生产出来的产品可以作为药物使用。运用类似的技术，科学家们还可以将携带特定特征的 DNA 片段移到另一种生物体内。例如，人们可以将一种抗病虫害基因从苏云金杆菌(苏云金杆菌是一种可以产生昆虫毒素的细菌)中移入一种植物中(图 1)。这样，害虫就无法生长。许多作物(特别是玉米和大豆)现在都携带抗病虫害基因。还有一些农作物携带抗除草剂基因。这样，农民们在喷洒除草剂时，就不必担心会对农作物造成伤害。

在本实验中，你和实验伙伴将对不同的基因工程项目进行研究。将你收集到的信息呈现给同学们。

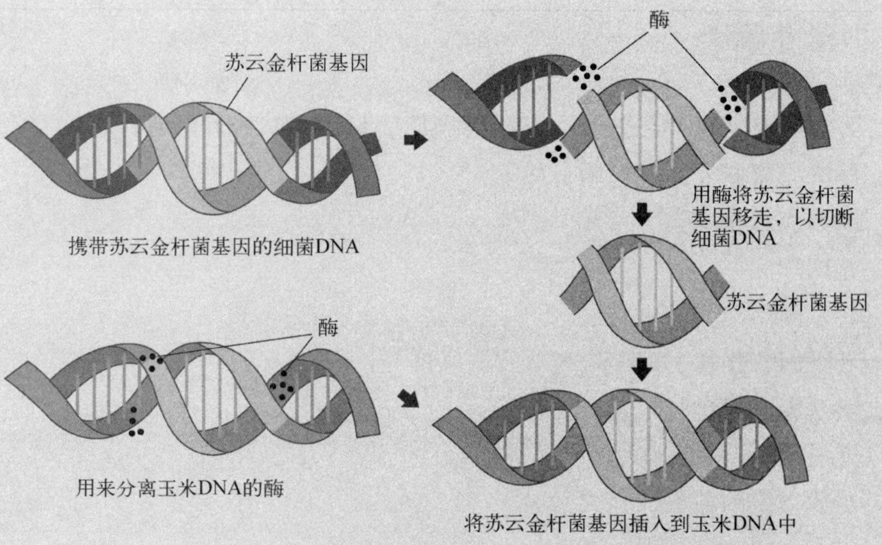

图 1　在玉米中加入苏云金杆菌基因来增强玉米的抗病虫害能力

实验时间

3 个或 4 个 55 分钟的课时

实验材料

- 查阅互联网或基因工程方面的书籍
- 打印机(可选)
- 制作直观教具的材料,如:海报展示板和记号笔等
- 实验记录本

安全提示

请仔细阅读并遵守本书“实验前必读”中的“安全准则”。

实验步骤

1. 与同伴合作,完成教师布置的科研题目。上网查询或阅读基因工程方面的书籍来完成研究。可选题目如下:

基因克隆技术

基因疗法

转基因猪肉

转基因农作物(如玉米、大豆和西红柿等)

转基因农业燃料

通过重组 DNA 制造的医药品

水族馆中的转基因鱼类

供人食用的转基因鱼类

胚胎期疾病筛查

人兽杂合体

2. 对于布置给你的题目,你需要详细回答下列问题:

① 概述。用一段话简要介绍这个科研题目。

② 过程。详细介绍实验步骤或实验过程,较难理解的地方请用表格或流程图做辅助说明。

③ 优缺点。讨论与该题目相关的社会问题和伦理问题。解释为什么有人持赞成态度,有人持反对态度。

④ 现状。该课题的研究现状如何?请举例说明。

⑤ 发展前景。对于该课题的未来发展,我们有怎样的预期?

3. 设计一个海报来回答这些问题。每幅海报至少要包含 3 张图片或照片,用来解释说明相关题目。如果有必要,请在海报上补充一些图表、曲线、表格或者模型。

4. 将你的题目展示给同学们。你的展示要有创新性和趣味性,时间为 5—10 分钟。小组所有成员都需要参与展示。

5. 回答同学们提出的问题。

6. 写一份个人意见书,长度约为 1 页,其中谈谈你对所展示题目的观点,并讨论你是如何得出这些结论的。

7. 其他小组做展示的时候，请仔细倾听，记好笔记，并通过提问来帮助自己更好地理解问题。

分 析

1. 用自己的语言定义什么是基因。
2. 基因工程如何能挽救人类的生命？
3. 以课堂所学知识为基础，你认为基因工程对农业有何影响？
4. 对于经过基因工程改造的抗旱小麦作物，你持赞成态度还是反对态度？请说明原因。

实验中将会发生什么？

20 多年来，科学家们通过基因工程成功研制出多种新药。1982 年，科学家成功分离出人类胰岛素基因，并将其插入大肠杆菌的 DNA 中(图 2)。当大肠杆菌分裂形成两个细胞时，每个新细胞都会接受一个人类胰岛素基因的复本。成千上万的细胞分裂后，装满大肠杆菌细胞的容器就会产生大量的蛋白质胰岛素。经过提纯后，这些胰岛素就可以销售给全世界的糖尿病患者。从那时起，科学家们又将工作拓展到其他药品的研制中。例如，利用基因工程生产的人类生长激素可用于治疗儿童侏儒症；表皮生长因子能够加速伤口愈合；干扰素可以治疗生殖器疣和一些癌症；肺表面活性剂蛋白可用来治疗新生儿呼吸系统疾病；高血压

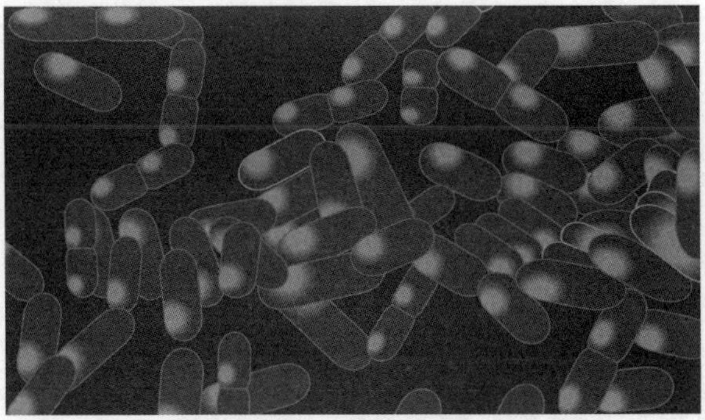

图 2　大肠杆菌是在人类和其他生物的消化系统中发现的棒状细菌

蛋白原酶抑制剂则可以用来治疗高血压。

与现实生活的联系

人类细胞内的DNA与细菌、橡树、蠕虫和长颈鹿细胞内的DNA具有相同的代码。所有DNA都是由两条核苷酸链旋转而成的双螺旋结构。每个核苷酸都是由一个磷酸基与脱氧核糖和腺嘌呤、鸟嘌呤、胞嘧啶、胸腺嘧啶中的一个含氮碱基组成的。不同生物体DNA的唯一区别在于含氮碱基的排列顺序不同。无论是在人体中或是细菌中，每个特定蛋白编码的DNA链上都有3个含氮碱基。例如，腺嘌呤—胞嘧啶—尿嘧啶的碱基序列就是苏氨酸的编码。由成百上千氨基酸组成的长链形成了蛋白质。正是由于DNA组成形式的普遍性，基因工程才得以实施。

想要了解更多吗？

参见附录中“我们的发现”。

附　录

实验环境的设置

本书中的实验都是根据实验时所使用的材料和设备进行分类的，分类如下：

- “学校实验”标题下的实验，使用的设备和材料都只能在实验室中找到。同时标有“学校实验”的实验也必须在实验室中进行。
- “家庭实验”标题下的实验所使用的材料都是家中常备或日常使用的东西。这些实验只需要在有人监督的情况下在家中进行。

学校实验

实验 7　味觉遗传
实验 9　从颊上皮细胞提取 DNA
实验 12　亲本与后代的性状不相同
实验 13　伴性突变遗传
实验 16　凝胶电泳简介
实验 17　DNA 凝胶电泳

家庭实验

实验 1　细胞的有丝分裂
实验 2　镰状细胞性贫血症中的氨基酸

实验 3　质粒基因工程
实验 4　减数分裂
实验 5　性状遗传
实验 6　遗传杂交的预测及实际结果
实验 8　用染色体组型诊断疾病
实验 10　设计生物体性状
实验 11　染色体突变
实验 14　家族树体现家族内部特征
实验 15　DNA 分子模型
实验 18　基因表达的控制
实验 19　遗传学学习中心
实验 20　基因工程简介

我们的发现

实验 1　细胞的有丝分裂

课堂讨论建议：让学生猜测人体由多少细胞组成。答案是“数亿个”！问学生这些细胞都从何而来。

分　析

1. 在处于间期的细胞中，有细胞膜和细长的染色质，同时可见细胞核。
2. 答案会有所不同。在前期，可见变粗的染色体，同时细胞膜消失。
3. 在中期，染色体排列在细胞赤道上。在后期，染色体不再集中在细胞赤道，而是向细胞的两极移动。在末期，染色体达到细胞两极。
4. 约 96%。
5. 间期。
6. 根尖细胞生长迅速。
7. 答案会有所不同。如处于分裂期的胚胎或表皮组织等生长迅速的组织。

实验 2　镰状细胞性贫血症中的氨基酸

课堂讨论建议：和全班同学一起回顾蛋白质合成的基本步骤，讨论 DNA 三联体、信使 RNA 基码、核苷及氨基酸链。

分　析

1. 它们的第 11 条核苷不同：正常血色素中含有腺嘌呤，而镰状细胞的血色素中含有胸腺嘌呤。

2. 正常血色素在第 11 条核苷的位置产生含有尿嘧啶的一条信使 RNA 链，而镰状细胞的血色素在相同位置上却是腺嘌呤。

3. 正常血色素 DNA 的 4 号三联体将产生缬氨酸，而镰状细胞血色素在相同位置产生的是谷氨酸。

4. 谷氨酸会改变氨基酸链的形状。

5. 谷氨酸具有极性，带有电荷。

6. 可能有多种答案。带有相反电荷的氨基酸会彼此吸引。

7. 极性氨基酸会彼此吸引或排斥，从而导致蛋白质形状改变。

实验 3　质粒基因工程

课堂讨论建议：请同学指出糖尿病人从药房中购买的胰岛素从何而来。如果有必要，和他们讨论一下胰腺是如何分泌胰岛素的。同时向学生们解释，胰岛素是一种能够使细胞摄取葡萄糖的激素。

教师建议：质粒 DNA 要在下面的位置来切断：

A T A T C A　　A G C T T C C C G A G A C T T A C C C C A G A <u>G A C A C G</u> A A A

人类的 DNA 应在下面位置切断，用亮色标出的是胰岛素 DNA。

A　　A G C T T A A A A T A G C A T C C C T A G A A C A A C C C A A G C T T

分析

1. 剪刀代表限制酶。

2. 胶带代表连接酶。

3. 没有。

4. 将含有质粒的细菌细胞和不含有质粒的细菌细胞分离需要使用耐抗生素基因。

5. ①。贴在彩色纸条内侧的白色纸条。这两张纸条代表着质粒和目的基因。

6. 答案会有所不同。细菌和人类具有相同的基因编码。

7. 答案会有所不同。重组 DNA 可生成一些蛋白质。此外，基因可以从一个生物体移至另一生物体中。

实验 4　减数分裂

课堂讨论建议： 先指出进行减数分裂的人体细胞有 46 条染色体。向学生提问：为什么由两个细胞形成的受精卵没有 92 条染色体？

分析

1. 1 个。

2. 2 条。

3. 1 条。

4. 不相同。因为染色体在挑选配子后已经经历了染色体结合。

5. 4 个。

6. 2 个。

7. 1 个。

8. 不相同。因为染色体在挑选配子后已经经历了染色体结合。

9. 染色体结合会使后代产生基因变异。

实验 5　性状遗传

课堂讨论建议： 让几个学生描述一下其家庭成员的普遍特征。例如，一个家庭可能会有薄嘴唇和阔鼻的特征。向学生提问：为什么这个家庭中并不是每个人都表现出这些普遍特征？

分 析

1. 50%;50%。

2. 50%。

3. 2个。

4. 答案会有所不同。第二个子女可能会拥有与第一个子女不尽相同的外貌特征，因为掷硬币的结果可能不同。

5. 波浪发是介于卷发和直发之间的过渡形式，它并不表现出明显的显性或隐性遗传方式。

6. 答案会有所不同。尽管兄弟二人的父母相同，但是他们的配子不同，因此其中包含的特征组合也不同。

7. 可能。因为蓝眼睛是隐性遗传特征，所以即使父母双方都是褐色眼睛，他们仍可能携带蓝眼睛的等位基因。

实验6 遗传杂交的预测及实际结果

课堂讨论建议：向学生提问：什么犬的饲养者想要预测两只获奖犬杂交后代的结果？

分 析

1. 庞纳特方格能够用来预测一个后代呈现某种特定基因组合的可能性。

2. a. BB：25%；b. Bb：50%；c. bb：25%。

3. a. BB：2.5 b. Bb：5；c. bb：2.5。

4. 答案会有所不同。实际数字与预期数字可能有所差别，因为样本较小。

5. 答案会有所不同。因为样本越大，实际数字与预测数字就可能越接近。

实验7 味觉遗传

课堂讨论建议：讨论味觉进化的益处，包括尝出有毒食物的能力等。指出有苦味的植物毒素。

分析

1. PTC试纸是含有化学物质苯尿硫的试纸。
2. 因为不是每个人都具有能够辨别苯尿硫味道的基因。
3. 辨别控制试纸的味道是为了与苯尿硫试纸的味道进行对比。
4. 答案会有所不同。
5. 答案会有所不同。
6. 答案会有所不同。

实验8 用染色体组型诊断疾病

课堂讨论建议：请学生提出有些人想要进行染色体检测的原因。

分析

1. 这对夫妇担心可能会将遗传性疾病传递给他们的孩子。
2. 男性的第23对染色体组型为XY，女性则为XX。
3. 46条；23条；23条。
4. 46。
5. 23。
6. 44条。
7. 女性。因为这个人有两条X染色体。
8. 图2中的人有3条21号染色体。图1中只有2条。
9. 唐氏综合征或21三体综合征。
10. 图3中的人携带2个X染色体和1个Y染色体。图1是携带2个X染色体的正常女性。

实验9 从颊上皮细胞提取DNA

课堂讨论建议：请学生们想象一下，如果他们是侦探，他们会怎样从疑犯身上提取DNA？

分析

1. DNA 也叫脱氧核糖核酸，是一种携带基因信息的分子。

2. 个体从其父母那里遗传到 DNA。

3. 核苷有 3 个组成部分：含氮碱基、磷酸根基团和糖类。

4. 可能有多种答案。DNA 是白色的凝胶状物质。

5. 实验中的 DNA 来自颊上皮细胞。

6. 可能有多种答案。其他来源包括皮肤细胞、发根、骨细胞和白血球细胞等。

实验 10　设计生物体性状

课堂讨论建议： 请学生给出显性性状、隐性性状和等显性性状的定义。

分析

1. 完全显性遗传。

2. 等显性的两种性状都能够获得表达，而不完全显性的两种性状将融合在一起出现。

3. 男性只有一条 X 染色体，因此，如果他们携带隐性特征就会获得表达。而女性有两条 X 染色体，如果她们的一条 X 染色体携带显性特征，那么就会掩盖其隐性特征。

4. 索引卡代表染色体。

5. 索引卡正反面的字母代表怪物的基因。

6. 答案会有所不同。在人类和许多其他生物体中都能够找到这个实验所研究的遗传类型。

实验 11　染色体突变

课堂讨论建议： 和学生们讨论，如果个体的染色体数目错误或染色体位置改变会产生哪些基因损害。

分 析

1. 缺失和易位。

2. 如果没有相邻基因，基因就不能发挥作用。

3. 与基因点突变相比，染色体突变会对生物体造成更大的损害，因为它们所涉及的基因更多。

4. 可能有多种答案。缺失比易位造成的伤害更加严重，因为在缺失中丢失了基因物质。

实验 12 亲本与后代的性状不相同

课堂讨论建议：向学生提问：他们的外貌为何与父母的外貌并不完全相同？由这一问题引出后代的基因是父母基因的结合这一观点。

分 析

1. 字母可能不同。第一组的父代交配结果如图 1a 所示；第二组 F1 代果蝇的交配结果如图 1b 所示：

AA × aa

	A	A
a	Aa	Aa
a	Aa	Aa

图 1a

Aa × Aa

	A	a
A	AA	Aa
a	Aa	aa

图 1b

2. 学生需根据实验结果得出答案。

3. 答案会由于学生的实验结果不同而有所差异。答案要包括他们的结果为何与预计结果相似或为何与预计结果不一致。

4. 答案会由于班级数据不同而有所差异。野生型的百分比通常会接近 75％，突变型的百分比会接近 25％。

5. 答案会由于实验结果的不同而有所差异。不过如果使用更多的果蝇样本，结果将更接近预期数值。

6. 小样本中的实验结果与预计结果的差异会更大。小样本中的误差率更高。

7. 在大样本中，实验结果与预期数字的背离值更小。这是因为有更多的生物样本参与平均值的计算，因此实验结果也就更接近正常数值。

实验 13 伴性突变遗传

课堂讨论建议： 先指出红绿色盲在男性中更为普遍这一事实，然后请学生给出对这一现象的解释。

1. 第一次交配结果如图 2a 所示；第二次交配结果如图 2b 所示。

	X^A	X^A
X^a	X^AX^a	X^AX^a
Y	X^AY	X^AY

图 2a

	X^A	X^a
X^A	X^AX^A	X^AX^a
Y	X^AY	X^aY

图 2b

2. 因为所有果蝇都是野生显性，因此不可能判断出哪些个体是突变基因的携带者。然而，在 F1 代果蝇中，所有雌性都是突变基因的携带者。

3. 答案会由于实验结果的不同而有所差异。学生们要解释他们的结果为何与预计结果相似或为何与预计结果不一致。

4. 伴性特征更多地出现在雄性个体身上。常染色体特征出现在雄性和雌性个体身上的比例相等。

5. 雌性也能够表达伴性特征，但伴性特征在雄性中更为普遍。本实验中不会出现带有伴性特征的雌性果蝇。如果要产生带有这样特征的雌性果蝇，就需要一只突变型雄性果蝇与一只杂合型雌性携带者果蝇杂交。杂交完成后，将有 50%的雌性和 50%的雄性果蝇表现出该特征。

	X^R	X^r
X^r	X^RX^r	X^rX^r
Y	X^RY	X^rY

图 3

6. 图 3 是一个庞纳特方格。尽管在实验室中完成的第一代杂交其父代显性相同，但其基因型却不一致。因此，在本实验中，一半雄性果蝇和一半雌性果蝇将会表达伴性隐性基因。

实验 14　家族树体现家族内部特征

课堂讨论建议：向学生展示一个简单的家族树，看从中可以获得什么样的信息。

分　析

1. 家族树如图 4 所示(学生的回答可能会有所不同)。

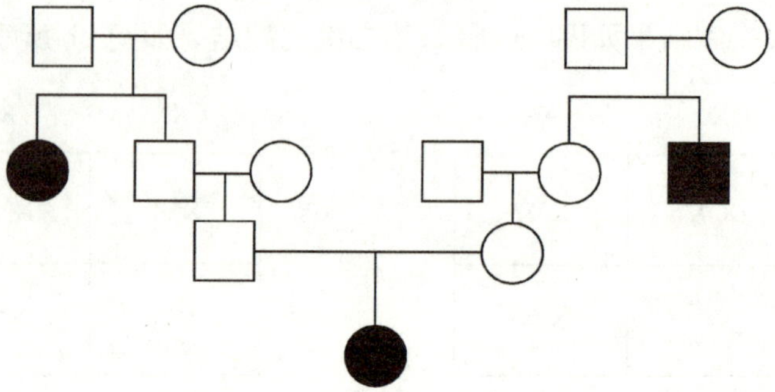

图 4

2. 家族树如图 5 所示。

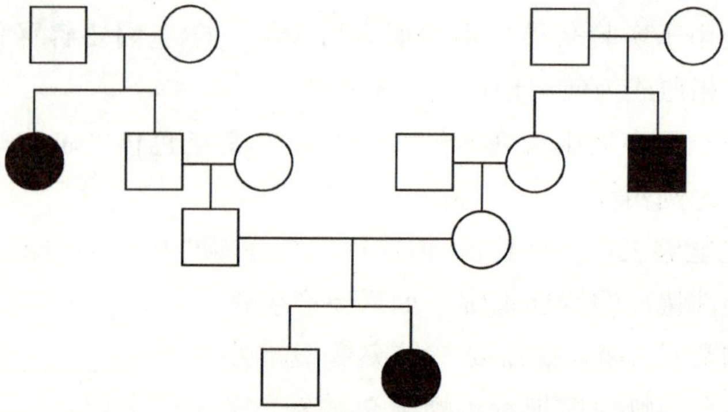

图 5

3. 庞纳特方格如图 6 所示。S 代表正常的基因型，s 代表镰状细胞性贫血症细胞。肖恩不是 ss 型，因为他不携带这种基因。因此，他是致病基因携带者和具有 Ss 型基因的可能性是 2∶1。

	S	s
S	SS	Ss
s	Ss	ss

图 6

	S	S
S	SS	SS
s	Ss	Ss

图 7

4. 概率为 0。因为艾琳不是携带者，所以肖恩和艾琳的所有孩子都不会患有镰状细胞性贫血症（在图 7 的庞纳特方格中，艾琳的基因在方格上方，肖恩的基因在方格的左侧）。

5. a. 常染色体显性遗传。该特征在每一代都有出现。b. 是第一代中个体 1 的孙女。c. 因为第一代中的个体 1 具有表现该特征的杂合型基因。

实验 15　DNA 分子模型

课堂讨论建议： 回顾核苷的组成成分，强调 DNA 是一个核苷双链。

分　析

1. DNA 是携带个体遗传信息的核酸。
2. DNA 位于细胞核中。
3. 每条核苷酸由去氧核糖、磷酸根基团和含氮碱基组成。
4. 腺嘌呤和鸟嘌呤都是大型碱基对，它们在 DNA 分子中不能配对。
5. 个体中 DNA 的碱基排列顺序稍有不同。

实验 16　凝胶电泳简介

课堂讨论建议： 请学生提出一些在混合物中分离不同分子的方法。

教师建议： 将两种或多种染色剂混合在一起，形成一种未知染色剂。将 125 毫升的 1 倍 TBE 溶液和 1 克琼脂糖放入 250 毫升的耐热玻璃瓶中，制作成供电泳实验使用的 0.8%的琼脂凝胶。不加盖进行微波加热，以溶化琼脂。注意：不要使其沸腾。取出后加盖放在常温下保存。如有需要再次进行溶化。凝胶需在实验前的 1—2 天前做好，然后放入冰箱中储存。实验中所用电压需根据电泳槽的大小进行调整。通常的规则是两个电极之间每 1 厘米距离的最大电压为 5 伏特。

例如,如果两个电极之间的距离是 10 厘米,电泳槽中的电压应为 50 伏特。如果电压过高,琼脂就会溶化。

分 析

1. 缓冲溶液可以在凝胶导电。
2. 橙黄 G、二甲苯蓝、溴酚蓝向正极移动。番红 O 和杰纳斯绿向负极移动。
3. 溴酚蓝带负电荷。杰纳斯绿带正电荷。
4. 橙黄 G。它大概移动 30 厘米。
5. 答案根据教师准备的未知染色剂不同会有所差异。

实验 17 DNA 凝胶电泳

课堂讨论建议: 询问学生对于制作 DNA 指纹了解多少。

教师建议: 为每个实验组准备 5 个微型管,并按下表所示加入限制酶。将前 4 个微型管编为 1—4 号,最后一个试管编为 X 号。使用前使限制酶冷却下来。

微型管	微型管中的物质
1	不添加任何物质
2	1 微升 *Hind* III
3	1 微升 *Bam* HI
4	1 微升 *Eco* RI
x	1 微升 *Bam* HI

将 125 毫升的 1 倍 TBE 溶液和 1 克琼脂糖放入 250 毫升的耐热玻璃瓶中,制作成供电泳实验使用的 0.8%的琼脂凝胶。不加盖进行微波加热,以溶化琼脂。注意:不要使其沸腾。取出后加盖放在常温下保存。如有需要再次进行溶化。实验中所用电压需根据电泳槽的大小进行调整。通常的规则是两个电极之间每 1 厘米距离的最大电压为 5 伏特。例如,如果两个电极之间的距离是 10 厘米,电泳槽中的电压应为 50 伏特。如果电压过高,琼脂就会溶化。断电后,凝胶在染色前可以在电泳槽中放置几个小时。

分　析

1. 微型管 2 和微型管 3 中的 DNA 被不同的限制酶切断。

2. 微型管 3 和微型管 X 中具有相同的染色带。

3. 微型管 X 中使用了 BamIII，因为它和微型管 3 中的染色带相同，而微型管 3 中就使用了 BamIII。

4. R_f标志着 DNA 片段的相对大小，可以用来计算碱基对的数量。

实验 18　基因表达的控制

课堂讨论建议： 每个细胞都含有相同的 DNA。一个人 DNA 编码上的基因可以产生几千种不同的蛋白质。然而，并不是人体中的每一个细胞都会产生所有蛋白质。例如，皮肤不会产生血色素，脑细胞也不会产生胰岛素。请学生对这一现象给出一些解释。

分　析

1. 转录是 DNA 编码进行复制并生成信使 RNA 链的过程。

2. 不可以。因为阻遏分子阻碍了这一活动。

3. 不可以。因为诱导剂阻止了阻遏分子与 DNA 的结合。

4. 不存在。

5. 转录。

6. 答案会有所不同。当乳糖出现时，它会与阻遏分子结合，从而阻止其干涉 RNA 聚合酶发挥作用。

实验 19　遗传学学习中心

课堂讨论建议： 讨论遗传模式的概念；看看学生对这一话题的了解程度。

分　析

1. a. ② ⑦；b. ③；d. ① ④；e. ⑥ ；f. ⑤。

2. ① 伴 X 染色体显性遗传；② 等显性遗传；③ 常染色体隐性遗传；④ 常染色体显性遗传。

3. ① 常染色体隐性遗传；② 线粒体遗传；③ 常染色体显性遗传。

实验 20　基因工程简介

课堂讨论建议： 如果可能，向学生展示一个转基因水果或蔬菜的实物或一幅转基因水果或蔬菜的图片。不要向学生进行特别说明，询问他们这种食物的外观是否有异常之处。请指出，这种食品从外观看来可能与非转基因农产品十分相似，但它可能携带抗霜冻基因、抗病虫害基因或带有其他人们希望它所拥有的特征。

分　析

1. 答案会有所不同。基因是 DNA 的一部分，它可以为特殊的蛋白质进行编码。

2. 答案会有所不同。基因工程可以研制出挽救人类生命的药品和一些可供人类使用的动物器官（如心脏瓣膜等）。

3. 答案会有所不同。基因工程已经培育出抗病虫害、抗除草剂、抗旱及抗霜冻的作物。

4. 根据基因工程的优势与弊端，学生可能提出多种不同的答案。

人 体 篇

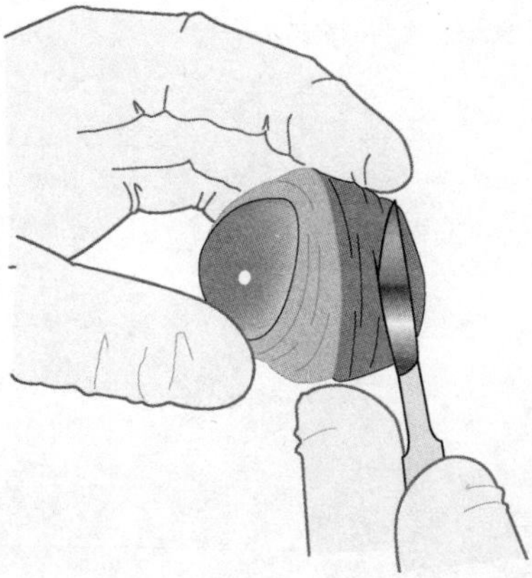

简 介

人体课程的教师比其他课程的教师优势明显，因为学生对自己身体有极强的好奇心。正因为如此，对人体的研究与学生本身联系紧密。学习可以更加激发学生的求知欲，让他们积极思考如果人体出现异常，会产生什么状况。由于对课程学习已有的积极性，学生能够将抽象的概念和实际情况联系起来。

人体研究是一项严谨的科学，其中包括大量的概念和复杂的结构。很多时候，学生是因为考试而记忆书中的概念。但是单纯的记忆并不等于融会贯通，因为记忆中的知识是短暂的。一个更有效的方法就是让学生通过互动来了解人体解剖和生理知识。这样可以使学生懂得人体结构之间的相互联系，让概念具体化，让学习材料更加实用。

学生一旦接触到有关人体的课题，就会有很多的疑问。这些问题可能很简单。例如，“有一次，我的皮肤上长了一个奇怪的包，你知道那是什么吗?”有的问题可能很复杂。例如，“我的核磁共振报告显示我的胰腺有肿胀现象，这是为什么?”在这种情况下，对他们进行指导非常重要，因为这些信息正是他们需要了解的。

对于人体的研究包括解剖学(研究人体构造)和生理学(研究人体构造的功能)。在学校教育中，人体科学教育从小学或初中阶段开始一直可以延续到研究生阶段。学生在每个阶段的收获各异。在人体篇中，中学教师利用 20 个原型实验对学生们的课程加以辅助。

本篇的实验不必拘泥于前后顺序。其中的几个实验可以使学生们理解人体辅助系统的功能并分析肌肉、骨骼和皮肤的相互依赖关系。这类实验包括“人体组织”“胎猪的外部解剖”“皮肤系统”“骨与软骨结构”“肌肉种类”和“颈椎”等。其中，前 3 个实验以人体的四大主要组织为中心，主要说明了上皮组织及其衍生物。后 3 个实验则强调了骨骼系统怎样为人体提供支撑，以及这些结构是怎样与肌肉共同作用，使我们运动自如。

人体的运动、行为和反应都是由内分泌系统和神经系统这两大系统进行协调的。神经和内分泌系统的分泌物相互作用，让人体的行动更加协调和流畅。“牛眼解剖”“皮肤的触觉小体”可以帮助学生们了解人体如何接受外界的感官刺激，并把这些刺激转化成可以由大脑进行处理的信息。“反应时间”则展示了大脑在完成某一项任务的同时如何受到其他事件的干扰。

人体的呼吸、免疫、心血管、消化和泌尿系统通力合作完成输送、吸收养分和排泄废物的过程。心血管系统由心脏、血管和血液组成，它们把各种物质输送到人体的各个部分。在“心脏模型”的实验中，学生们通过制造模型来了解心脏的功能和构造。“血液病的诊断”则提供了有关正常血液细胞及细胞数量的信息，以及当血液出现异常时可能产生的结果。通过“红细胞渗透”实验，学生们对血液细胞的生长环境进行了探索。在“影响血压的因素”和“锻炼、脉搏和恢复速率”两项实验中，学生了解了心脏和血管是怎样相互作用来保障全身有充足的血流。

血液将经过消化的食物带向体内细胞。通过“消化系统模型”实验，学生了解了食物分解过程的基本解剖构造。不同食物的化学特质在“食品分析”实验中得到展示。乳糖酶在消化系统中的作用在“乳糖不耐症”中得到了说明。而“尿液分析”实验使同学们明白了从尿液中可以得到怎样的信息。

人体课程还会使学生了解男女生殖系统怎样进行配子和用激素调节繁殖力。在“男性生殖系统”和“女性生殖系统”两个实验中，学生们分别研究了两种组织结构，并将这些结构同它们的功能相结合。

很多教育工作者认为最有价值的课堂经验来自求知欲。求知欲可以让学生勇于探索，从所学的知识中得到启发，并进行创造。达成此目的的唯一途径就是让学生凭借自己的想法设计出自己的实验步骤来解决问题。本篇中需要学生自行设计全部或部分实验步骤的实验包括“食品分析”“红细胞的渗透”“反应时间”“锻炼、脉搏和恢复速率”和“皮肤的触觉小体”等。另外两个实验，“心脏模型”和“消化系统模型”则要求学生们对概念充分的消化理解，并具备独立思考的能力。

希望本篇的内容可以有助于教师们将科学概念更有效地传达给学生。我们的目的是使课堂实验变得简便易行并收效显著。另外，我们也同时希望学生们对学习人体课程兴趣浓厚并愿意参与其中。

实验1 人体组织

题 目

构成人体组织的细胞结构取决于人体组织的功能。

简 介

人体由各种组织构成。所谓组织即为执行特定功能的相似的细胞群。人体组织主要分为四大类：结缔组织、上皮组织、神经组织和肌肉组织。各类组织均具有各自的特点。

结缔组织是最大的人体组织。它连接和支撑着人体的各个系统。结缔组织由一个非活性细胞的外基质、强壮的纤维体以及细胞所组成。血液即为结缔组织的一种，血液中的细胞外基质就是血浆。血液细胞则包括红细胞、白血球和血小板。但血液纤维只有在发生血栓的情况下才会形成。骨骼是人体的另一种结缔组织。其细胞外基质由钙盐和骨胶原组成，因而极其强壮。骨骼中一个个的小空洞被称作骨陷窝，它们就是骨骼细胞的栖息地。其他种类的结缔组织还有致密型结缔组织、松散型结缔组织、蜂窝状组织和软骨组织等。

上皮组织帮助我们抵御外部环境的侵袭，使我们的器官轮廓更加清晰。上皮组织包括皮肤、腺器及膈膜等。上皮细胞有两个明显的表层：基细胞层和自由细胞层(或称为顶端细胞层)。相邻的细胞以独特的交叉方式紧密相连。

神经组织用于传输电脉冲信号。神经细胞或神经元有一个中心细胞体和两个或两个以上的分支。中心细胞体包括细胞核和大多数的细胞器。神经组织典型的代表为末梢神经、大脑和脊椎。

肌肉组织的主要功能是收缩和运动。三大肌肉组织包括心肌、平滑肌和骨骼肌。心肌和平滑肌的收缩不受人为控制，因此又叫作不随意肌。骨骼肌则称为随意肌，因为我们可以对其进行操控。平滑肌表面特有的纹理使它与心肌和骨骼肌截然不同。在本实验中，你将能够观察4种不同组织的显微镜切片。

实验时间

55分钟

实验材料

- 光学显微镜
- 彩色铅笔
- 平滑肌的显微镜切片
- 骨骼肌的显微镜切片
- 心肌的显微镜切片
- 血液的显微镜切片
- 脊椎的显微镜切片
- 介绍人体组织特征的解剖学书籍或网页
- 实验记录本

安全提示

请仔细阅读并遵守本书“实验前必读”中的“安全准则”。

实验步骤

1. 用显微镜的不同倍数观察平滑肌组织。并将观察到的图像同解剖学书籍中或互联网上获取的平滑肌图片加以比较。

2. 画出在高倍数显微镜下观察到的平滑肌图像，并用彩色铅笔着色。

3. 在若干平滑肌细胞核上作出记号。

4. 重复步骤 1—3，分别观察骨骼肌组织和心肌组织，并标出骨骼肌组织和心肌组织的肌肉条纹。

5. 回答分析中的 1 和 2 题。

6. 用显微镜的不同倍数观察血液的显微镜切片。并将观察到的图像与解剖学书籍中或互联网获取的血液图片加以比较。分别画出血液的组织成分(红细胞，白血球和血小板)。在若干白血球上作出标记。

7. 回答分析中的 3 题。

8. 用显微镜的不同倍数观察脊椎。并将观察到的图像同解剖学书籍中或互联网获取的脊椎图片加以比较。

① 描述并记录显微镜中观察到的脊椎整体外观。

② 将浅色区的细胞同其他区域的细胞进行比较。找出两个星星形状的神经细胞。画出在中或高倍数下观察到的细胞图像，并标出细胞核。

③ 中央管是脊椎中间的小孔。仔细观察脊椎的中央管衬膜细胞，并画出其图像。

9. 回答分析中的 4 和 5 题。

10. 认真观察图 1、图 2、图 3 和图 4，将它们与解剖书和互联网上的图片加以比较，并在实验记录本中做简单的描述。

11. 回答分析中的 6 题。

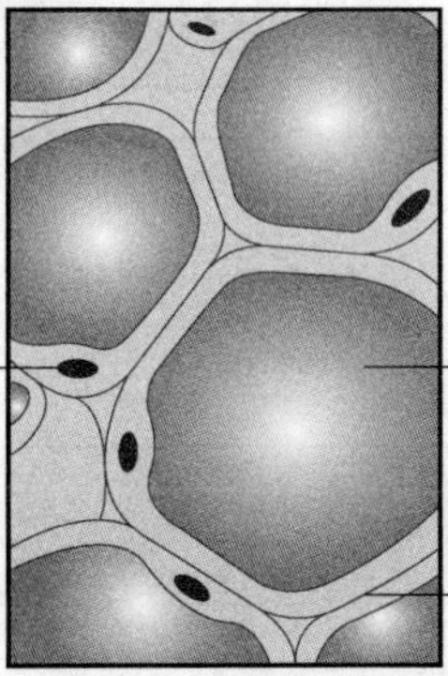

图 1 脂肪组织由脂肪细胞组成。每个细胞有细胞核和浆膜。脂肪滴储存在细胞的液泡当中

分 析

1. 骨骼肌和心肌均有条纹，应该怎样区分?

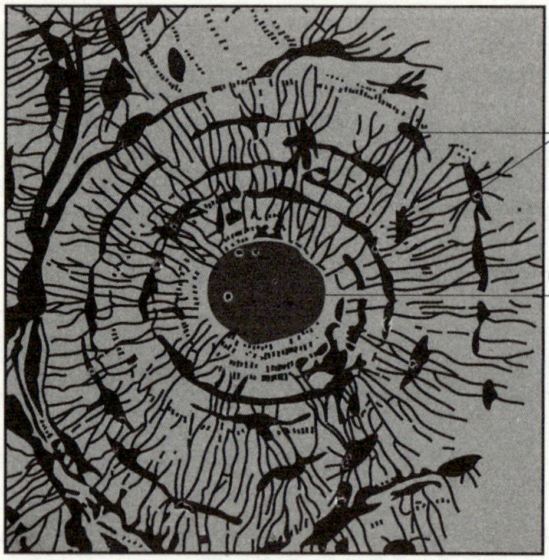

图 2　骨细胞存在于陷窝之中。陷窝即骨矿基质中的小孔

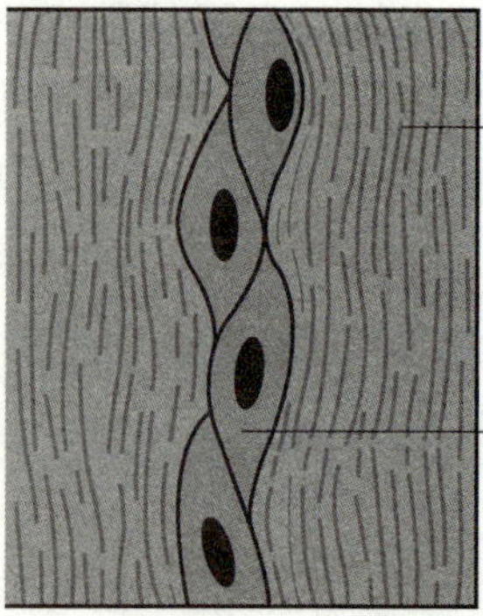

图 3　各个层面之间散布着纤维原细胞

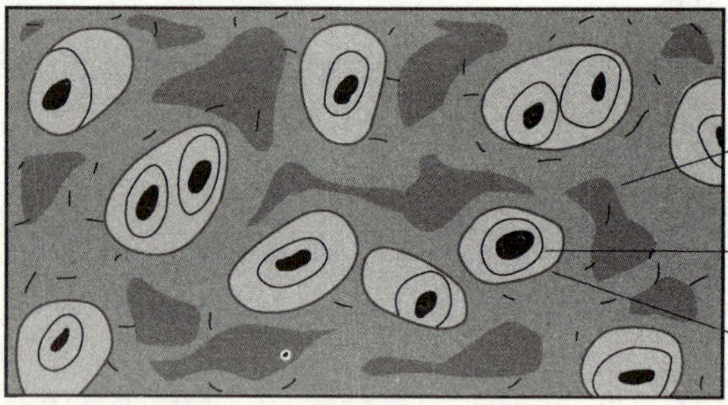

图 4　陷窝中含有细胞的强韧基质构成透明软骨

2. 完成下面的数据表格。

数　据　表

肌肉组织类型	有无条纹	随意肌还是不随意肌	举例说明它们在人体中的位置
骨骼肌			
平滑肌			
心　肌			

3. 白血球的细胞核形状是否相同?

4. 请描述脊髓的整体外观和形状。

5. 脊椎中央管内壁上是哪类细胞？

6. 配对题：

a. 脂肪组织	① 让器官更有弹性
b. 骨骼	② 基质坚硬并有气孔
c. 血液	③ 器官组织具有伸缩性
d. 软骨	④ 脂肪
e. 密集结缔组织	⑤ 存在于关节，鼻腔，及呼吸道中
f. 平滑肌	⑥ 基质为血浆
g. 骨骼肌	⑦ 骨骼周围的弹性组织
h. 心肌	⑧ 心脏中的弹性组织

实验中将会发生什么？

细胞的功能高度专业化。上皮细胞是保护细胞，负责吸收养分、过滤有害物质以及分泌液体。细胞层的数量和细胞的形状决定了上皮组织的种类。单层的上皮细胞被称作单体细胞，而多层的上皮细胞则叫做复层细胞。上皮细胞或为立方体或矮柱形。单体的扁平上皮轻薄而平坦，包裹着肺泡。复层扁平上皮（参见图 5）层次较多，它们构成我们的皮肤，并且存在于口腔之中。

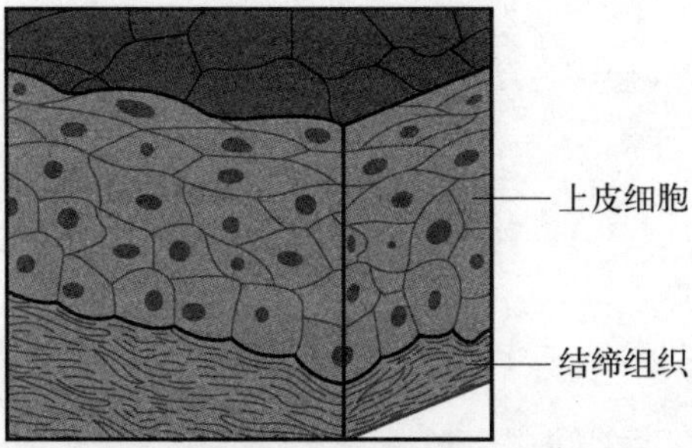

图 5　复层扁平上皮由多层次上皮细胞构成

有些上皮细胞还会产生变异。气管内的上皮细胞上长着如发丝般的短小纤毛，它们能够有节律的摆动，将肺部的杂质清除到口腔。小肠中层层叠叠的上皮细胞真皮形成微小的凸起，这使得细胞的吸收能力大大提高。构成皮肤的上皮细胞会形成蛋白质角质层，对细胞起到保护作用。

与现实生活的联系

部分人体的组织一旦遭到破坏，可以通过再生进行自我修复。例如，膝部上皮组织擦伤时，没有受到伤害的细胞会进行裂变，产生新的上皮组织使伤口愈合。纤维状结缔组织和骨组织也能够自我修复。骨骼肌在一定程度上可以再生，但速度缓慢，而神经组织却不能再生。神经元的分裂方式为无丝分裂，即神经细胞不能够进行裂变。因此，神经元一旦被破坏，就无法复原。

想要了解更多吗？

参见附录中“我们的发现”。

实验 2 胎猪的外部解剖

题目

胎猪的外部解剖与人类的外部解剖相似。

简介

猪和人类都属于哺乳动物。猪的浑身长满毛发，并且以乳腺分泌乳汁来哺育幼崽。包括猪和人类在内的大多数哺乳动物都是在胎盘中生长并发育的。胎盘中生长发育的胚胎和母体的子宫通过脐带相连(图 1)。猪的妊娠期即胎猪的发育过程，大约为 115 天。

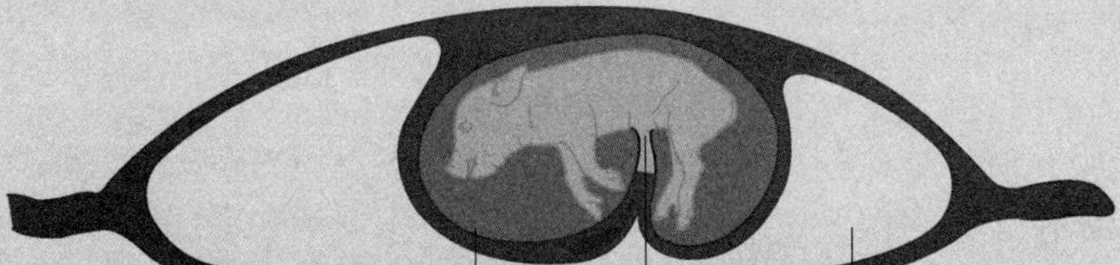

图 1 母猪腹部横截面图，图中呈现了发育中的胚胎、脐带和子宫

胚胎的发育过程以母猪的卵子离开卵巢、沿着输卵管开始行进为起点。卵子受精成功后开始裂变，细胞在第 6 天开始分化。第 11 天，细胞团在子宫内膜着床。其后，细胞团不停变化，直到形成 3 个明显的细胞层：内胚层、中胚层和外胚层为止。其中，内胚层发展成消化道和肺部，中胚层形成身体的主要器官，外胚层逐渐生成皮肤和神经系统。在本实验中，你将能够观察到胎猪的皮肤和其他外部结构。

实验时间

55 分钟

实验材料

- 胎猪
- 手套
- 护目镜
- 不透光胶纸
- 解剖托盘
- 20 枚解剖用大头针
- 米尺
- 纸巾
- 实验记录本

安全提示

在接触保存胎猪的防腐液时要格外小心。请佩戴护目镜和手套。请仔细阅读并遵守本书“实验前必读”中的“安全准则”。

实验步骤

1. 从防腐容器中将胎猪取出，轻轻的冲洗干净并用纸巾擦干。

2. 在解剖盘中铺上两层纸巾，将胎猪标本置于解剖盘内。

3. 由于胎猪尚未出生，无法以年龄进行测算。但是通过（利用米尺）测量胎猪从鼻尖处到尾根部的长度，并参照数据表 1，便可以得出胎猪的妊娠期。

数据表 1

长　　度	妊娠天数
11 毫米	21 天
17 毫米	35 天
2.8 厘米	49 天
4 厘米	56 天
22 厘米	100 天
30 厘米	出生

4. 打开胎猪的口腔，用手指轻轻地抚摸它的牙床，描述你的感觉。

5. 准备 20 段 2.5 厘米的不透光胶纸。将它们依次编号后缠绕在解剖用大头针上。

6. 参照图 2 和图 3（参见 10 页和 11 页），分别找出数据表 2（参见 11 页和 12 页）中列出的身体结构，并用大头针在胎猪标本上做出标记。图 2 所示为胎猪的外部构造。图 3 为相应的人体部位。从中可以看出二者有很多相似之处。

7. 在用全部 20 枚大头针标记完成之后，请举手示意教师进行核查。如果标记的位置正确，教师将在数据表 2 相应的位置画上对号。如果标记的位置不正确，教师将要求你重复步骤 6。

分　析

1. 你所使用的胎猪标本为雌性还是雄性？你是如何作出判断的？
2. 描述胎猪皮肤的颜色。
3. 胎猪是否有牙齿？如果有，它有多少颗牙齿？
4. 猪有没有眼睫毛？
5. 鼻孔的俗称是什么？
6. 雄性和雌性猪的乳头数量分别是多少？

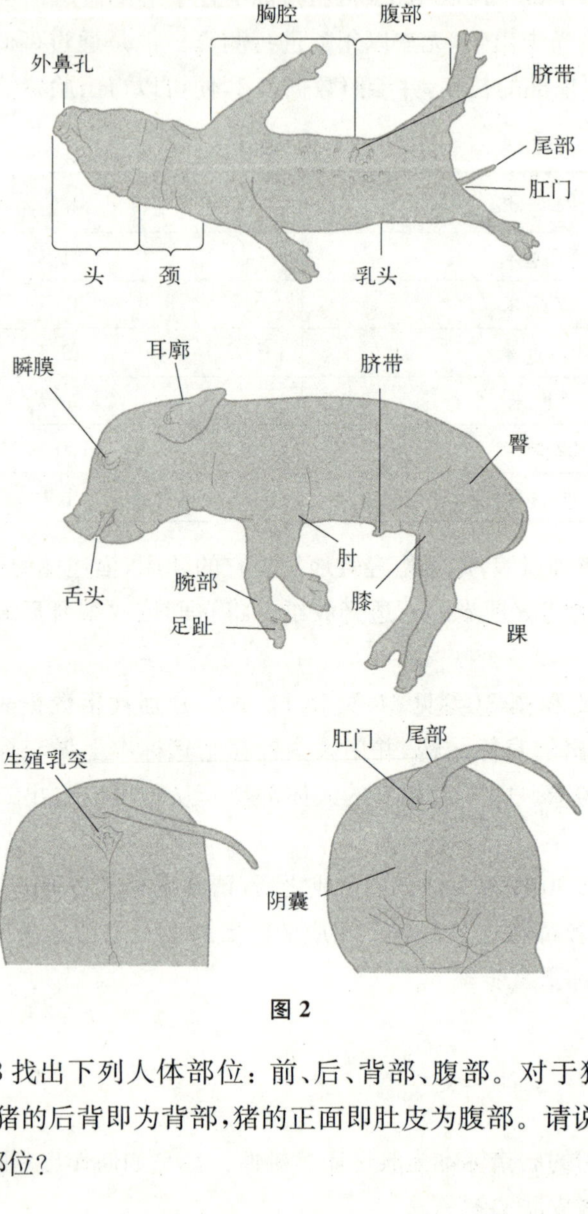

图 2

7. 参照图 3 找出下列人体部位：前、后、背部、腹部。对于猪来说，头部为前，尾部为后。猪的后背即为背部，猪的正面即肚皮为腹部。请说明下列结构位于身体的什么部位？

① 嘴

② 脊椎

③ 肛门

④ 乳腺

⑤ 胸部

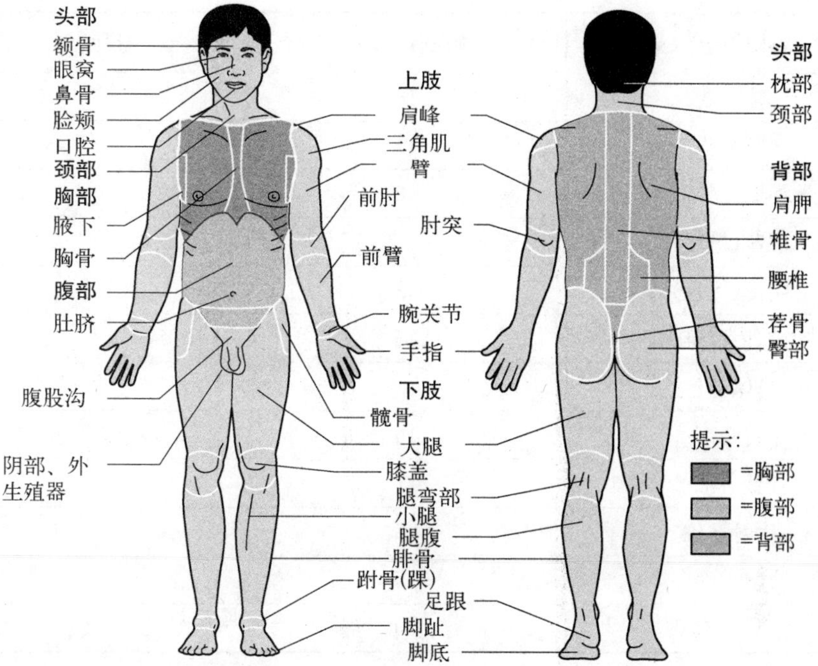

图 3　身体的部位

数 据 表 2

身体结构名称	大头针号码	教师批准
背侧面	1	
腹　面	2	
前末端	3	
后末端	4	
嘴　唇	5	
外鼻孔	6	
耳　廓	7	
身体结构名称	解剖针号码	教师批准
瞬　膜	8	
舌　部	9	

续 表

身体结构名称	解剖针号码	教师批准
味　蕾	10	
乳　头	11	
脐　带	12	
阴茎（雄性）	13	
阴囊（雄性）	14	
生殖乳头（雌性）	15	
身体部位		
肩峰部	16	
膝　部	17	
跗骨部位	18	
腕　部	19	
肘　部	20	

实验中将会发生什么？

猪和人类的生理结构有很多相似之处，二者之间的差异也很有趣。猪的每只眼睛都长着瞬膜。瞬膜呈半透明，很有韧性，常被称作“第三层眼皮”。但它们并不像其他眼皮一样上下运动，而是横向运动。包括鲨鱼在内的很多动物在遇到争斗或捕食等危险情况下，都会用瞬膜来保护眼睛。虽然在现实中，猪的瞬膜已是可有可无，但对于猪的祖先来说，它们很可能曾经发挥过不小的作用。像瞬膜这样已经丧失了功能的身体结构被称为遗迹构造。

猪的牙齿和人类的牙齿也非常相似。人和猪都属于杂食性哺乳动物，即吃植物，也吃动物。它们的牙齿具有咬、撕和磨的功能。在胎猪的牙床上已经能够发现少量刚发育的犬齿。而人类第一颗牙齿却要等到出生后 8 个月后才会长出来。

猪和人的足部区别明显。猪属于有蹄类动物，它们没有与人类的大拇指和大脚趾相对应的第一个脚趾，它们的第二和第五个脚趾尽管短小，但却非常发达，发挥着巨大的作用。值得一提的是，猪蹄和人的指甲一样都属于上皮组织。

人类有两个乳头，而猪的乳头则有 5—7 对，这在一胎多仔的哺乳动物中非常普遍。母猪通常一胎可产 8—12 只幼崽。同人类的男性一样，公猪也长有乳头，但却没有任何功用。

与现实生活的联系

胎猪是肉食工业的副产品，而不是为了解剖的目的特地培养的。在母猪的屠宰过程中，如果发现胎猪，人们便把它们从母猪体内取出，并浸泡在一种化学防腐液——福尔马林液中保管。有时为了便于在实验中观察，人们会在胎猪的颈部侧面切开一个小口，向其体内注射彩色乳胶。通常情况下，注入动脉的乳胶为红色，注入经脉的为蓝色。

想要了解更多吗?

参见附录中“我们的发现”。

实验3 骨与软骨结构

题 目

通过解剖鸡翅来观察骨与软骨的结构。

简 介

人体的骨骼系统主要由两部分组成：骨和软骨。构成骨骼的骨细胞是由非活性基质——钙盐组成的。骨骼组织呈两种状态：密质骨和松质骨。密质骨排列紧密而平滑，松质骨则布满空隙。此外，骨的种类还可以根据形状的不同分为长骨、短骨、扁平骨和不规则骨等。

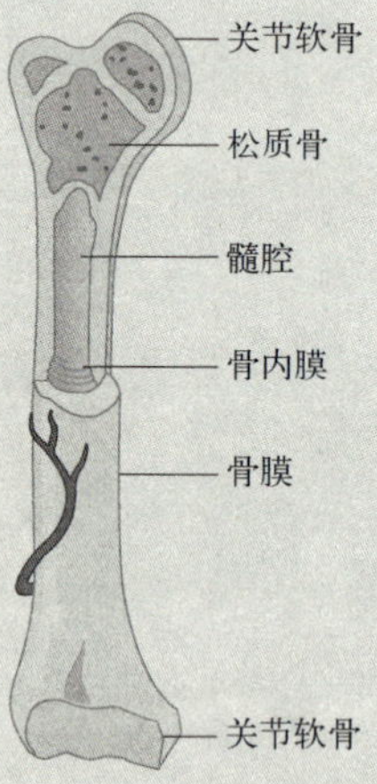

图1 长骨的构造

图1所呈现的是长骨的结构。长骨外面包裹着的结缔组织叫做骨膜。长骨空心轴的侧面为密质骨，顶端为松质骨。松质骨的缝隙中是红色的具有造血功能的骨髓。长骨的髓腔内壁上生长着骨内膜。髓腔内还有黄色的脂肪组织。

透明软骨通常长在骨头的两端，人体其他需要弹性保护的部位也长有软骨组织。软骨的主要成分为水，水分使得软骨组织富有弹性，这种特性是骨所不具备的。最常见的透明软骨呈蓝白色并富有光泽，它们生长在骨头的两端。纤维软骨生长在椎骨之间，我们的耳朵就是由弹性软骨构成。在本实验中，你将能够借助鸡翅来了解骨和软骨，并在显微镜下观察不同的软骨。

实验时间

55分钟

实验材料

- 生鸡翅膀
- 解剖托盘
- 剪刀
- 解剖刀
- 镊子
- 解剖用显微镜
- 复合光学显微镜
- 烧杯(容量200—400毫升)
- 电炉
- 隔热手套
- 水源
- 骨头的显微镜切片
- 透明软骨的显微镜切片
- 纤维软骨的显微镜切片
- 培养皿
- 纸巾
- 实验记录本

安全提示

实验结束后,请用消毒剂清洁实验台,并用热水和肥皂清洗双手和实验器具。小心使用解剖刀和电炉,请务必佩戴隔热手套。请仔细阅读并遵守本书"实验前必读"中的"安全准则"。

实验步骤：第一部分

1. 回答分析中的 1—2 题。

2. 在解剖盘中放入一根鸡翅。

3. 用剪刀和解剖刀将鸡皮拨开，将鸡肉和鸡骨剥离。注意不要伤及关节和软骨。

4. 把鸡翅膀放到半个培养皿中，置入显微镜下，找出软骨和关节。在中、高倍数下利用显微镜进行观察，并将观察结果画出草图。回答分析中的 3 题。

5. 将鸡翅重新放入解剖盘中，在关节处用解剖刀将骨头分开。

6. 将最长的骨头的两端用纸巾包裹起来，并将其折成两段。仔细观察断骨的内部结构。回答分析中的 4 题。

7. 在烧杯中盛上一半水，将没有折断的长骨放入水中。将烧杯放在电炉上煮 10 分钟。

8. 用镊子小心地将骨头从沸水中取出，用纸巾擦干。观察骨头的外观。回答分析中的 5 题。

9. 将煮过的骨头两端用纸巾包好，将其折成两段。仔细观察短骨的内部结构，并回答分析中的 6 题。

实验步骤：第二部分

1. 在复合光学显微镜下，观察密质骨的显微镜切片，画出观察结果的草图。

2. 参照图 2，在草图中标明下列部位的所在位置：中央管、骨板、陷窝。

3. 在复合光学显微镜下，观察透明软骨的显微镜切片，画出观察结果的草图。在草图上标出细胞所在的陷窝的位置。

4. 在复合光学显微镜下，观察纤维软骨的显微镜切片，画出观察结果的草图。在草图上标出细胞所在的陷窝的位置。

5. 在复合光学显微镜下，观察弹性软骨的显微镜切片，画出观察结果的草图。在草图上标出细胞所在的陷窝的位置。

6. 回答分析中的 7 题。

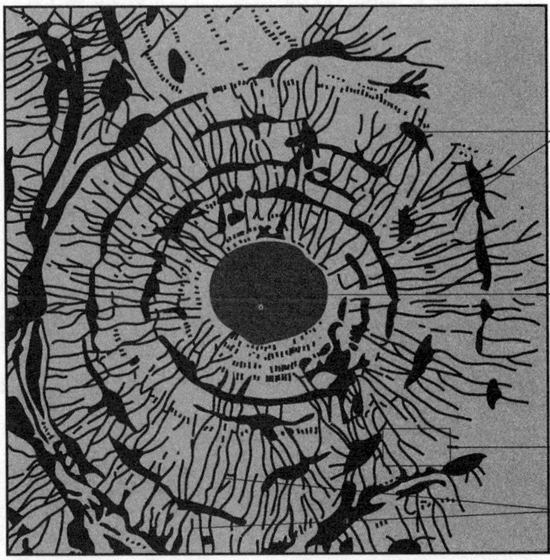

图 2　密质骨的横截面，环状结构的为骨组织

分　析

1. 松质骨组织和密质骨的组织有哪些不同？
2. 软骨的位置在哪里？
3. 请描述关节处的软骨的外观。
4. 请描述你所观察到的长骨的组成部分：

① 骨内膜　　　③ 密质骨

② 骨髓　　　　④ 骨膜

5. 骨内膜、骨髓、密质骨和骨膜在经过水煮之后的外观如何？
6. 水煮之前和水煮之后的哪种骨头更易断？
7. 3 个类型的软骨有什么差异？

实验中将会发生什么？

在显微镜下观察时，我们会发现密质骨的结构整齐，呈现出环状反复排列的骨单位，这使密质骨强壮而坚韧（参照图 2）。每个骨单位都由围绕中央管的多层骨基质组成。中央管则经由更细小的佛克曼氏管（穿通管）相互连接。佛克曼氏管的中央为血管和神经。多层的骨基质，即骨板之间为陷窝，它们是骨细胞的“家”，陷窝之间为狭窄的小管。中央管、骨板、陷窝、骨细胞和小管构成的长长的圆柱体即为哈弗氏系统。

透明软骨生长在骨头的两端，呈半透明状并富有光泽。这类软骨非常坚韧，弹性优良。其骨基质中富含胶原纤维，软骨细胞分布于陷窝之中。除了骨头的两端，我们的咽喉、气管、鼻尖以及肋骨和胸骨的连接处也长有透明软骨。透明软骨可以帮助减少关节的摩擦，并对骨头起连接作用。

纤维软骨分布在椎间盘、耻骨和肩关节等骨关节部位，它可以帮助减少脊椎受到的冲击。关节处的纤维软骨可以防止关节错位。

弹性软骨在结构上和透明软骨相似，但它所含的弹性纤维更加丰富。这些纤维分布于软骨基质之中，不仅保持了这些软骨原有的形状，更能增加它们的弹性。我们的耳骨、喉头盖和咽喉部分都生长着弹性软骨。

与现实生活的联系

与肌腱相连的骨凹凸不平，因此它们可以被分成凹陷和凸起两大类。图 3 展示了股骨部位的大粗隆和小粗隆。

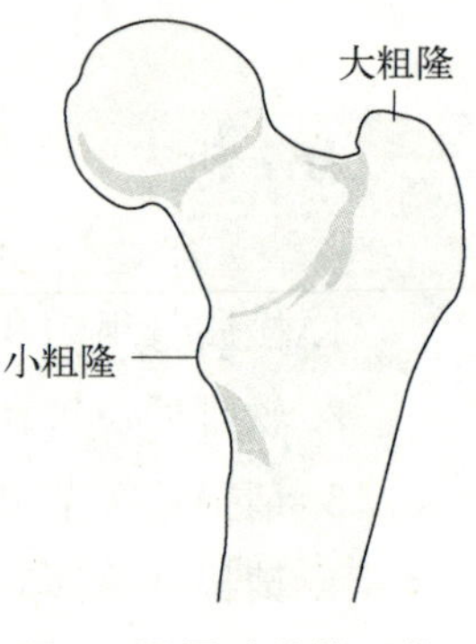

图 3　股骨独特的形状

头骨的骨纹非常有趣，它的底部开口大而圆，这是脊髓的通道，小的孔则是血管和神经的所在。头骨的前部是一些开放的凹穴，其中分布空气和黏膜。

想要了解更多吗？

参见附录中“我们的发现”。

实验 4　心脏模型

题　目

利用学生们自行设计的心脏模型来讲解心脏的结构。

简　介

尽管我们的心脏无时无刻不以每分钟 70 下的频率跳动，但除非你受到惊吓，否则你就感觉不到它的跳动。随着心脏的跳动，血液流过身体各部，向周身细胞源源不断地注入氧气、营养成分和生长素，同时清理体内的垃圾和二氧化碳。

处在胸骨保护下的心脏大小与拳头类似，重量只有 250 克左右。这个人体最重要的器官被膈肌分开，在内部，两个类似水泵一样的构造进行工作。每个“泵”由一个心房和一个心室组成。心房将血液注入心脏，心室则将血液从心脏输出（参见图 1）。贫氧血通过两支大的血管，即上腔静脉和下腔静脉进入右心房。再由右心房流入右心室。右心室收缩的时候将血液输送至肺动脉，再由肺动脉干经左右两个肺动脉将血液输送到肺部。肺部的富氧血通过四条静脉流回心脏。血液经过左心房进入左心室。当心室收缩的时候，血液被输送到主动脉中，主动脉再把血液提供给周身的各个组织。在本实验中，你将设计并制造一个展示心脏中各个心腔和血管的模型。

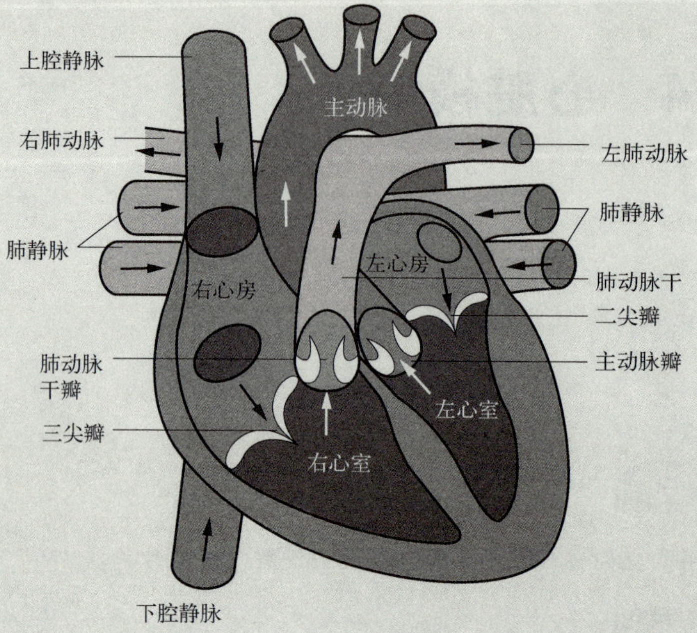

图 1　心腔和心血管图

实验时间

两个实验阶段，各 55 分钟

实验材料

- 介绍解剖学和生理学的相关书籍或者网页
- 硬纸板
- 订书器
- 胶带
- 胶水
- 厚手工纸
- 纸杯子
- 吸管

- 烟斗通条
- 实验记录本

安全提示

请仔细阅读并遵守本书“实验前必读”中的“安全准则”。

实验步骤

1. 在解剖书或者互联网上找出有关心脏的结构和功能的资料。

2. 回答分析中的 1—7 题。

3. 通过设计和制作模型来展示心脏的结构。在设计的过程中注意以下几点：

① 你的模型必须包含以下各个部分：

✓ 4 个心腔

✓ 主动脉

✓ 肺动脉干

✓ 左右肺动脉

✓ 4 个肺静脉

✓ 上腔静脉

✓ 下腔静脉

② 用标签标注各部的名称，并标出血液流向。

③ 可以酌情使用教师提供的实验材料，但不需要用到所有的材料。

④ 必须能够向教师介绍和说明你完成的模型。

⑤ 模型的得分将参照后面的心脏模型得分标准。包括模型是否包括了所有必需的结构、标记是否正确合理、成品是否整洁以及分析问题的答案是否正确等。

4. 回答分析中的 8—15 题。

分　析

1. 心房的功能是什么？心室的功能是什么？

2. 请说出右心房和右心室之间的瓣膜的名称，并加以描述。
3. 请说出左心房和左心室之间的瓣膜的名称，并加以描述。
4. 肺半月瓣在什么位置，它的功能是什么？
5. 主动脉半月瓣在什么位置，它的功能是什么？
6. 请描述血液在离开肺部后是怎样流动的。
7. 什么是冠状循环？
8. 流入肺动脉的血液最终流向哪里，这些血液从何而来？
9. 为什么肺动脉是两个而不是一个？
10. 流入肺静脉的血液最终流向哪里，这些血液从何而来？
11. 为什么有两个肺静脉而不是一个？
12. 上腔静脉中的血液来自何处？
13. 下腔静脉中的血液来自何处？
14. 2 个心房有何相似之处？
15. 2 个心室有何相似之处？

实验中将会发生什么？

心脏有 4 个心腔，其中 2 个用于收集血液，另 2 个用于输出血液。右侧的两个心腔用于支撑肺部的血液循环，即将身体其他部分的贫氧血收集而来，并大量的输入肺部(参见图 2)。左侧的两个心腔则为人体系统的传输中心，它们把由肺部得来的富氧血源源不断地输入到身体的各个组织。由于通向整个人体的血液通道比肺部的血液循环要长得多，因此，左心室比右心室体积更大，也更加发达。

与现实生活的联系

不停地在心房和心室流过的血液本身并不会给心脏组织提供养分。事实上，心肌组织需要通过其自身独特的冠状循环来汲取供养。冠状动脉由主动脉分支而来，分布于心房与心室连接处的心脏表面的冠状沟内(参见图 3)。当心室收缩时，冠状血管受到挤压；当心室处于放松状态时，冠状血管则充满血液。心脏的后面有一支很大的静脉，它被称为冠状窦。心脏组织的循环正

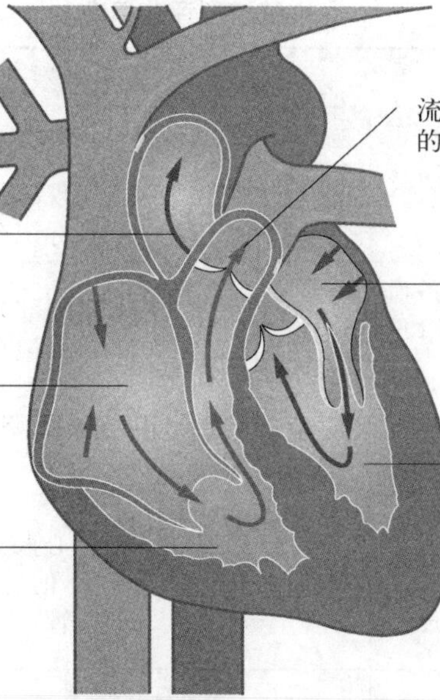

图 2　心脏血液流动图

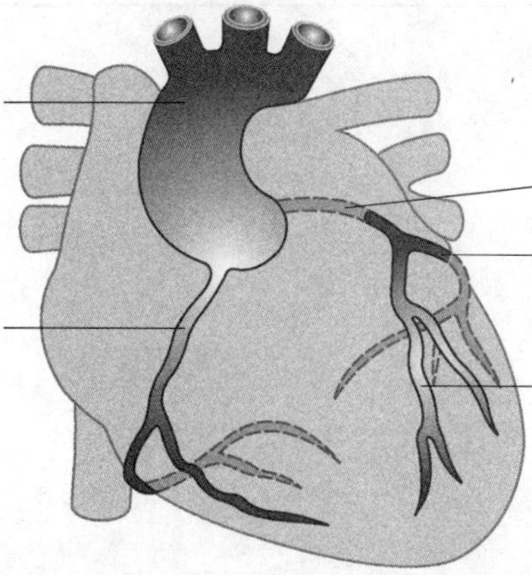

图 3　通过观察心脏的表面，就能看到冠状突的血管

是通过这几条小静脉血管把血液抽空到冠状窦中，从而完成其整个血液循环过程的。

想要了解更多吗？

参见附录中“我们的发现”。

心脏模型评分标准

	分数			
要求	4	3	2	1
心腔	展现4个心腔，并准确作出标记。	展现4个心腔，但是个别标记有误。	展现部分心腔，并且标记有误。	只展现1个心腔并标记正确。
血管	展现所有7条血管，并准确作出标记。	展现所有7条血管，但是个别标记有误。	展现部分血管，并且标记有误。	只展现1条血管并标记正确。
工整度	模型整洁坚固。	模型整洁但不坚固。	模型坚固但不整洁。	模型既不坚固也不整洁。
说明	就心脏的各个方面以及血流情况向教师进行了详细的说明。	就心腔和部分血管进行说明。	就心腔进行了说明，但是没有提及血管。	仅就1个心腔进行了说明。
分析问题	准确答出13个以上的分析问题。	准确答出9个以上的分析问题。	准确答出5个以上的分析问题。	准确答出4个或4个以下的分析问题。

实验5 牛眼解剖

题目

牛眼的结构和人眼的结构类似。

简介

成人的眼睛是一个直径大约为2.5厘米的球体结构。除了正面以外，人的眼睛受到脂肪和骨骼的包裹和保护。眼球的最外层(参见图1)覆盖着密集的结缔组织，这层结缔组织构成了巩膜，即眼白部分。与眼球的巩膜相连的6条肌肉使眼球的活动范围广泛。在瞳孔前面的巩膜为透明的角膜，用于屈折光线。角膜上覆盖着皮膜，皮膜和眼球上包裹着的上皮组织结

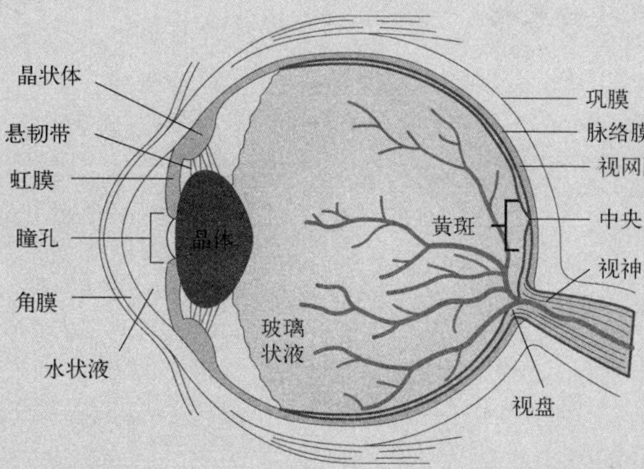

图1

膜连接在一起。

眼睛的中间层为眼色素层。眼色素层含有脉管组织。其3个组成部分为脉络膜、晶状体和虹膜。血管丰富的脉络膜覆盖着眼球后部的2/3。棕色的脉络膜可以阻挡光线直接进入眼球造成视觉混淆。脉络膜靠近晶体的部分为用以支撑晶体的晶状体。在晶体周围的有色部分为虹膜。虹膜的中间有个圆形的孔，叫做瞳孔。虹膜控制着进入瞳孔的光线的多少。

眼睛的最里层为包括视网膜在内的感知膜。视网膜组织是由敏感度极高的感受细胞组成的。这些感受细胞将光能转化成电能。所有的光敏视觉细胞实在视盘处结合在一起。视盘也是视觉神经的起点。因为缺乏受光体细胞，视盘其实是个盲点。但是由于我们有两只眼睛可以对彼此的盲点互补，我们并不感觉到盲点的存在。

眼睛的感光细胞分为两种：视杆细胞和视锥细胞。视杆细胞可感受弱光、分辨黑白明暗。视锥细胞只在强光下起作用，让我们能够分辨颜色。在每个视网膜的盲点旁边是个椭圆形的区域叫做黄斑。黄斑区的中心有个小小的凹陷，叫做中央凹，这是视力最敏感的地方。中央凹非常小，只有针尖大小。

眼睛由两部分组成。前面的部分较小，位于角膜和晶体之间，这部分充满着类似血浆的水状液。后面的部分体积较大，位于晶体和视网膜之间，里面是比较稠浓的玻璃状液。水状液和玻璃状液对眼睛起到润滑的作用，并使眼球保持其形状。在本实验中，你将解剖牛的眼球，观察牛眼的结构，并将其与人眼进行比较。

实验时间

55分钟

实验材料

- 经防腐处理的牛眼
- 解剖盘

- 解剖刀
- 剪刀
- 手套
- 护目镜
- 镊子
- 探针
- 纸巾
- 实验记录本

安全提示

牛眼已经过防腐液处理，在操作时请佩戴护目镜和防护手套。小心使用解剖刀。请仔细阅读并遵守本书“实验前必读”中的“安全准则”。

实验步骤

1. 回答分析中的第 1 题。

2. 从容器中取出牛眼，用清水冲掉多余的防腐液。

3. 在解剖盘中铺上 2—3 层纸巾，放入牛眼。回答分析中的第 2 题。

4. 小心的除去眼球外层的脂肪和肌肉。注意，不要切到巩膜和视神经。巩膜和角膜相连，由于在防腐处理时脱色，可能呈白色或青灰色。视神经小而僵硬，如同绳索一样从眼球的后部延伸而来。

5. 用解剖刀在角膜上切一个小孔，回答分析中的第 3 题。

6. 用解剖刀把眼球切开成前后两半(参见图 2)，前半部要包含角膜、晶体和虹膜，后半部要包含视网膜和视神经。

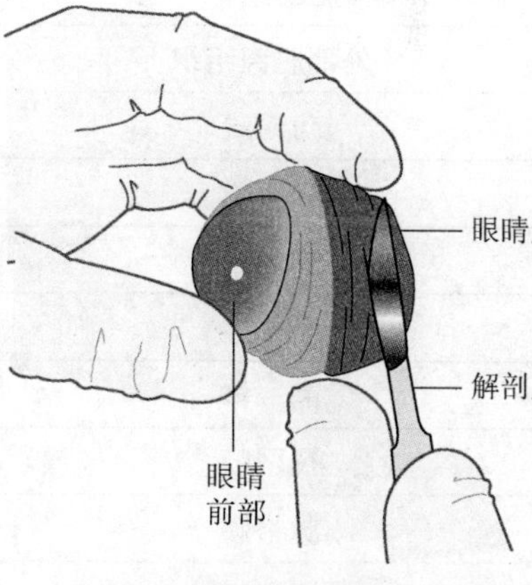

图 2　将牛眼一分为二，以便观察其内部结构

7. 剖开眼球后，将眼球中的胶状物倒

出。回答分析中的 4 题。

8. 将剖开的两半眼球放在纸巾上面，切面朝上。仔细观察前半部分眼球。用探针轻轻接触并移动晶体，观察晶体是怎样与晶状体相连的。晶状体的外面是虹膜，虹膜肌可以控制瞳孔的大小。回答分析中的 5 题。

9. 把前半部眼球切面朝下，从眼球上摘除角膜。请注意，尽管在防腐过程中出现了脱色，角膜依然是透明的。

10. 眼球中摘除晶体。尝试通过晶体阅读小的印刷字体。轻轻挤压晶体以测试其弹性。

11. 观察处于眼球后半部的白色的、薄薄的视网膜。注意观察视网膜是怎样聚合在一个点上并形成视盘的。尝试找出黄斑的位置，并指出黄斑上的中心凹。

12. 用镊子轻轻地将视网膜从眼球后部剥离。视网膜的下面是脉络膜层。人眼的脉络膜呈深色，以便吸收可能干扰视觉的光线。牛或其他动物的脉络膜则有反光的作用，因而这些动物在夜晚的视力比人类要好得多。回答分析中的 7 题。

13. 当你可以辨认出数据表格上列出的所有结构时，举手示意教师，并把相应的结构指给教师看。教师会在数据表上每个指认正确的结构旁打上对号。

数 据 表

身体部位	教师批准
脂肪组织	
外部肌肉组织	
角　膜	
巩　膜	
虹　膜	
晶状体	
晶　体	
视网膜	
脉络膜	
视神经	

分　析

1. 下列眼部结构的功能是什么？

① 巩膜

② 角膜

③ 瞳孔

④ 虹膜

⑤ 脉络膜

⑥ 视网膜

⑦ 视觉神经

2. 描述牛眼的外观。

3. 在角膜上切一个孔，可以倒出什么液体？

4. 眼睛里面的胶状物是什么？

5. 描述虹膜的外观。

6. 当你透过晶体看小的印刷字体的时候看到了什么？

7. 描述牛眼的脉络膜。

实验中将会发生什么？

尽管牛眼比成人的眼睛大得多，但是牛眼和人眼的结构有很多相同之处。二者眼睛的晶体都位于眼睛的前部，处于角膜后面与瞳孔的前面。角膜和晶体的任务就是使光线产生屈折后集中于视网膜上。在正常情况下，晶体富于弹性并能改变形状。睫状肌可以改变晶体的曲度。如果物体距离较近，睫状肌会收缩使晶体变厚呈圆形，屈光度也因此增大。为了对远距离的物体聚焦，睫状肌需要保持放松状态，使晶体放平，进行轻微的屈光。

大部分晶体是由一层薄薄的，包裹严密的晶状体纤维细胞构成的，其细胞呈双凸透镜状。当我们切开晶体时，从横截面可看出晶状体纤维的层次。分子与分子个体之间呈现一种特别的细间联系，即间隙连接。

与现实生活的联系

人体生长着不同种类的，可以接受外界环境刺激的细胞。有些细胞，例如触觉细胞为一般受体。有些独特的感觉则需要通过独特的感觉细胞才能感知。这些感觉包括视觉、听觉、嗅觉和平衡能力，它们均需通过位于头部独特的器官和组织才能实现。对于人类来说，视觉是最主要的感觉。人类70%的感觉受体与视觉有关。

想要了解更多吗？

参见附录中“我们的发现”。

实验6　食品分析

题　目

食品的差异缘于它们所含营养成分的不同。

简　介

你可能听到过这样的话，“你吃的食物决定了你会长成什么样子。”这句话在某种程度上是正确的。因为我们吃的某些食物直接成为构成我们身体的分子。然而，食物的绝大部分却转化成了 APT，即促成我们体内各种化学反应的高能分子——激活腺苷三磷酸(参见图 1)。食物的热量是以千卡(卡路里)来计量的。卡路里也叫做“大卡”，1 大卡的能量相当于把 1 千克水的温度提高 1℃所需要的热量。

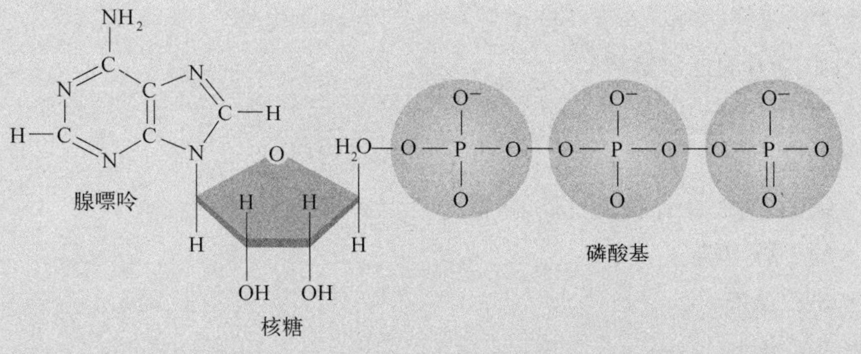

图 1　激活腺苷三磷酸分子是由含氮碱基的腺嘌呤、核糖和 3 个磷酸基构成的

在消化系统中，食物分别进行机械分解和化学分解，以便人体吸收营养成分、维持生长并保持健康的状态。食物中的营养成分各不相同，主要为碳水化合物、脂肪和蛋白质。此外，食物还提供人体需要的少量微量营养素，例如矿物质和维生素。尽管水在分解养分的过程中、人体吸收养分的生化反应中都起到非常重要的作用，但它却并不在营养成分之列。在本实验中，你将检测食物样品中的脂肪、复杂的碳水化合物、简单的碳水化合物和蛋白质。

实验时间

55 分钟

实验材料

- 10 种食物样品
- 镊子
- 搅拌棒
- 2 支试管
- 试管架
- 隔热手套
- 2 只烧杯（容量 200—400 毫升）
- 10 毫升的柱形量杯
- 电炉
- 滴管
- 碘酒（盛放在有滴管的瓶子内）
- 缩二脲溶液
- 班氏试液
- 牛皮纸
- 剪刀

- 蒸馏水
- 水源
- 胃蛋白酶
- 盐酸(若干滴)

安全提示

小心使用电炉和热水,并佩戴隔热手套。在使用解剖刀和酸性溶液时请务必小心。请仔细阅读并遵守本书“实验前必读”中的“安全准则”。

实验步骤

1. 回答分析中的1—3题。

2. 设计一个数据表,在表格中列出实验所需的食物种类,并指出食物中是否含有脂肪、复杂的碳水化合物、简单的碳水化合物和蛋白质。

3. 设计出一个程序用以检测每种被试食物中的脂肪、复杂的碳水化合物、简单碳水化合物和蛋白质成分,并记录下检测的过程。你可以参照下面的说明,并使用教师提供的任何食物进行实验。在阅读了每个实验的指示说明后写出实验步骤,并将写好的实验步骤给教师过目。一旦实验步骤得到教师的认可,就可以开始进行实际操作,并将实验的结果记录下来。如果实验步骤没有得到认可,则需在进行修改后再交给教师重新审查。

① 脂肪测试。检测食物中是否含有脂肪以及脂肪含量的多少。实验时,将食物在牛皮纸上轻轻摩擦,然后将牛皮纸晾干。将晾干后的牛皮纸置于灯光之下,如果见到了油脂点则证明脂肪的存在。

② 复杂的碳水化合物实验。在食物样品上滴入一滴碘酊溶液,如果碘酊呈蓝色或者黑色,就证明食物中存在淀粉,淀粉即为一种复杂碳水化合物。如果碘酊保持其红色或棕色,则食物中不含淀粉。如果实验结果不明确,可以将食物样品放入一支盛有蒸馏水的小试管内,充分搅拌后在试管内加入碘酊,再观察颜色的变化。

③ 简单的碳水化合物实验。将烧杯中盛入一半容量的水,置于电炉之上加热至沸腾。同时将食物样品放入一支盛有蒸馏水的试管内并搅拌均匀。在试管

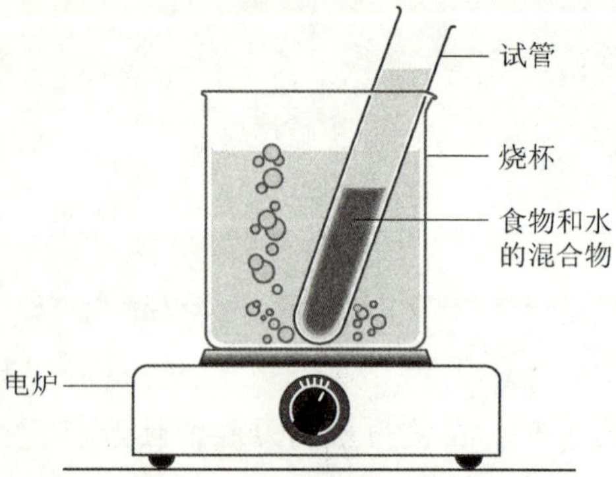

图 2　沸水池

中加入班氏试液。将试管放入沸水中煮大约 1 分钟(参见图 2)。仔细观察试管中的食物混合物的颜色,如果呈橘黄色,则食物中含有类似葡萄糖的简单碳水化合物。如果食物仍然保持蓝色,则食物中不含有简单碳水化合物。

④ 蛋白质测试。将食物样品放入盛有蒸馏水的试管、搅拌均匀。在试管中加入 5 滴缩二脲溶液,静止 1 分钟,如果试管的颜色由蓝色变成粉色或紫罗兰色,则证明食物中含有蛋白质成分。如果实验结果不明确,可以在另一支盛有蒸馏水的试管中加入食物样品,搅拌均匀之后在试管中加入 1 毫升胃蛋白酶和 1 毫升盐酸。轻轻搅拌,放置 5 分钟。加入 5 滴缩二脲溶液后再放置 1 分钟。把试管的颜色同之前的实验结果进行比较。

4. 请在教师的指导下整理实验中所使用的材料。
5. 回答分析中的 4—8 题。

分　析

1. 食物中的主要营养成分是什么?
2. 每个人如何保证每天从食物中摄入全部主要营养成分?
3. 为什么微营养物是“微量的”?
4. 实验中使用的哪一种食物标本含有不止一种基本营养物质?
5. 哪种食物为我们提供了大部分的碳水化合物,是动物,还是植物?
6. 请说出 3 种能提供脂肪的食物。
7. 请说出 5 种能提供蛋白质的食物。
8. 为什么消化系统能够将食物进行分解,并将食物与酶和盐酸相混合?

实验中将会发生什么?

我们的食物绝大多数都由碳水化合物、脂肪和蛋白质构成。这 3 种主要养分在不同种类的食物中的含量各不相同。例如，玉米中含有玉米淀粉和玉米油，牛奶中含有乳糖、蛋白质和脂肪。诸如比萨饼等预制食品由若干种不同的食物而制成，而这些不同品种的食物可能包含不同的主要营养物质。

碳水化合物主要来自植物。在人体中，复合碳水化合物可转化成简单形式的葡萄糖。葡萄糖是细胞中的主要碳水化合物分子，它可以继而转化成APT，因此是我们的生长所必需的。食物中的脂肪则需作为中性脂肪，即甘油三酸酯才能被人体吸收。每个甘油三酸酯分子包含一个甘油成分和3个脂肪酸。

我们食物中的脂肪分成饱和脂肪和不饱和脂肪。饱和脂肪存在于肉类食品，以及椰子等少量的非肉类食物中。果仁、干果、谷物以及蔬菜内的油脂为不饱和脂肪。在食物中，脂肪可以帮助身体吸收溶脂的维生素并为肌肉细胞提供能量。脂肪还可以形成神经元周围的髓鞘以及人体细胞的原生质膜。

蛋白质是依照其氨基酸含量而进行分类的。完全蛋白质指的是包含所有人体生长发育所必需的氨基酸的蛋白质。肉类蛋白质就属于完全蛋白质。不完全蛋白质通常缺少一种或若干种必需氨基酸。比如叶类绿色蔬菜就缺乏某种必需氨基酸，而豆类则缺乏另一种。素食者必需妥善安排他们的饮食以摄入所有形成蛋白质的氨基酸。

与现实生活的联系

消化系统负责进食，并将食物分解成小的分子加以吸收，同时将废物排出体外。消化系统的器官（参见图3）可分成两大类：消化道器官和辅助器官。消化道为一个长长的肌肉管道。这条管道从口腔开始，包括咽部、食管、胃、小肠和大肠。这些器官负责将食物进行研磨，与体内的化学成分融合在一起，吸收有用的分子并收集体内垃圾。

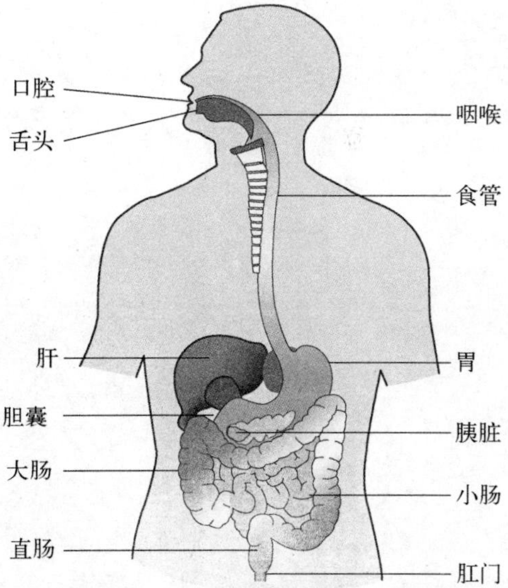

图3　消化系统的器官

消化系统的辅助器官包括牙齿、

舌头、胆囊、肝脏和胰脏。其中牙齿和舌头对食物的研磨和搅拌起着重要的作用，口腔中分泌的唾液有助食物开始化学消化过程。食物的消化吸收所需的其他化学成分由身体其他的器官和腺器提供。

想要了解更多吗?

参见附录中“我们的发现”。

实验7　尿液分析

题　目

尿液分析可以为人们提供关于健康状况的信息。

简　介

肾脏是人体中体积较小的器官，位于腹部的后方。肾脏控制着人体体液的容量和结构。肾脏在工作时将血液进行过滤，使重要的分子被重新吸收。肾脏尽管体积不大，却处理着大量的血液。随着心脏的每次跳动，流出心脏的25%的血液进入肾脏。在肾脏里形成的尿液，经过输尿管进入膀胱并在膀胱里暂时停留。

血液以高速流入肾脏。在流经一条条血管的同时，血液中的分子和水分被过滤出来。人体所需的分子，例如葡萄糖和氨基酸等重新被人体吸收。而多余的分子和水分则留在了肾脏之中，并被排出体外。尿液的结构可以为人们提供关于健康状况的重要信息。通过检验特定的分子在尿液中的存在与否，可以对某些疾病作出诊断。例如，葡萄糖通常完全被人体吸收，因此不会出现在尿液之中。

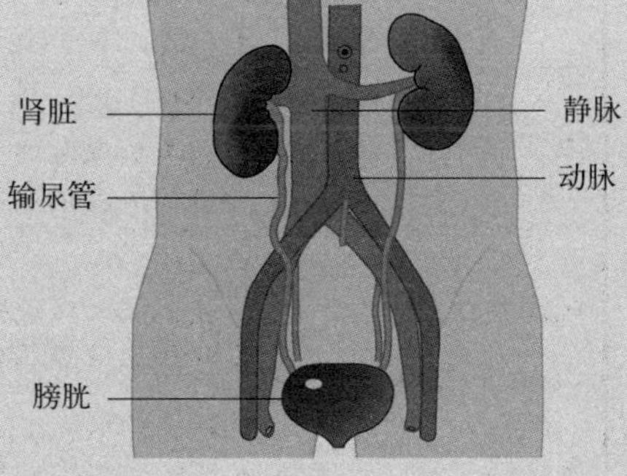

图1

数据表1给出了能够从尿检中得到的信息。在本实验中，你将通过参考某位患者的以往病史以及对其尿样进行检验而作出诊断。

数据表1

尿液中的异常情况	说明与提示
尿量偏低	正常值：每天2升(2.1夸脱)。尿量偏低可能是因为失水过多或者肾脏受损。
尿量偏高	正常值：每天2升(2.1夸脱)。尿量过高可能是因为患有糖尿病。
pH值偏低	正常值：近似7。pH值偏低可能说明饮食中肉制品摄入过量。可能患有糖尿病或者失水过多。
pH值偏高	正常值：近似7。pH值偏高可能说明饮食中肉类摄入过低而蔬菜类摄入过量。可能是由于阿司匹林服用过量或者肾脏疾病。
葡萄糖	正常值：0(或微量) 尿液中含有葡萄糖成分表示可能患有糖尿病。 尿液中含有葡萄糖可导致身体排水增多，因此糖尿病患者会因丢失大量的水分而经常感到口渴。
酮	正常值：0 尿液中含酮表示饥饿、疾病和糖尿病。 酮为脂肪代谢的分解产物。它常见于通过避免摄入碳水化合物而节食的人群。
蛋白质	正常值：0 尿液中的蛋白质可能源于肾病或者肾脏细菌感染。 引起肾病的原因多种多样，其中包括高血压和自身免疫综合征，例如狼疮等。
亚硝酸盐	正常值：0 尿液中的亚硝酸盐可能是由于肾脏细菌感染而引起的。 细菌将硝酸盐转化成亚硝酸盐。因为不会产生尿痛，患者可能并不知情。然而，在尿道和膀胱被细菌感染时候则会导致疼痛。
血	正常值：0 尿液中出现血细胞说明泌尿系统出血。 有些细菌感染或肾结石可能导致出血。
沉淀或结晶	正常值：0 尿液出现沉淀说明有肾结石。 能够产生结石的矿物质为在绿叶蔬菜中常见的钙或草酸盐。
氯化物	正常值：微量 大量的氯化物会引起呕吐。 经尿液流失氯化物可能导致肌肉痉挛。

实验时间

55 分钟

实验材料

- 有关人体解剖学和生理学的教材或相关网页
- 蒸馏水
- pH 试纸
- 6 根吸量管或滴管
- 6 孔井穴板
- 电炉
- 隔热手套
- 烧杯
- 班氏试液
- 缩二脲溶液
- 6 支试管
- 试管夹子
- 硝酸银试液
- 6 个模拟尿样(以 1—6 编号)
- 实验记录本

安全提示

小心使用电炉和热水,并佩戴隔热手套。请仔细阅读并遵守本书“实验前必读”中的“安全准则”。

实验步骤：第一部分

1. 根据下列步骤检测出尿样的 pH 值。

① 撕下一小条 pH 值试纸。

② 用干净的滴管抽出几滴尿液。

③ 将尿液滴在 pH 值试纸上。

2. 将试纸的颜色与颜色对照表进行比较。

3. 将滴管用清水冲洗干净。

4. 在数据表 2 中记录下实验结果。

5. 重复步骤 1—4 来检测其他的尿样。

实验步骤：第二部分

1. 根据以下步骤检测尿液中的氯化物离子的含量。

① 将井穴板用蒸馏水清洗干净。

② 将井穴板的 6 个孔分别编号。

③ 在井穴 1 中滴入两滴尿液。

④ 重复步骤 3 来测试其他 5 个尿样。

⑤ 在每个尿样中滴入一滴硝酸银试液，轻轻晃动井穴板让溶液和尿液混合。

⑥ 观察尿液中的任何变化。如果尿样中出现白色沉淀物则表明尿液中含有氯化物。

2. 在数据表 2 中记录下实验结果。

实验步骤：第三部分

1. 将烧杯盛入一半容量的水，放置在电炉上进行加热直至沸腾。

2. 依照下列步骤检测出尿样中是否含有葡萄糖。

① 将 6 支试管分别标号。

② 在试管 1 中倒入 1 毫升的尿样。

③ 重复步骤②来测试其他 5 种尿样。

④ 在每支试管中加入 1 毫升的班氏试液。

⑤ 将全部 6 支试管放到烧杯中，在沸水中加热 2 分钟。

⑥ 将试管取出放入试管架上。

⑦ 观察尿液中的任何变化。如果尿液的颜色由蓝色变成橘色则表明尿样中含有葡萄糖成分。

3. 在数据表 2 中记录下实验结果。

实验步骤：第四部分

1. 依照下列步骤检测出尿样中是否含有蛋白质。

① 将井穴板用蒸馏水清洗干净。

② 将井穴板的 6 个孔分别编号。

③ 在井穴 1 中滴入两滴尿液。

④ 重复步骤③来测试其他 5 个尿样。

⑤ 在每个尿样中滴入两滴缩二脲溶液。轻轻晃动井穴板让溶液和尿液混合。

⑥ 观察尿液中的任何变化。如果尿液的颜色变成了紫罗兰色则表明尿样中 含有蛋白质。

2. 在数据表 2 中记录下实验结果。

实验步骤：第五部分

1. 假设尿样 1—6 分别来自 6 个不同的患者。仔细阅读患者的以往病史。根据其中所提供的信息完成数据表 2 的最后两项内容。

- 1 号患者：女，30 岁，对健康食品感兴趣，素食者，血尿，尿中有结晶。尿量每天 0.6 升。
- 2 号患者：男，17 岁，感觉异常疲倦，尿液无沉淀物，尿量每天 3.3 升。
- 3 号患者：女，21 岁，面部红疹，关节痛，尿液无沉淀物，尿量每天 2.0 升。
- 4 号患者：女，19 岁，尿痛，尿液含亚硝酸盐，尿中含红白血球。尿量每天 1.9 升。
- 5 号患者：男，16 岁，出现流感症状并伴有呕吐。尿液无沉淀物。尿量每天 1.1 升。

● 6 号患者：女，18 岁，每年进行例行尿样分析，尿液无沉淀物，尿量每天 2.01 升。

2. 根据病人的以往病史和检验结果，为每个病人做出诊断。如果需要更多的信息，请参照课本或相关网页。根据诊断结果回答分析中的 1 题。

3. 回答分析中的 2—6 题。

数据表 2

尿样	pH 值	氯化物离子	葡萄糖	蛋白质	尿　量	血液结晶或沉淀物
1						
2						
3						
4						
5						
6						

分　析

1. 写出对每个病人的诊断：

1 号病人：______________________________

2 号病人：______________________________

3 号病人：______________________________

4 号病人：______________________________

5 号病人：______________________________

6 号病人：______________________________

2. 哪个病人的尿液完全正常？

3. 为什么 2 号病人的每日尿量这么高？

4. 1 号病人的尿液中为什么会出现结晶？

5. 为什么人体会出现少量浓缩的尿液？

6. 你有一个新的病人，18 岁，男性，他想要参加摔跤队。他平常体重为 90.8 千克，但是为了参加摔跤队，想要减至 81.7 千克。他的尿液中含酮并且尿量偏低。

① 尿液中的酮来自哪里？

② 你会给他什么建议？

实验中将会发生什么？

本实验中列举的病例说明了尿检有助于诊断健康问题。尿液是经过人体复杂的过滤和吸收系统而产生的。身体将无用的杂质留在尿液之中、以便排出体外。因此，肾脏能够快速的让身体摆脱垃圾，并同时保持理想的血液和体液构成。

肾脏的功能单位叫做肾元。在每个肾元中有成千上万的肾小球毛细管团，包裹着肾小球囊(参见图 2)。在毛细管和肾小球囊之间的过滤屏障并不是非常挑剔。因此在这里唯一不能够从血液中被过滤掉的是血液细胞和血液蛋白。水分、矿物质、激素、脂肪、溶解盐和糖分全部被过滤掉。这些物质离开肾小球囊流过肾小管，在肾小管中，有用的物质被再次吸收。水和盐分根据人体的需要而被吸收。经过新陈代谢而产生的废物和有毒物质成为尿液的一部分。

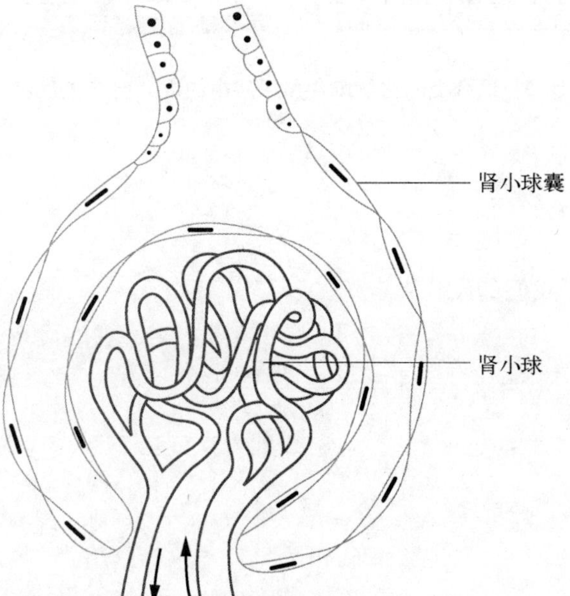

图 2　肾元结构

与现实生活的联系

商业用试纸使医学尿检变得更加简便易行。有的试纸可以单纯的检测尿液中是否含有葡萄糖，而其他的试纸还可以检测到尿液的 pH 值，是否含酮、蛋白质、亚硝酸盐、血或其他的物质。大多数的尿检试纸为小的塑料片，塑料片上连接着经过特殊化学处理的纸片。纸片上的化学成分会在 30 秒—1 分钟之内和尿液样品产生反应，并改变颜色(参见图 3)。将纸片的颜色同比色图表进行比较便会得出检验结果。试纸用后抛弃。

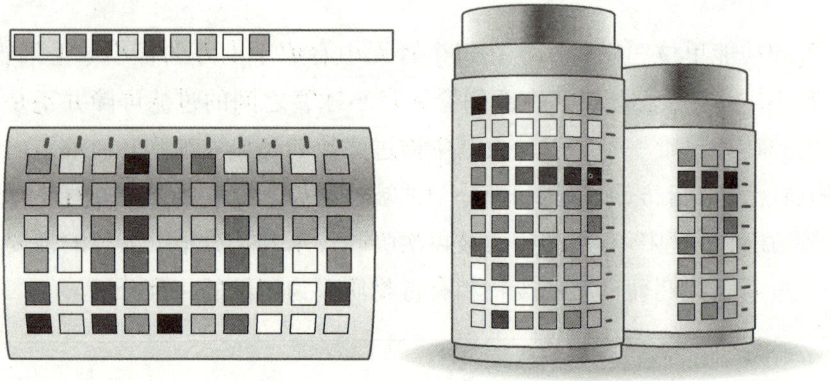

图 3　试纸上的化学纸片和尿液中的成分会产生反应

想要了解更多吗?

参见附录中“我们的发现”。

实验 8　红细胞渗透

题　目

高渗液、低渗液和等渗液都会对红细胞产生不同的影响。

简　介

红细胞将氧气从肺部带向身体组织的各个细胞。与其他的血细胞相比，红细胞的体积较小并且两面呈凹形。红细胞生长在富含水分的黄色的血浆之中。尽管水分不停地穿过细胞的渗透膜，细胞内的水分却基本保持不变。这种水分的均衡源于进入细胞的水量和离开细胞的水量大致相等。

如果血浆中的溶质浓度发生了变化，红细胞可能在渗透过程中水分流失过多或是保留了过多的水分。渗透指的是水分由于溶质浓度的不同而在红细胞的两侧经过隔膜而进行的运动。你将设计一个实验来观察不同浓度的溶质是怎样对红细胞起作用的。

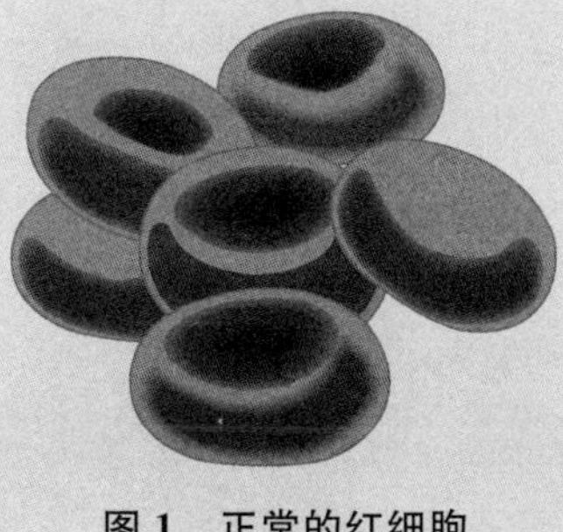

图 1　正常的红细胞

实验时间

55 分钟

实验材料

- 复合光学显微镜
- 显微镜切片
- 盖玻片
- 井穴板
- 血液样本(来自兽医或屠宰场)
- 蒸馏水
- 生理盐水(或0.9%的淡盐水)
- 盐水
- 3根吸液管或滴管
- 电炉
- 隔热手套
- 手套
- 实验记录本

安全提示

小心使用电炉和热水,并佩戴隔热手套。在处理血液样本时佩戴手套。请仔细阅读并遵守本书“实验前必读”中的“安全准则”。

实验步骤

1. 你的任务是设计一个实验来观察3种不同的溶液对红细胞的影响。这3种溶液包括:生理盐水、蒸馏水和盐水。

2. 回答分析中的1和2题。

3. 在开始实验前,决定具体的实验步骤。将实验步骤和实验材料清单写在数据表1中。你可以使用教师提供的实验材料。但不需要全部使用。

4. 将实验步骤和材料清单交给教师过目,如果得到教师的认可便可以开始实验。否则，必须修改数据表，教师批准后方可开始实验。

数 据 表

你的实验步骤	
你的材料单	
教师批准	

5. 如果在实验中你需要做血液显微镜切片的话，请按照制作血液涂片的步骤进行操作。这种方法可以使得血液细胞充分展开，避免了细胞产生重叠，妨碍在显微镜下进行的观察。

① 在显微镜切片的一端滴一小滴血液样本（如果血液太多，可以用纸巾去除一部分）。

② 取一只盖玻片，以 30°—40°角置于血滴之上（见图 2）。

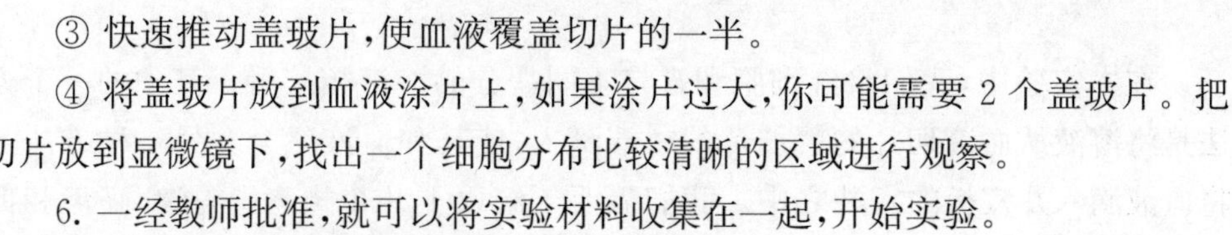

图 2　怎样制作血液切片

③ 快速推动盖玻片，使血液覆盖切片的一半。

④ 将盖玻片放到血液涂片上，如果涂片过大，你可能需要 2 个盖玻片。把切片放到显微镜下，找出一个细胞分布比较清晰的区域进行观察。

6. 一经教师批准，就可以将实验材料收集在一起，开始实验。

7. 自己设计一个数据表将实验结果记录下来。

8. 回答分析中的 3—5 题。

分 析

1. 你认为以下 3 种溶液将对红细胞产生什么影响？

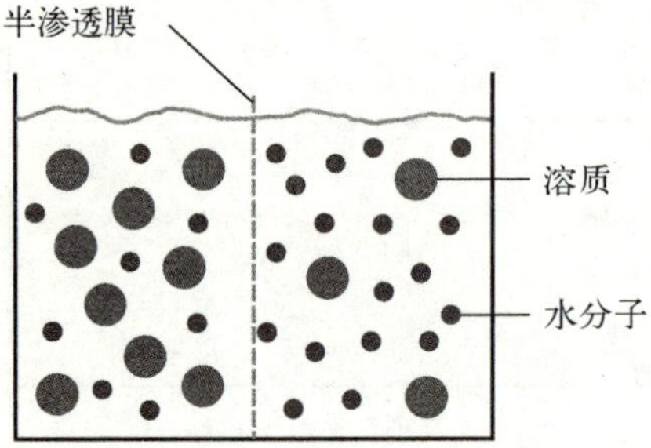

图 3

① 蒸馏水

② 盐水

③ 生理盐水

2. 观察图 3 的图形，并回答下列问题：

① 你认为蓝色的溶质分子会流过半渗透膜吗？如果可以，流向如何？

② 你认为红色的水分子会流过半渗透膜吗？如果可以，流向如何？

3. 描述 3 种溶液对红细胞的影响。

4. 0.9%的盐水和血液细胞等渗。海水的浓度为 2.5%。海水中的血液细胞会发生什么变化，为什么？

5. 完成数据表 2：

数 据 表 2

	细胞的溶质浓度（低或高）	细胞周围的溶质浓度（低或高）	水分子流向（流入或流出细胞）
低渗溶液			
高渗溶液			
等渗溶液			

实验中将会发生什么？

在本实验中，我们将红细胞和含有不同盐分的溶液相接触。其中的一个方法是将溶液从血液切片的盖玻片的一端滴入，使其和血液融合。另一种方法是将血液滴入井穴板的穴井之中。我们需要了解以下几个概念：等渗、高渗和低渗。等渗溶液和细胞中所含的盐分相同。血浆和生理盐水都是等渗液。在这类溶液中，红细胞保持原有的两面凹陷的形状。

蒸馏水不含盐分，因此它对于细胞来说属于低渗液。因为细胞外的水分要

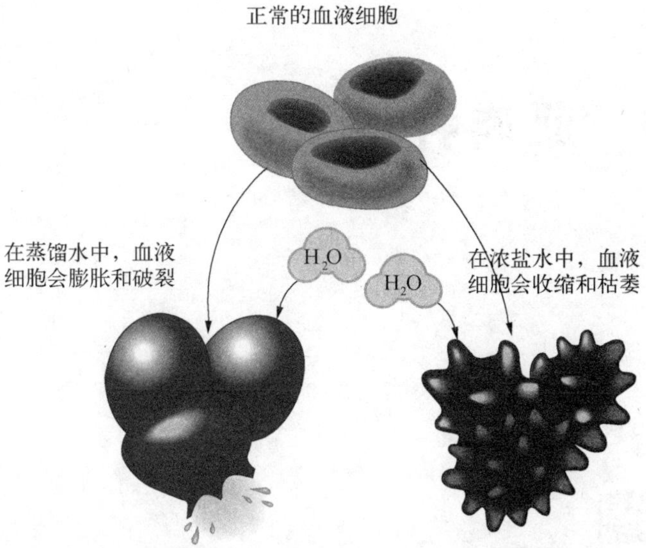

图 4

大于细胞内部，细胞会出现膨胀，变成圆形。圆形的细胞可能会破裂，成为扁平状并且边缘参差不齐。

盐水中的溶质要高于细胞溶质的含量。换言之，即细胞中的水分子浓度比细胞外部更大。因此，水分会由细胞内部流出，细胞也会因此而枯萎，呈钉子状。

与现实生活的联系

对于医务工作者来说，理解水分在细胞膜周围的运动非常重要。通过静脉注射的药物必须溶解在等渗溶液中。如果静脉药物被溶于蒸馏水或高浓度盐水中，血液细胞会遭到破坏。如果红细胞遭到破坏，将出现危及生命的溶血症。

在外科手术中，有些患者会选择使用自体血液回收装置。也就是将在手术过程中流失的血液收集起来，再输送回患者的身体，从而避免了异体输血可能导致的种种不便。自体输血的一个程序就是用 0.9%的生理盐水将血液细胞进行清洗。如果这一过程改用消毒液来完成，血液细胞将会被溶解而变成废物。

想要了解更多吗?

参见附录中“我们的发现”。

实验 9　肌肉种类

题　目

肌肉的结构差异源自肌肉功能的不同。

简　介

人体内有 3 种不同类型的肌肉：骨骼肌、心肌和平滑肌。每一种肌肉都有其独特的功能和特点以区别于其他的肌肉类型(参见图 1)。

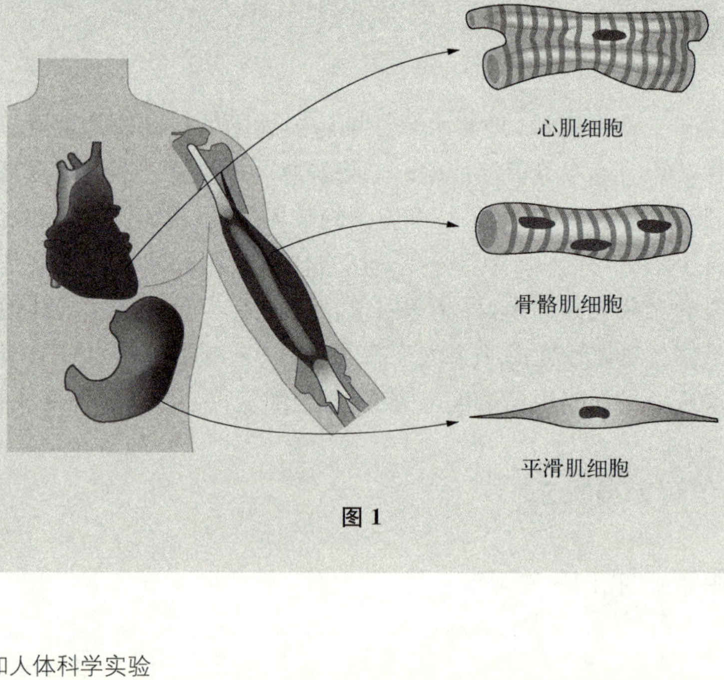

图 1

骨骼肌附着在骨骼上，它是掌管人体运动的主要“机械”装置。骨骼肌由细长的肌肉纤维细胞构成。在显微镜下，肌肉纤维细胞呈带状。这些带状条纹是由于细胞内的蛋白质的排列而决定的。肌肉纤维的独特之处在于它们是多核的，一个细胞中包含着多个细胞核。骨骼肌又是随意肌，即你可以对它们进行控制，让它们按照你的意志而活动。骨骼肌很强壮，但是非常容易感到疲乏。它们通常不能够长时间地进行收缩，在两次收缩之间需要休息恢复。在人体周身都可以找到骨骼肌，它们依附在人体大多数的骨骼上面。

心肌只生长在人的心脏部位。它们和骨骼肌的相似之处是都有条纹。但是与骨骼肌相比有 3 个明显的不同：润盘、表面分叉以及它们是单核细胞。润盘将两个心肌纤维连在一起。每个心肌细胞只有一个细胞核，使它们成为单核细胞。心肌为不随意肌，即它们不受人为控制。你不能够凭个人的意志让你的心脏停止跳动或者让它跳动加快。心肌可以不停地跳动，它们不像骨骼肌那样轻易感到疲倦。随着心肌的跳动，血液被源源不断地输入我们全身。

平滑肌不停地运动，促进食物和液体在我们的消化系统中运动。它们常见于消化系统中的中空器官、子宫和血管的外面。同心肌一样，平滑肌也属于不随意肌并且是单核细胞。不同的是它们没有条纹。此外，平滑肌相对短小，形似纺锤，中间宽两头尖。在本实验中，你将在显微镜下对 3 种不同类型的肌肉进行观察，并找出它们的结构特征。

实验时间

45 分钟

实验材料

- 显微镜
- 骨骼肌的显微镜切片
- 心肌的显微镜切片

- 平滑肌的显微镜切片
- 生牛排
- 牛心或猪心
- 牛肚或猪肚
- 显微镜载玻片
- 手套
- 3 个盖玻片
- 镊子
- 解剖刀
- 吸量管
- 蜡笔或彩色铅笔
- 1 小烧杯清水或水源
- 实验记录本

安全提示

在处理生肉的时候请佩戴手套。在实验结束后，认真清洗接触过生肉的双手和试验台。小心使用解剖刀。请仔细阅读并遵守本书“实验前必读”中的“安全准则”。

实验步骤

1. 将骨骼肌显微镜载玻片放到显微镜下，用低倍数进行观察。在记录本上描绘出骨骼肌的组织形态，并特别标明(在低倍数下观察)。记录下任何可以对骨骼肌进行辨认的特征。

2. 在高倍数下对同一个骨骼组织进行观察。在记录本上描绘出观察到的骨骼肌组织形态，并特别标明(在高倍数下观察)。记录下任何可以进一步对骨骼肌进行辨认的特征。找出细胞核。

3. 重复步骤 1 和步骤 2 来观察心肌和平滑肌。

4. 用湿表法制作一个生骨骼肌组织的显微镜切片。可以参照图 2 的指示进

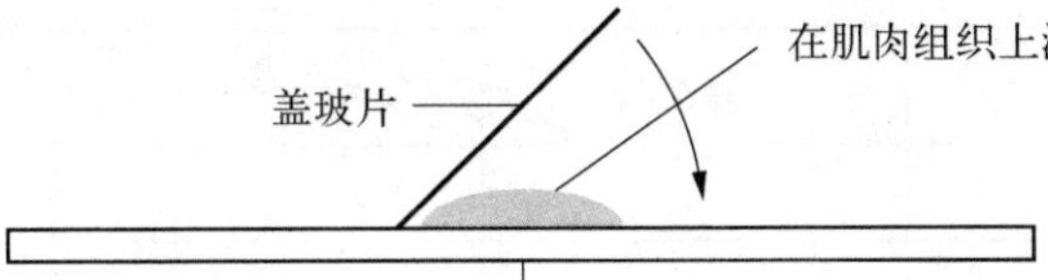

图 2

行操作。用镊子从牛排上取下一小块牛肉，用解剖刀将其切成更小的切片。将切好的小片牛肉放在载玻片上，滴入几滴清水，然后盖上盖玻片。仔细观察以湿表法制作的切片和预先准备好的切片之间的相同点和差异，并在记录本中作出记录。

5. 使用生的材料重复步骤 4 进行心肌和平滑肌组织的实验。

6. 重复步骤 1 和步骤 2 对湿表法制作的显微镜切片进行观察。

分 析

1. 请在下图相应的位置上画出不同种类的肌肉组织并将它们涂色。用事先准备好的显微镜切片作为参考。注意涂色的时候务必要做到准确无误。

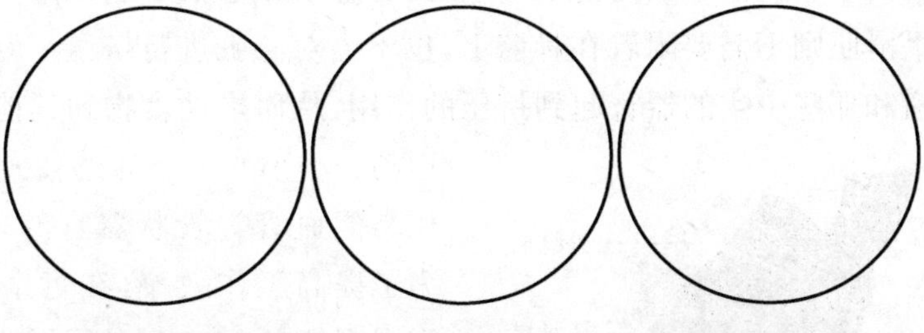

2. 完成下面的数据表，将 3 种不同的肌肉类型进行比较。在表格的适当位置分别记录每种肌肉的特点。

3. 3 种肌肉组织的细胞核在哪里，你的答案依据是什么？

4. 在每种肌肉类型中，在哪里可以找到细胞核？

5. 3 种肌肉组织的细胞形状对它们的功能有何帮助？

数 据 表

特　　征	骨骼肌	心　　肌	平　滑　肌
大致形状			
有无条纹			
随意肌还是不随意肌			
是否容易疲劳或可以长时间收缩			
在身体中的位置			

实验中将会发生什么?

肌肉组织的不同形状对它们发挥自身功能极其重要。骨骼肌长长的纤维使其能够长时间的保持收缩状态。在显微镜下观察到的那些带状物即为不同种类的微细纤丝。微细纤丝是肌肉纤维的原动力,我们体内成千上万的微细纤丝主要功能就是让肌肉通过缩短而产生运动。

心肌也有这些带状物。连接心肌细胞的心肌润盘使细胞运动得以同步。心肌散布于心脏的四周,它们被用以加强心脏的传导作用和维持心肌功能的持久性。当大脑向心肌发出收缩的指令时,心肌细胞可以同时跳动,以最大限度的产生功效。平滑肌则不需要附着在骨骼上,也不会对心脏进行挤压。但平滑肌对人体的肠道和那些中空的器官起到挤压的作用,从而推动食物和其他物质进行运动。小小的锥形体态使它们成为挤压类似血管等管状器官的理想之选。为了提高工作效率,在每个中空的器官周围都有2—3层的平滑肌。其中最里层的是斜肌,它们直接包裹在器官的外面。外纵层是最外面的一层,它们垂直于环肌层并且通常与所在器官的走向平行。环肌层夹在斜肌与外纵层之间。图3展示了胃部周围的3层平滑肌。

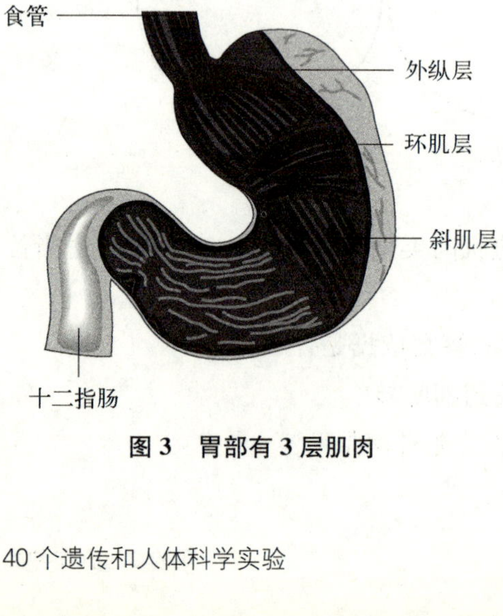

图3　胃部有3层肌肉

与现实生活的联系

人体中所有的肌肉都是通过收缩来产生运动的。但不同的运动方式对肌肉种类的要求各异。当你的手臂和腿部活动的时候，骨骼肌正在运动。附着在骨骼上的骨骼肌就像是拉杆一样拉动骨头而产生运动。例如，当你举起胳膊向别人展示肌肉的时候，你会将手举向头部。你的肱肌和肱二头肌拉动前臂上的尺骨，将其拉近身体，你的前臂也因此产生运动。

然而心肌并不像骨骼肌那样需要拉动骨骼产生运动。它们包裹在心脏的周围好像一个个数字“8”的形状。这些肌肉受植物神经系统的控制产生不随意的运动。当心肌收缩时，它们挤压心脏，使得血液在心脏内部以及周身循环运动。

心肌依靠其自身的力量并不能将全部的血液排出心脏，而要依靠平滑肌的帮助才能做到。向人体输送富氧血的主动脉和小的动脉血管周围包裹着平滑肌。这些平滑肌进行双向运动使血液流动。就如同用手抓住水管进行挤压产生的运动一样。当你把手握紧并向前移动时，水管中的水便流了出来。平滑肌也是采取相同的运动原理让食物在消化系统中进行运动。

想要了解更多吗？

参见附录中“我们的发现”。

实验 10　乳糖不耐症

题　目

很多成年人不能够消化乳糖。

简　介

奶是孩子们的最爱。但是很多成年人在喝奶后却出现腹部痉挛和腹泻现象。这种现象被称作“乳糖不耐症”,因为这些成人不能够将其中的一种糖分——乳糖分解消化。导致这种现象的原因何在呢?我们可以从遗传的层面找到答案。

乳糖是由葡萄糖和半乳糖两个单糖所构成的(参见图 1)。大多数人体内都具有产生乳糖酶的基因。而乳糖酶可以将乳糖分解成葡萄糖和半乳糖。这两种单糖均可以轻易地被所有的人群所吸收。随着年龄的增长,有些人的乳糖酶基因停止工作,使他们不再能够消化鲜奶及奶制品。因此乳

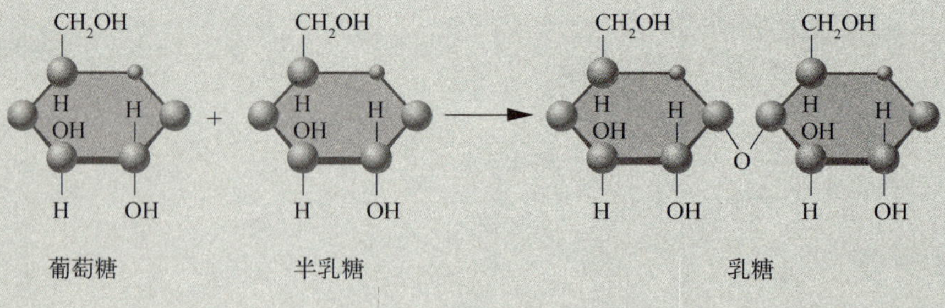

图 1

糖分子原封不动的到达大肠(参见图 2),并同时将水分带入大肠。水分可以导致大肠痉挛和腹泻等不适症状。此外,大肠中的细菌将乳糖作为食物,细菌享用糖分的同时会产生气体,引起腹胀和更严重的不适。在本实验中,你将会了解什么样的食物中含有乳糖,以及乳糖酶怎样对乳糖进行分解。

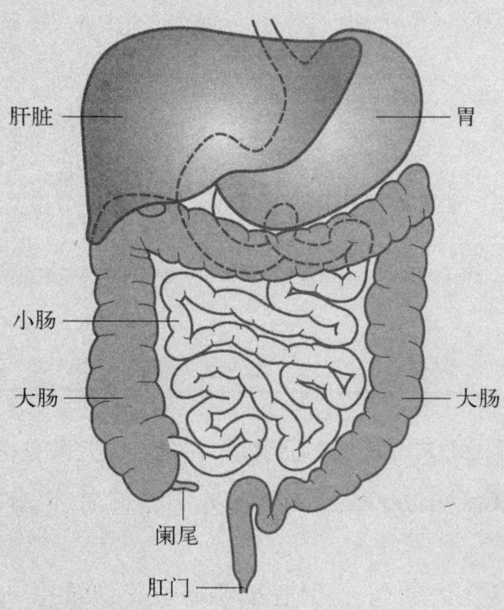

图 2

实验时间

55 分钟

实验材料

- 不同种类的乳制品(例如全脂奶、软干酪、酸奶和冰激凌等)
- 不含乳糖的鲜奶
- 在几毫升水中溶解的乳糖酶片
- 葡萄糖试纸
- 葡萄糖溶液

- 不透光胶纸或便笺纸
- 防水笔
- 井穴板(孔板)
- 牙签
- 实验记录本

安全提示

请仔细阅读并遵守本书"实验前必读"中的"安全准则"。

实验步骤：第一部分

1. 在井穴板的第一个穴井标明"葡萄糖"，在第二个穴井处标明"不含乳糖的奶"。

2. 在其他的穴井注明你实验要用到的乳制品的名称(你不一定要用到所有的穴井)。

3. 将数据表抄写在记录本上，要有足够的位置记录每一种实验中要用到的乳制品，在数据表中写出乳制品的名称。

4. 回答分析中的1题。

5. 将葡萄糖试纸浸入葡萄糖溶液中。注意试纸的变化。请在数据表中的适当位置标上"+"表示葡萄糖检测呈阳性。

6. 将葡萄糖试纸浸入含有乳糖的鲜奶中。在数据表中记录测试结果。

7. 将葡萄糖试纸分别放入井穴板中盛放的不同的乳制品中。在数据表中标明每种乳制品是否含有葡萄糖。

数 据 表

食物样品	第一部分：是否含有葡萄糖	第二部分：是否含有葡萄糖
葡萄糖溶液		NA
含乳糖牛奶		
……	……	……

实验步骤：第二部分

1. 第一部分实验结束后，将在井穴板中葡萄糖测试呈阴性的乳制品圈出来。

2. 在每个圈出来的乳制品中加入一两滴乳糖酶。

3. 用牙签充分搅拌，每个穴井使用一个新的牙签。

4. 回答分析中的 2 题。

5. 2—3 分钟后，检查每种圈出的乳制品中是否含有葡萄糖。在数据表的第三列记录下检查结果。在第二阶段没有经过检测的产品标注“NA”。

6. 在同学们中做个问卷调查，找出有多少人在饮用鲜奶后会产生不适。

7. 回答分析中的 5 题。

分　析

1. 你认为哪种乳制品会含有葡萄糖成分？

2. 你认为哪种圈起的乳制品将会含有葡萄糖成分？

3. 乳糖酶是怎样改变了鲜奶和乳制品的？

4. 你的同学中多少人有乳糖不耐症，占班级人数的百分之几？

5. 和所有的酶一样，乳糖酶也是一种蛋白质。如果把乳糖酶进行加热会使这个实验结果发生怎样的变化？

实验中将会发生什么？

在这个实验中，你检查了鲜奶和乳制品中是否含有葡萄糖。如果你在实验中使用的是可以反映出含葡萄糖百分比的试纸，你会发现鲜奶中的葡萄糖含量很低甚至为零。参与测试的有些乳制品本身可能含有少量的葡萄糖。在分辨出哪些乳制品不含葡萄糖之后，你在这些产品中添加了乳糖酶。酶将二糖类的乳糖转化成两个单糖，即葡萄糖和半乳糖。这两种糖分很容易被消化和吸收。不含乳糖的乳制品在包装和出售之前均经过了乳糖酶的处理。在不含乳糖的乳制品中进行测试的葡萄糖试纸显示出这些产品中的葡萄糖含量很高。普通的牛奶在经过乳糖酶的处理后同样呈现很高的葡萄糖含量。

与现实生活的联系

大多数的成人都是不耐乳糖的，即不能够消化鲜奶中的糖分。爱斯基摩人、美洲印第安人、撒哈拉沙漠以南的非洲人、地中海以及近东一代的居民、太平洋岛国的居民就属于这类人群。通常以乳业为生的人群的后代对乳糖的耐受性较高，比如沙特阿拉伯的阿拉伯人。成人中对乳糖耐受最多的人群是北欧人和美洲人。科学家们认为，在人类的发展历史中曾经出现了变异，这种变异使得一部分人群的体内阻止乳糖转化的基因受到了限制。这样一来，这部分人相对于其他人群便有了一个优势，即他们能够在找不到其他食物的情况下用牛奶充饥。正是这个特性使他们得以生存下来。

没有人知道乳糖不耐症的基因从何而来。科学家们认为这种基因可以追溯到7 500万年以前。可能是当时为了防止和新生儿争夺乳汁，人们便用此方法使幼儿到一定年龄因不适而断奶。另一种观点是，乳糖吸收不良可以阻止成人同婴儿争夺宝宝们唯一的食物来源。

想要了解更多吗？

参见附录中“我们的发现”。

实验 11　反应时间

题　目

注意力分散会增加对刺激的觉察和反应时间。

简　介

反应时间指你觉察到某件事情并对它作出反应的时间。比如，你正沿着公路开车，前面的车突然停下来，你也得停下来。但是你停下来之前，会发生几件事情。首先，觉察刺激。在这个例子中，停在你前面的车就是刺激。第二，识别。使你意识到车已经停下来所需的时间。在这段时间内，提取储存在你记忆中的信息，以应对目前的状况。第三，感知态势。让你意识到你所看到的东西有多重要，知道如果你停不下来，就会撞到前面的车。第四，反应选择。决定你要做什么，例子中就是让你的大脑决定你需要把车停下来。最后，执行。大脑向脚发出信号，让它踩刹车，然后你就抬起了脚，踩住刹车。

反应发生的时间很短。在本实验中，你不用把反应的每个阶段分开，相反，你只需要测量包括所有阶段的反应时间。一旦学会了测量反应时间，你就要提出一个假设，并进行实验来观察某个因素是如何影响反应时间的。

实验时间

55 分钟

实验材料

- 米尺
- 秒表

安全提示

请仔细阅读并遵守本书“实验前必读”中的“安全准则”。

实验步骤

1. 和你的伙伴一起学习怎样测量一个人的反应时间。你站到椅子上，手握米尺 100 厘米的那一端，让尺子垂下来，让你的伙伴把手放到尺子的旁边，但不能摸到，做出要抓取的姿势(参见图 1)。告诉你的伙伴，在你松手后，他要尽可能快地抓住尺子(当你松手的时候，不要告诉他)，突然松开手，记录下他抓住米

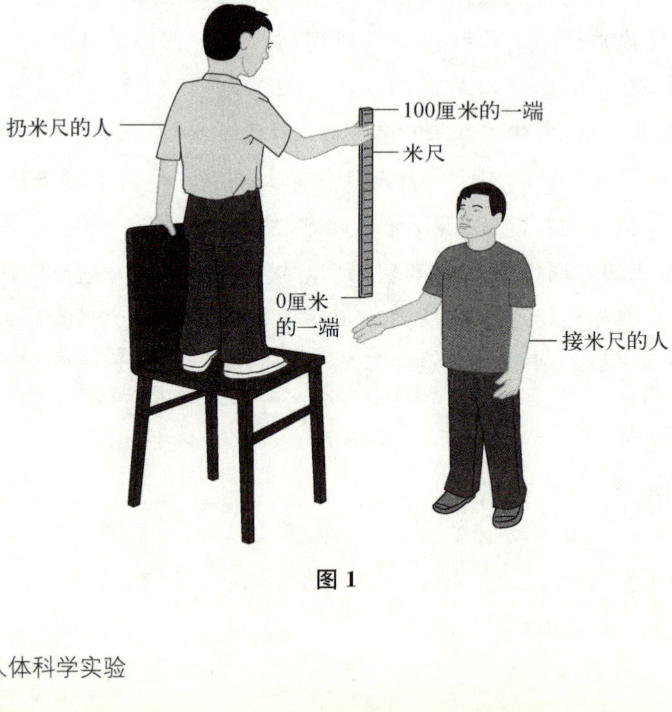

图 1

尺的位置(单位厘米)。为了得到最好的结果,至少要测量3次反应时间,并计算出平均数。

2. 把米尺上的位置换算成反应时间。有两种方法,最简单的方法是参照数据表1,更精确的方法是使用下面的公式:$t=\sqrt{2}\,y/g$。t 代表时间(单位是秒),y 是距离(单位是厘米),g 是重力加速度(每平方秒980厘米)。

数 据 表 1

位置(厘米)	时间(秒)
5	0.10 秒
10	0.14 秒
15	0.17 秒
20	0.20 秒
25.5	0.23 秒
30.5	0.25 秒
43	0.30 秒
61	0.35 秒
79	0.40 秒
99	0.45 秒

3. 既然你知道怎样测量一个人的反应时间,你的任务就是设计一个实验来观察一个因素是怎么影响反应时间的。例如,你可以观察一个人的反应时间是否会被音乐、噪声、昏暗的灯光和谈话影响。或者,你也可以把青少年人群的反应时间与40岁以上的人群的反应时间进行比较。

4. 回答分析中的第1和第2题。

5. 在数据表2中,写下你要采取的步骤(实验步骤)和你要用的材料(材料单),你可以使用教师提供的任何设备。把实验步骤和实验材料单交给你的教师,检查你的实验过程是否可行,你要用的实验材料(材料单)是否能够得到。

6. 如果得到了教师的批准,那么就开始实验;如果没有,进行修改后,再给教师检查。

7. 在自己设计的数据表格中记录结果。

8. 回答分析中的3—6题。

数 据 表 2

你的实验步骤	
你的材料单	
教师批准	

分 析

1. 在实验中你会检测什么因素？
2. 写下你在实验中要得到的结论的假设。
3. 你的假设是正确的吗？
4. 为什么接米尺的那个人不知道你什么时候要松手这一点很重要？
5. 从实验中你会得到什么结论？
6. 如果你再做这个实验，有什么方面需要改进？

实验中将会发生什么？

在本实验中，视觉上的刺激就是落下来的米尺。一旦你的眼睛给你的大脑发出这个尺子正在降落的信号，大脑就要识别这个尺子，决定要做什么，然后给你的手发出命令抓住它。所有的这些步骤都要花费时间。

反应时间受到人的警觉级别的影响。作为一名司机，他会担心前面的车随时有可能刹车。研究表明，一个警觉性高的司机完成所有的反应需要的时间是0.7秒。如果你的警觉性不高，反应时间就会减慢，大约1.25秒。时间延长是因为要花费更多的时间觉察到问题。在惊讶的时候，反应时间甚至更慢。例如，你正沿着公路开车，一个人出现在前面，觉察的时间延长是因为大脑必须解释这个不寻常的事件。此外，还要决定采取什么措施：是刹车还是转向。总的来说，一般要花费1.5秒的时间才能对这样的事件作出反应。

与现实生活的联系

司机随时都要保持警觉。开车时注意力分散是发生车祸的主要原因。通常，年轻人比年龄大的人的反应速度快。可是，犹他大学的大卫·思瑞恩(David Strayer)教授的研究表明，像图2中那样开车时使用手机的年轻司机对他们前面的车辆的自动信号灯的反应速度和70岁司机的是一样的。通常，正在打电话的年轻司机的反应时间要延长18%。对于开车时手拿电话通话和用耳麦通话这两种情况的研究，思瑞恩得到了相同的结果，即重要的因素在于年轻司机边开车边谈话会使注意力分散。在另一个研究中，思瑞恩和他的同事弗兰克·如斯(Frank Drews)副教授发现年轻人开车时打电话的危害和醉驾是一样的。其他的研究者也得到了相同的结论。一般来说，同时处理多项任务会提高事故发生的概率。

图2　打电话会减慢反应时间、增加车祸发生概率

想要了解更多吗?

参见附录中"我们的发现"。

实验12 血液病的诊断

题目

检查血细胞能够帮助诊断血液病。

简介

血液是唯一的液体组织，由血浆和有形成分两部分组成。有形成分是细胞和细胞碎片。血液中，数量最多的细胞就是红细胞或红细胞（参见图1），它们是小的红色圆盘，里面包括与氧结合在一起的血红蛋白。血小板是

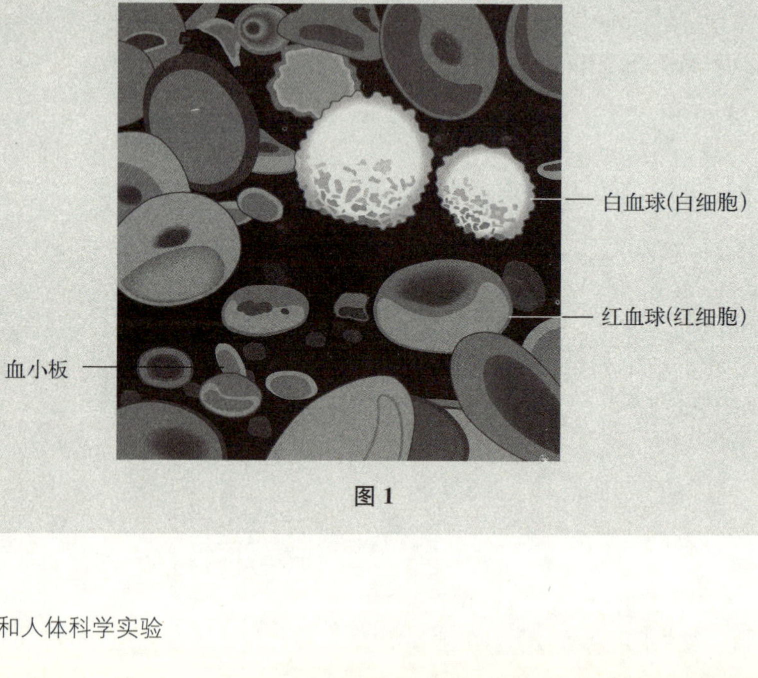

图1

小的细胞碎片，它对血液凝固非常重要。

白血球(白细胞)比红细胞大很多，它的作用是保护身体免受细菌和病毒的侵害。我们可以按照细胞质中微粒的缺失和存在划分白细胞。微粒白细胞包括嗜中性粒细胞、嗜酸粒细胞和嗜碱粒细胞。嗜中性粒细胞具有多叶核，在感染处可以作为吞噬细胞，袭击并消灭细菌和细胞碎片。着色后呈现红色的嗜酸粒细胞能够抵抗过敏和肠内寄生虫。呈现蓝染色的嗜碱粒细胞能释放组织胺——一种能够引起组织发炎的化学品。细胞质中缺少微粒的细胞包括淋巴细胞和单核细胞。淋巴细胞的核非常大，几乎占满了整个细胞，它们在免疫反应中起着重要的作用。单核细胞是最大的白细胞，能够抵抗慢性传染。

在本实验中，你的角色是实验室助手，你的首要任务就是将一盒混乱了的切片与病历和诊断正确地匹配在一起。

实验时间

40 分钟

实验材料

- 介绍解剖学和生理学的课本或者网页
- 实验记录本

安全提示

请仔细阅读并遵守本书“实验前必读”中的“安全准则”。

实验步骤

1. 检查血液幻灯片 1(参见图 2)，它显示的是正常的血细胞。数一数红细

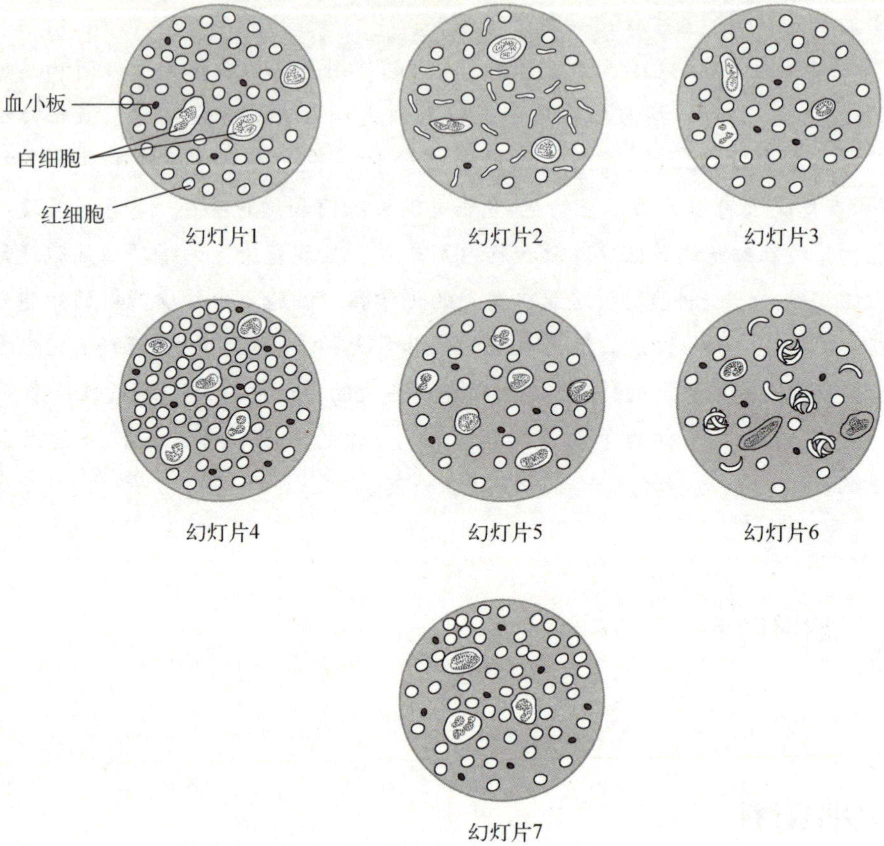

图 2

胞、白细胞和血小板的数量，记录在数据表上，这会告诉你正常的血液中这些成分的数量。

2. 检查幻灯片 2(参见图 2)，数一数红细胞、白细胞和血小板的数量，记录在数据表上。

3. 读一读每个血液疾病的病史，基于病史和从幻灯片上看到的细胞，在数据表上写下代表每个病例的字母(从 A—F)。

4. 从解剖书或者网络上找到诊断单上对于血液疾病的描述，然后把从幻灯片上收集到的信息和病史与正确的诊断匹配，在数据表上写下诊断。

5. 做其他的幻灯片和病史的时候重复步骤 2—4。

数 据 表

幻灯片	红细胞	白细胞	血小板	病 史	诊 断
1				NA	正常
2					
3					
4					
5					
6					
7					

病 史

病史 1：21 岁女性，在过去的几个月里，她经常感到非常疲劳和虚弱，她的手脚冰凉，有时还会出现头晕、呼吸短促，红细胞数量低于正常水平。

病史 2：13 岁男性，他感到很疲惫，经常头疼，他的手脚通常很凉，并频繁地发生剧烈的胸痛，红细胞数量低于正常水平，而且畸形并且结块。

病史 3：45 岁肥胖男性，他的一条腿肿胀并伴有剧烈疼痛，他每天吸一包烟，血液检测表明血小板超标，血液比正常凝固的慢。

病史 4：32 岁女性，经常头疼、头晕、视力模糊，她说她昨天出现胸痛，血液检测表明她的红细胞、白细胞和血小板水平异常高。

病史 5：16 岁男性，皮肤上出现大量的黑色斑点和几处大面积擦伤，他一直头疼、发烧、疲劳、偶尔腹泻，血液检测表明血小板数量低，红细胞数量低，并有一些断裂的红细胞。

病史 6：28 岁女性，有发烧、头疼的症状，并且经常流鼻血，血液检测表明红细胞数量低，并且白细胞数量增高。

诊 断

1. 缺铁性贫血。
2. 镰刀形红细胞贫血病。

3. 过度血凝结紊乱。

4. 血栓形成性血小板减少性紫癜。

5. 白血病。

6. 红细胞增多症。

分 析

1. 红细胞的功能是什么？红细胞中什么蛋白使它呈现红色的特征？

2. 白细胞的功能是什么？

3. 如果一个患者流鼻涕、咳嗽、发烧，你认为他的白细胞数量是高于正常水平还是低于正常水平？请说明原因。

4. 为什么有时需要给病人输入血小板？

5. 通过观察切片，缺铁性贫血和镰刀形红细胞贫血病有什么相似之处？

6. 切片 2 中的一些红细胞看起来比正常的小，为什么？

7. 切片 4 中细胞和血小板数量异常高，这为什么能引起疼痛？

实验中将会发生什么？

血液疾病能够引起很多病症。检测患者的血液能够帮助医生知道问题的根源所在。贫血症是没有足够健康的红细胞把氧带到身体各个部分的病症。缺铁性贫血是由于饮食中缺少铁和叶酸，它们都是制造红细胞的营养物质。镰刀形红细胞贫血病是由于红细胞畸形，所以不能够携带氧，此外，这些细胞能结块堵塞血液流过小血管。其他类型的贫血症包括由于骨髓不能够制造足够的红细胞引起的再生不良性贫血和由于血细胞过早地被破坏而引起的溶血性贫血。

过度血凝结紊乱可能是遗传的，也可能是后天形成的。在后天形成的形式中，一些其他的疾病和紊乱会促进凝血。例如，血管窄或者血管受到伤害的人就会有多余的凝血。凝块很危险，因为它们能堵塞血管，器官不能得到供血就会受到损伤。

患有红细胞增多症的人，体内有太多的红细胞，但是可能很多年都没有发觉。即使血液比正常的黏稠，但是直到身体某些部位出现供血不足时，才会有症状出现。与稀薄的血液相比，黏稠的血液移动的速度很慢，更容易造成凝血。缓慢移动的血液并发症就是身体任何部位的疼痛，包括心脏。

血栓形成性血小板减少性紫癜是由于血小板结块使血凝块在小血管中形成。随着血小板的不正常凝块，血液流通不畅，就不能修复血管上的一些小裂口，由此，皮肤内出血就引起了黑色小斑点，也就是紫癜。更大范围的、更危险的出血可能会发生，特别是在大脑和肾脏里。

白血病是白细胞的癌症。这些癌细胞是不正常的，所以不能完成白细胞的功能，它们的数量增长非常快，而且能存活更久，最后，不正常的白细胞的数量太多了，以至于它们把正常的白细胞、红细胞和血小板都挤了出去。

与现实生活的联系

医生依靠血液检查来获得关于患者病情的一些线索。全部血球数包括红细胞、白细胞和血小板的数量。它也包括血球容积计，用来测量红细胞所占的空间大小。血球容积计高表示脱水，血球容积计低表示贫血或者有其他血液疾病。全部血球数也包括平均红细胞的大小，用来测量红细胞的平均大小。不正常的小细胞可能表示有血液疾病。

基本新陈代谢仪表会提供关于血液、心脏、肌肉、骨骼、肾脏和肝脏的化学测试的信息。血液葡萄糖检测会显示血液中含糖量是否正常，如果含糖量异常高就是糖尿病的征兆。血液中钙的水平高可能是由于肾脏、骨骼或者甲状腺造成的。电解质是血液中的矿物质，包括氯化物、重碳酸盐和钠。如果电解质的水平不正常，医生就会怀疑脱水或者心脏或肝脏问题严重。

检测血液中胆固醇的水平能提供关于心血管系统的所有健康状况的信息。胆固醇水平异常高的人有患心脏病的危险。血液中酶的检测能够提供关于心脏和其他器官的信息。当心脏受到损坏的时候，肌酸激酶会流出心脏肌肉，所以肌酸激酶或者类似的酶的水平高就可能提示有心脏病。心脏病的另一个征兆就是肌肉蛋白——肌钙蛋白的水平高。

想要了解更多吗？

参见附录中“我们的发现”。

实验 13　锻炼、脉搏和恢复速率

题　目

个体的脉搏速率和恢复速率依赖于个体的身体活动强度。

简　介

心脏就是人体心血管系统的泵，把血液输送到身体各个部位。这个泵

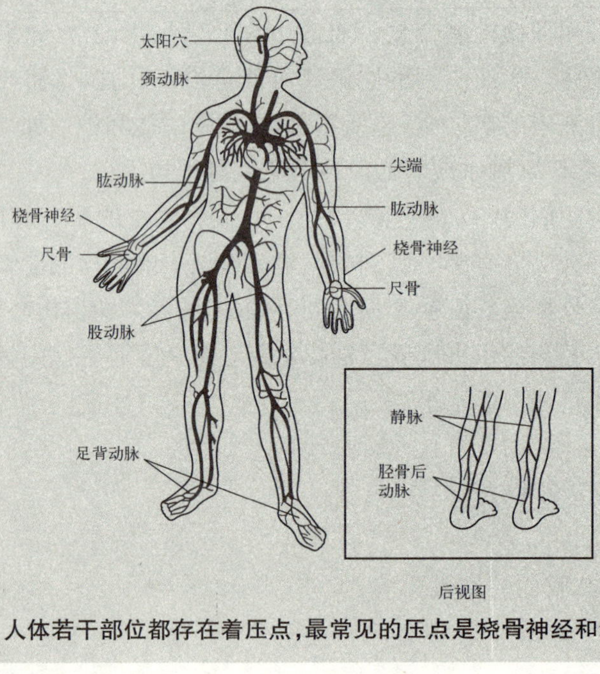

图 1　人体若干部位都存在着压点，最常见的压点是桡骨神经和颈动脉

由4部分组成：两个小的心房和两个更大的、更强壮的心室。无氧血从身体流进右心房，然后又进入右心室，之后被输送到肺，这些来自肺部的被氧化的血液流入左心房，然后进入左心室，之后被输送到全身的组织。左心室的每一次收缩都会使大量的高压的血液进入到动脉，引起动脉壁扩张，动脉壁对血液流动作出有节奏地扩张反应，这就是脉搏。可以通过测量脉搏来测量心脏的速率，在几个压点可以触诊或者感觉到脉搏（参见图1），只需要把两个手指放到压点上，轻轻地施加压力。脉搏随着年龄和活动强度的不同而不同。在本实验中，你将设计一个程序来找出个体的脉搏速度怎样随着活动强度的变化而变化，你也将找出运动后需要多长时间脉搏能恢复到静止时的速度。

实验时间

第一部分：15分钟
第二部分：45分钟

实验材料

- 秒表
- 空旷地带（室内或者室外）
- 实验记录本

安全提示

如果你有健康问题、不能参加剧烈的身体活动就不要做这个实验。请仔细阅读并遵守本书“实验前必读”中的“安全准则”。

实验步骤：第一部分

1. 测出你静止时的桡动脉脉搏。把你的右手臂转过来，使手掌向上，把你左手的食指和中指放到右手腕的外表褶皱的位置（参见图 2），开始计时，数一下 15 秒内脉搏的数量，把结果乘以 4 计算出每分钟脉搏的数量，把结果记录到数据表 1 中。

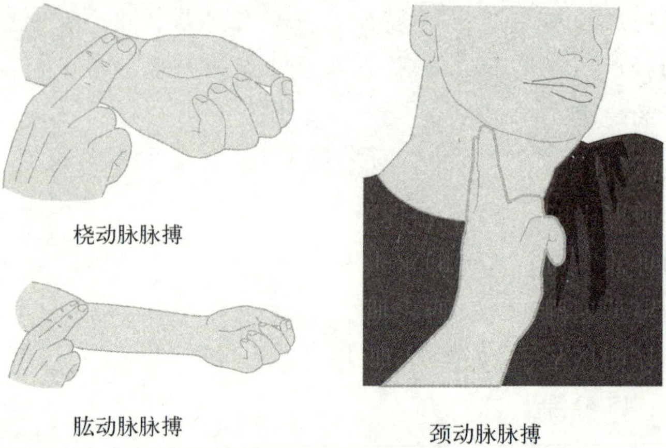

图 2　找到你的脉搏

2. 测出你的肱动脉脉搏。把你的右臂放到桌子上，手掌向上，肘部轻轻地弯曲，把左手的食指和中指放到凹陷处，大概在肘部里侧 1.2 厘米。开始计时，数一下 15 秒内脉搏的数量，把结果乘以 4，计算出每分钟脉搏的数量，把结果记录到数据表 1。

3. 测出静止时颈动脉的脉搏。把两只手指放到脖子的任何一侧（见图 2），开始计时，数一下 15 秒内脉搏的数量，把结果乘以 4，计算出每分钟脉搏的数量，把结果记录到数据表 1。

4. 计算出这 3 个脉搏的平均数来得到你的平均脉搏，把静止时的平均脉搏记录在数据表 1 中。

数 据 表 1

	桡动脉脉搏	肱动脉脉搏	颈动脉脉搏	静止时平均脉搏
静止				

实验步骤：第二部分

1. 你的任务就是设计并执行一个具有下面两个功能的实验：

① 把你的心脏速率和进行下列活动的 3 个其他同学的心脏速率进行比较：

步行 3 分钟。

适当地慢跑 3 分钟。

玩抛接子游戏 3 分钟。

② 把你自己做这 3 种运动后的恢复时间与那 3 位同学的恢复时间进行比较，你需要多长时间能够恢复到静止时的脉搏。

2. 在做实验之前，确定下具体要做什么。在数据表 2 中，写下你要采取的步骤（你的实验步骤），在你设计实验的时候，记住以下几点：

① 运动后要立即测量脉搏。

② 在你做每项运动的之前，都要恢复到静止时的脉搏速率。

③ 组里的每一个人都要做同一强度的运动。

数据表 2

你的实验步骤	
教师批准	

3. 如果得到了教师的批准，那么就开始实验；如果没有，就修改后再拿给教师。

4. 在你自己设计的数据表格中记录结果。

分　析

1. 脉搏是由什么引起的？

2. 你的手腕或者脚踝处的脉搏，哪一个更剧烈？说明原因。

3. 哪一种活动使你的脉搏速率提高得最多？

4. 你的组里面，学生静止时的平均脉搏是多少？

5. 什么是恢复速率？

6. 谁的恢复时间最短，是运动员还是非运动员？为什么？

实验中将会发生什么？

脉搏速率就是一分钟内你所感觉到的脉搏次数。由于是每次心脏的振动引起了脉搏，所以脉搏速率就是心脏速率。心脏的速率取决于很多方面，包括年龄、健康状况和运动。数据表3展示了不同年龄段的人静止时的心脏速率。

数据表3

年　龄	每分钟心脏的跳动次数
新生儿	120—160
幼　童	90—150
儿　童	70—120
成年人	60—100

一个成年人每分钟的脉搏次数超过100次就是心动过速。正常情况下，心动过速发生在运动后，或者当情绪激烈或者剧烈疼痛时也会发生。可是，长期的心动过速就会导致心脏疾病。一个成年人每分钟的脉搏次数不到50次就是心搏徐缓。长期的心搏徐缓是某种心脏疾病或问题的另一个征兆。

在剧烈运动时，为了使细胞得到足够的氧并清除细胞呼吸产生的二氧化碳，通常心脏速率会提高。运动后，心脏仍会快速跳动一段时间，因为它要满足细胞的需求。当氧不断增加，二氧化碳被清除后，心脏速率下降，短时间内，心脏速率就能恢复正常。心脏恢复的时间能大概地表明一个人的健康状况，因为心脏是一块肌肉，有氧运动能够增强心脏功能，在跑步或者其他有氧运动过程中，心脏要处理比平时多很多的血液，所以它就会变得大一点。随着每一次跳动，心脏都会输送更多的血液，就会使它更有效，正是由于这一点，运动员的心脏速率恢复到正常所用的时间要比非运动员的短。

与现实生活的联系

医生不仅要检查脉搏速率，他们还要检查脉搏的其他特征。脉搏的强度取决于从左心室流入动脉的血液数量。异常强烈的脉搏被称为跳脉，它可能是由于运动、害怕、焦虑或者饮酒引起的。一个比正常脉搏强、但是没有跳脉强的脉搏可能是由于激动或者是流血引起的。微弱的脉搏显示心室没有输送大量的血液，脱水、低血压和营养不良都会引起微弱的脉搏。

脉搏的节奏应该是有规律的。振动间隔的时间和振动的强度不同都属于不规律脉搏。间歇性脉搏也是不规律的脉搏，它的强度是正常的，但是偶尔就会停一下。图 3 展示了几种脉搏速率。

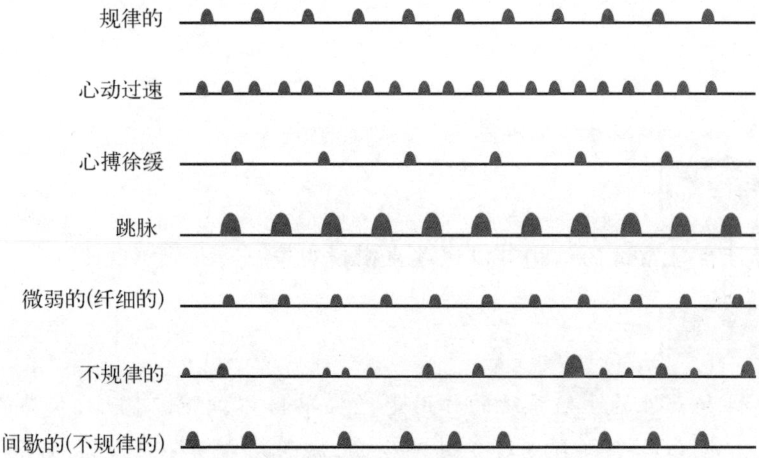

图 3　脉搏速率

想要了解更多吗?

参见附录中“我们的发现”。

实验 14　男性生殖系统

题　目

男性生殖系统的结构可以通过显微镜观察。

简　介

男性和女性的生殖系统的作用是产生单倍体细胞配偶子，人类的配偶子——卵子和精子是由减数分裂产生的，减数分裂是一种把正常的 46 条染色体减少到 23 条的细胞分裂过程。当一个卵子和一个精子结合后生成的细胞就包含了必需的 46 条染色体。减数分裂发生在专门的器官——性腺里面。

男性的性腺就是睾丸，它位于形成阴囊的两个外部液囊里。睾丸最外面的一层是被膜，它是由连接的组织构成。囊内部的延伸部分叫做隔片，它把睾丸分为隔层和小裂片，在每个小裂片里面是长的、卷曲的制造精子的细精管。泡膜细胞位于产生睾丸激素和男性荷尔蒙的细管之间。在每个小裂片中，细精管合并成一个睾丸网，它是一个直的管子，精子就是从这里离开睾丸进入附睾的。附睾是紧靠在睾丸表面的逗号形状的结构，在附睾中，精子完成成熟阶段。图 1 展示了一个睾丸、附睾和含有精子的细精管的横切面图像。

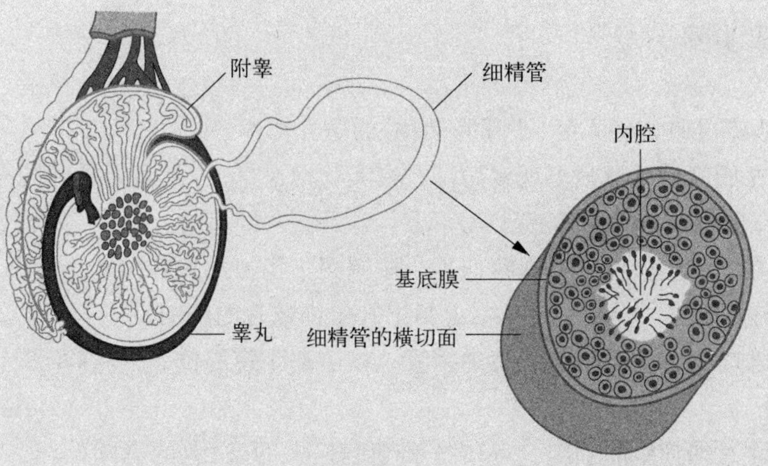

图 1

实验时间

55 分钟

实验材料

- 复合光学显微镜
- 人类(或哺乳动物)的睾丸切片
- 精液的切片
- 通过互联网查询相关信息
- 实验记录本

安全提示

请仔细阅读并遵守本书"实验前必读"中的"安全准则"。

实验步骤

1. 观察准备好的人类(或哺乳动物)的睾丸切片。

① 在低倍数显微镜下观察切片。在实验记录本上,画出你看到的东西的草图,并标出被膜和隔片的位置。

② 在中倍数显微镜下观察切片。按照图 1 找出小裂片中的小圆圈,这些是细精管的横切面。在实验记录本上画出几个细精管的草图。

③ 在高倍数显微镜下观察细精管。指出基底膜的位置,并在草图上标出它们的位置。

④ 注意细管里的细胞。塞尔托利细胞是大的、白色的椭圆核,它的功能是支持和帮助精子形成。大多数细胞都是产生精子的生殖细胞,接近基底膜的细胞是精原细胞和精子形成的二倍体细胞。移向内腔的细胞处于从精母细胞向精细胞发展的不同阶段,最后都变成精子(参见图 2)。在你的草图中,标出塞尔托利细胞、精原细胞和精子。

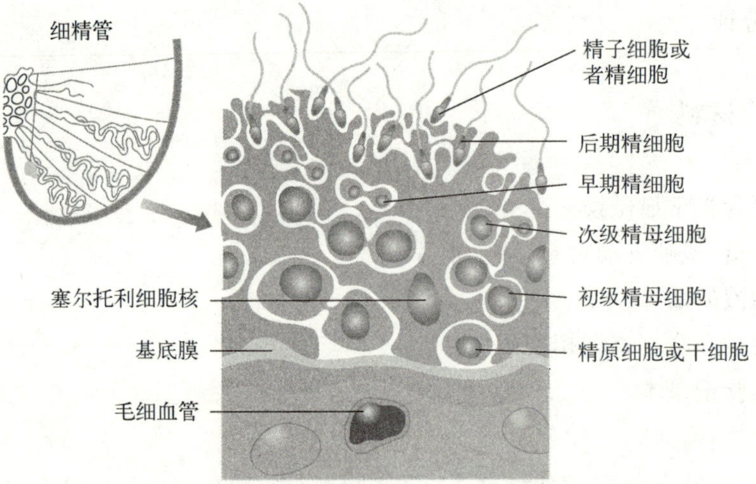

图 2

2. 使用互联网,查找“男性生殖系统——睾丸”图,核对你的素描图。

3. 分别用低倍数、中倍数和高倍数显微镜观察精液涂片的切片。

① 画 2 个或者 3 个具有梨形头部的正常精细胞。

② 并不是所有样本中的精细胞都是正常的，找出畸形的精细胞，并在实验记录本上画出 3 个例子。

分 析

1. 大多数人类细胞中有多少条染色体？在精细胞中有多少条？

2. 哪个过程产生了染色体数量减少的细胞？

3. 精原细胞是什么，它们处于什么位置？

4. 精液是细胞，但是它们没有细胞质和大多数细胞器。为什么你认为精液与其他细胞不同？

5. 所有的精液的形状都不相同。描述一下最常见的形状和你在切片上看到的两个其他的形状。

实验中将会发生什么？

从二倍体细胞变成单倍体细胞的过程就是精子发生。靠近基底膜的细胞是发生细胞（干细胞）——精原细胞。这些二倍体细胞不断地发生有丝分裂，它是一种产生与原细胞具有相同数量染色体的子细胞的分裂过程。在这个过程中，产生两类子细胞：代替原细胞的 A 细胞和初级精母细胞 B 细胞。B 细胞被从基底膜推向内腔。每个初级精母细胞都要经历有减数分裂的第一阶段，产生两个二倍体次级精母细胞，在短时间内，这些细胞又经历第二次减数分裂形成小的、圆形的精细胞。随着每次分裂，细胞就更进一步靠近内腔。

为了变成能游泳的细胞，每个精子细胞都要经历精子形成。在这个过程中，细胞失去细胞质，形成一个鞭毛，这个细胞就是精子，它由一个包含 DNA 的头部、一个产生能量的中段线粒体和一个帮助游泳的鞭毛组成。除了 DNA，头部也包括酶囊，会发生精骨反应，使精子能打破卵子的外蒙膜。

正在形成的精子中的塞尔托利细胞或者支柱细胞彼此紧紧地连接在一起，在正在形成的精子和细精管之间形成一个壁，充当血液和睾丸之间的屏障。因为进入青春期后才会产生精子，身体的免疫系统认为它们不是自身携带的细胞，就会形成抗体破坏它们，而那个屏障会保护精子免受免疫系统的破坏。

与现实生活的联系

男性不孕由几个因素造成。由精子和周围的液体组成的精液可以帮助找到原因。测量精液的体积,正常的精液是半茶匙到一茶匙(2.5—5 毫升),精液体积不正常说明产生精液的腺有问题。测量精子的密度,也就是每毫升包括的精子数量。大多数男性的精液中,每毫升的精子数量是 2 000 万个。测量精液中果糖的含量,果糖是线粒体用来产生能量的分子,它在附睾里,所以它的缺乏也是导致不孕的障碍。精子的活动性,也就是游泳的能力也是一个重要的因素。精子游泳的方式被分成 1—4 级,1 级是最慢的,4 级是最快的。此外,还要检测精子的形态,大量的畸形精子也会阻碍精子受孕。

想要了解更多吗?

参见附录中“我们的发现”。

实验 15　女性生殖系统

题　目

女性生殖系统的结构可以通过显微镜观察。

简　介

女性生殖系统有两个功能：提供配偶子和培育正在生长的胚胎。女性配偶子是卵巢产生的卵子或者卵细胞。女性到达青春期后，每个月会排一个卵子，这个卵子在囊状的小气泡——卵泡里发育。

一个卵巢包括处于不同发展时期的毛囊，每一个毛囊包括一个未成熟的卵细胞或卵母细胞和一个或多个包围它的细胞层。一个原始卵泡包括被一层卵泡细胞包围的卵母细胞。一个初级卵泡有两层以上的细胞层，一个次级卵泡发展成一个积液腔。囊状卵泡是最成熟的阶段，它从卵巢的表面膨胀。卵泡中的卵母细胞被腔内一侧的组织固定在适当的位置(参见图 1)。

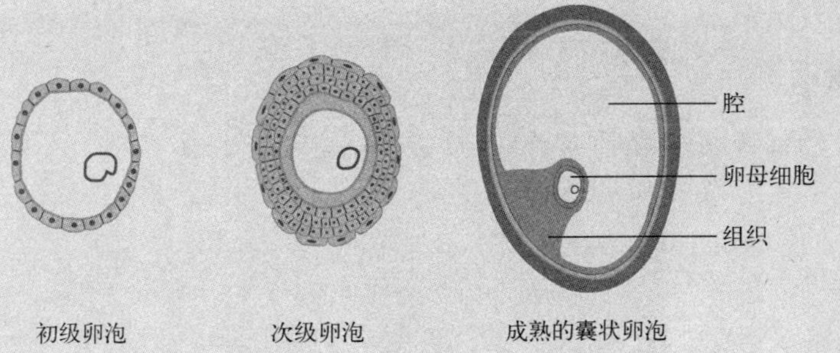

图 1

排卵后，卵泡破裂，卵母细胞被释放，破裂的卵泡就形成一个不同的结构——卵巢黄体，它的主要功能就是释放女性荷尔蒙雌激素和黄体酮。如果没有怀孕，在10—12天后，卵巢黄体开始萎缩，形成一个白色的结疤。但是如果怀孕了，它仍然起作用，为子宫提供培养胚胎的荷尔蒙。

当卵母细胞从卵泡中被释放后，它通过一条长的输卵管管道进入子宫。如果卵子受精了，它就会进行一系列快速的细胞分裂，然后植入子宫壁。如果没有受精，卵子就会在下一次月经周期被排出体外。在本实验中，你会观察卵巢组织、输卵管和阴道的显微镜切片。

实验时间

55分钟

实验材料

- 复合光学显微镜
- 哺乳动物的子宫壁横切面的显微镜切片
- 输卵管横切面的显微镜切片
- 阴道壁的显微镜切片
- 通过互联网查询相关信息
- 实验记录本

安全提示

请仔细阅读并遵守本书“实验前必读”中的“安全准则”。

实验步骤

1. 观察准备好的哺乳动物的卵巢壁横切面的切片。

① 在低倍显微镜下观察卵巢外缘和某些内部的部分。外层是由上皮细胞组成的，在这些细胞下面是包括不同发展阶段的卵母细胞的卵泡群。卵母细胞是具有突出的黑色核的大细胞，画几个带有卵母细胞的不同卵泡。

② 移动切片，这样就能观察几个地方。注意卵巢中的卵泡的不同大小，更成熟的卵泡会有一个充满雌激素的腔，在实验记录本上画出一个或两个这样的卵泡。

③ 继续在切片上寻找直到发现卵巢黄体，它就是破裂的卵泡(参见图 2)，在实验记录本上画一个卵巢黄体，并标出卵巢黄体收缩后留下的卵巢结疤、小的凹痕或者白色的线。

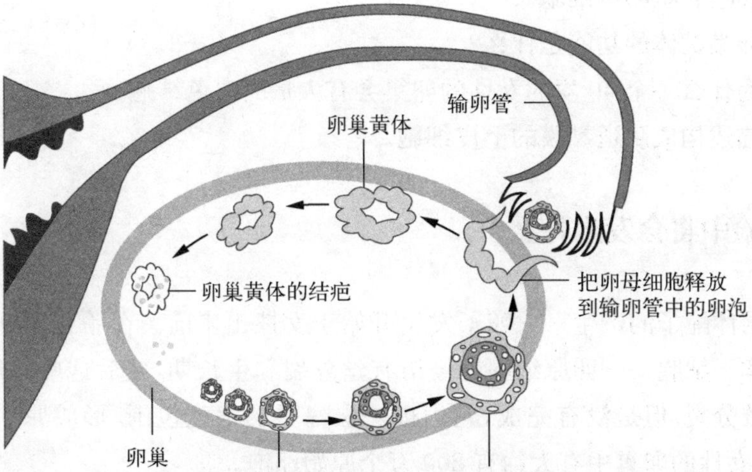

图 2

2. 观察准备好的输卵管的切片。

① 在低倍显微镜下观察切片。注意输卵管有两个不同的区域：外层光滑的肌肉和内层的黏膜。

② 移动切片寻找黏膜和内腔。切换到中倍数显微镜观察黏膜细胞。找出一些纤毛细胞，它们的作用是使卵母细胞穿过输卵管进入子宫。画出几个黏膜

细胞。

3. 观察准备好的阴道壁的切片。

① 在低倍显微镜下观察、并画出阴道的3层：黏膜、肌层和外膜。黏膜是由上皮细胞组成的薄的上层。最厚的层是肌层，它的内部是圆形的光滑肌肉层，外部是纵肌层。最外面的一层是包括弹性纤维的外膜，它与宽松的结缔组织相邻。

② 把切片移动到黏膜的边缘，换成中倍数或者高倍数显微镜，观察并画出组成黏膜的细胞，注意它们是分层的鳞状上皮细胞。

4. 使用互联网搜索“女性生殖系统”“卵巢”图片，核对你的素描图。

分 析

1. 卵巢最外面的一层由什么细胞组成？
2. 描述初级阶段的卵泡。
3. 描述囊状卵母细胞。
4. 卵巢黄体的功能是什么？
5. 为什么一个40岁的女性的卵巢会有大量的白色结疤？
6. 描述构成阴道黏膜的上皮细胞。

实验中将会发生什么？

单倍体配子的产生——卵子发生开始于女性出生前。在胎儿时期，卵巢中的双倍体干细胞——卵原细胞就经历有丝分裂和生长期，然后这些细胞开始第一次减数分裂，但是没有完成，它们被一层扁平的细胞包围，形成原始的卵泡。出生时，女性的卵巢中有大约有200万个原始卵泡。

这些卵泡在青春期之前处于假死的状态，在这期间，一些卵泡被身体重新吸收，所以最后总共的数量减少到40万个。每个月，几个卵泡被激活，但是只有一个卵母细胞在囊状卵泡中完成减数分裂Ⅰ，形成两个单倍体细胞。尽管每一个细胞都包含23条染色体，但是它们是不同的，其中的第一个极体非常小，因为它几乎没有细胞质，具有所有细胞质的较大的细胞是卵母细胞，在排卵期，它从卵泡中被释放出来。极体经历减数分裂Ⅱ，形成两个更小的极体，它们分裂并被身体重新吸收。卵母细胞继续减数分裂直至到达中期Ⅱ才停止。如果没有受孕，这个细胞就会死亡并重新被吸收。但是如果受孕，它就会完成减数分裂Ⅱ，形成卵细胞和另一个小的极体，卵细胞核和精子继续完成受孕过程。

与现实生活的联系

女性不孕可能是由以下几个因素引起的：荷尔蒙不足、卵巢问题、输卵管堵塞或者子宫瘤。常见的卵巢问题就是盆腔炎，它是由于一个或多个生殖结构的细菌感染引起的；另一个问题就是多囊卵巢综合征，它是由于卵巢不能产生卵泡形成所必需的荷尔蒙，相反的是，卵巢变成了积液囊肿。子宫内膜异位是由于子宫内膜部分植入到错误的地方，比如植入到输卵管或者卵巢。这些组织碎片能形成囊肿，可能会变成泡或者结疤，结疤会堵塞输卵管，妨碍受孕。年龄对受孕也有很大的影响，一个25岁的女性在没有安全措施的性交后，怀孕的可能性是25%；40岁时，受孕的几率减少到5%。

想要了解更多吗？

参见附录中“我们的发现”。

实验 16　颈椎

题　目

我们可以通过解剖鸡的脖子来观察脊柱的结构。

简　介

人类的脊柱或脊椎都是中轴骨的一部分，中轴骨位于骨骼系统的中心，它包括颅骨和胸骨。脊柱由从头骨到骨盆的 26 块骨骼组成，这些骨骼

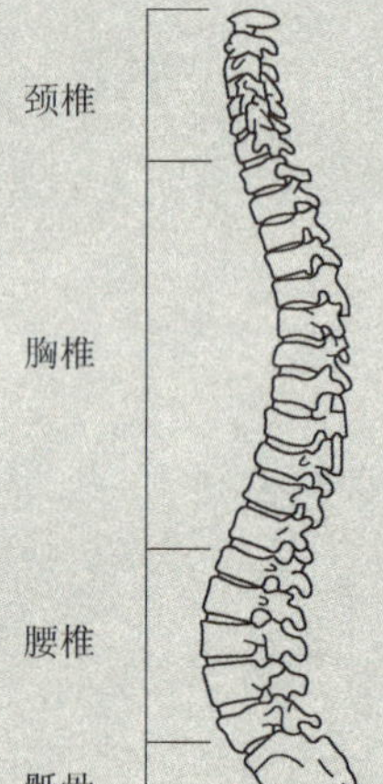

脊柱的侧面

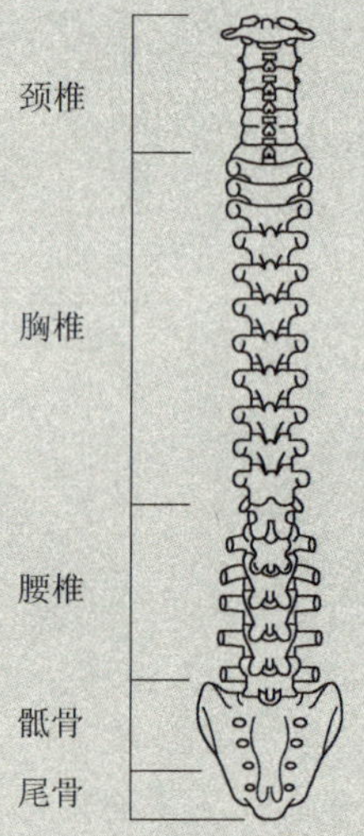

脊柱的背面

图 1

逐个叠加，分为三部分：颈椎（7 块骨骼）、胸椎（12 块骨骼）和腰椎（5 块骨骼）。脊柱下方、骨盆之中是骶骨和尾骨，骶骨由 5 块合并的骨骼组成，尾骨由 4 块合并的骨骼组成。

脊柱的作用有很多：它能够支撑人的躯体，并将人体的重量转移至骨盆和双腿。此外，脊柱能够保护脊髓，并且使脖子、后背和肋骨处的肌肉彼此相连。

所有的脊椎的结构都大致相同（参见图 2），脊椎的两大主要组成部分是椎体（位于前部、短圆柱状）和椎弓。相邻的椎骨在椎弓根处形成椎间孔。椎弓由两根椎弓根和两片薄片组合而成。椎弓根，或者说是“两个小脚”，与中枢紧紧相连，并且构成了椎弓的两侧部位。椎弓根的下方是椎板，此外，椎弓还有 7 个突起。棘突位于中央位置，横突位于外围。成对的关节骨被软骨覆盖，每两个关节骨会形成一个小小的平面，在这里，两个脊椎形成一个关节。

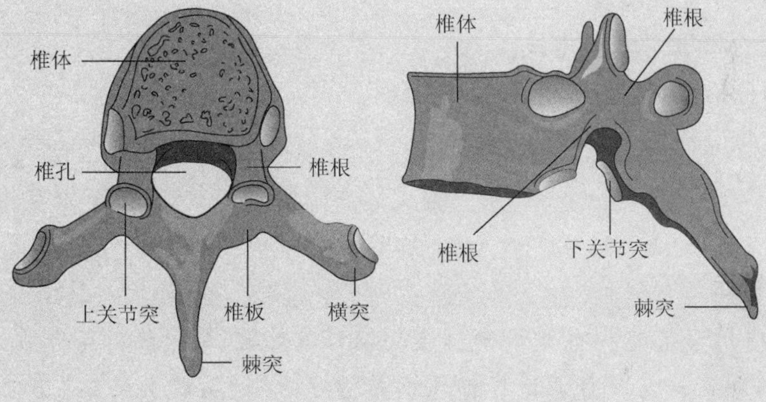

脊椎的横截面　　脊椎的侧截面

图 2

除了这些共性外，脊椎还有它独特的功能。颈椎是最小的脊椎，颈椎的外形是椭圆形而非圆形，棘突短小，末端分叉。第 7 节颈椎棘突比其他 6 节都长，而且隔着皮肤可见。在本试验中，你将检验鸡的脊椎。

实验时间

第一部分：40 分钟

第二部分：50 分钟

第三部分：50 分钟

实验材料

- 生的鸡脖子
- 手术刀
- 手术镊
- 解剖盘或纸巾
- 烧杯（200—400 毫升）
- 轻便电炉
- 隔热手套或微波炉手套
- 大约 25 厘米长的电线
- 彩色铅笔或彩色蜡笔
- 实验记录本

安全提示

使用手术刀和电炉的时候要小心，戴好隔热手套。实验后清洗双手，并清洁实验台。请仔细阅读并遵守本书“实验前必读”中的“安全准则”。

实验步骤：第一部分

1. 将生的鸡脖子放在解剖盘或纸巾上。

2. 检查鸡脖子，看一看你是否能够辨认出它的皮肤和肌肉组织。

3. 使用手术刀和手术镊，尽可能多的将皮肤和肌肉从鸡的脊椎处分离开来。在处理的过程中，仔细观察肌肉是怎样与每一处脊椎相连的。

4. 将线穿过椎间孔，以免在第二部分的实验中脊椎彼此分离。

实验步骤：第二部分

1. 将鸡脖子放在一烧杯水中。
2. 将装着水和鸡脖子的烧杯放在电炉上加热 40 分钟。
3. 戴着隔热手套将烧杯从电炉上移开。
4. 用手术镊将鸡脖子从热水中取出，放在解剖盘或纸巾上冷却。

实验步骤：第三部分

1. 用手术刀和手术镊将脊椎骨上残余的组织移除。
2. 在流水下冲洗骨骼。
3. 仔细观察每块椎骨，在一块或更多块椎骨上找出以下各个部位，并指给你的教师看。

① 棘突　⑤ 椎弓根
② 横突　⑥ 椎板
③ 椎孔　⑦ 上关节突
④ 椎体　⑧ 下关节突

分　析

1. 鸡的脖子处有多少个脊椎？
2. 脊椎怎么保护骨髓？
3. 在图 3 中将以下的部位涂上相应的颜色：

上关节突——红色　椎弓根——蓝色
椎板——绿色　横突——紫色
棘突——黄色　锥孔——灰色
椎体——橘黄色

4. 肌肉怎样与脊椎相连？
5. 脊椎怎样与其他脊椎相连？

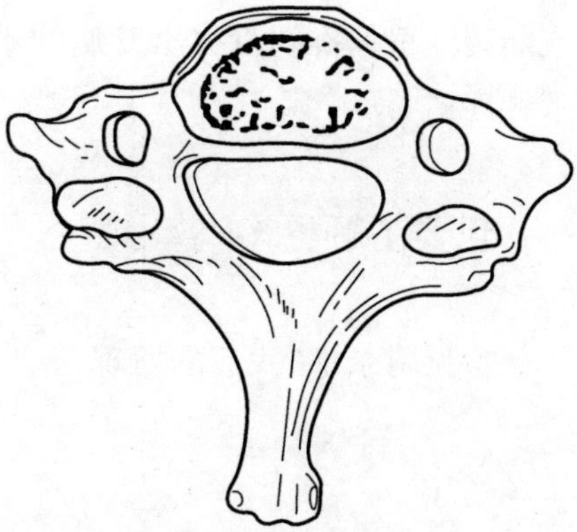

图 3　颈椎

6. 鸡脖子处所有的脊椎都完全相同吗？如果不是，它们有什么不同？

实验中将会发生什么？

和人类的脖子一样，鸡的脖子也能够保护它的组织和脊髓。鸡的脖子比人的长，它有12—14个脊椎。长脖子的灵活性更强，能够在鸡前行的时候保护它的脑部不受震荡。在鸡行动或休息的时候，脖子能够帮它们保持平衡。尽管鸡不飞翔，但它们具有飞翔的能力，因为它们的体重很轻，骨骼多孔，这与很多鸟类是非常类似的。鸡的骨骼的内部有很多空间，这与人类的松质骨类似。松质骨可以抵御来自多方向的压力，并且为肌肉提供良好的支持。为了适应飞行，具备稳定性，鸡的脖子中有些椎骨是固定的。

与现实生活的联系

在出生之前，人类的脊柱是由33块彼此独立的骨骼组成的，在这之后，9块骨骼逐渐闭合，形成骶骨和尾骨。新生儿的脊柱呈C形。随着年龄的增长，幼儿开始学会行走，他们的脊柱也逐渐向成年人的S形脊柱变化。这样的脊柱更加灵活，当人走路或者跑步的时候，能够保护头脑不受到过强的震动。

脊椎之间存在着叫做椎间盘的“衬垫”。椎间盘的外层质地坚硬，由纤维软骨组成，内部为有弹性的髓核。椎间盘能够为每个独立的脊椎提供保护，免受震荡。年轻人的椎间盘非常柔软，但年纪越大，它们的韧性越差。钙化的髓核与韧性渐弱的韧带在支持脊柱的过程中，很容易导致椎间盘突出——“衬垫”的褶皱或断裂。根据椎间盘突出发病的不同位置，它可能导致四肢无力、麻痹、疼痛或下腰疼痛。

想要了解更多吗？

参见附录中“我们的发现”。

实验 17 影响血压的因素

题目

人的姿势和动作能够影响血压。

简介

血液对于血管内壁的压力叫做血压。心室收缩，血液从心脏流入动脉，此时血液处于压力之下，使血管扩张。血液继续向前流动，所受压力强度不断降低，血液由心脏外的高压，转变成血管处的低压。心脏像一个不断收缩又放松的“泵”，而这收缩与放松的间隙，血液在血管内川流不息，而且根据每次心跳形成或增高或降低的血压。为了让血液源源不断的供给到身体的各个器官，血管必须具有优良的弹性，能够扩张并弹回原形。离心脏越远，血压越低，在血液流回心脏时，血压值已接近为零。

通过使用血压计或血压表套袖可以测量血压。测量血压涵盖两个方面——收缩压和舒张压。收缩压指在心室收缩的顶峰，血液承受压力最大时的血压。舒张压指心室舒张时的血压。血压计的测量单位是毫米汞柱。在本实验中，你将在不同情况下测量血压，研究姿势和动作对血压的影响。

实验时间

40 分钟

实验材料

- 血压计
- 听诊器
- 酒精棉签
- 实验记录本

安全提示

不要让血压计套袖缠绕胳膊超过1分钟，如果你的健康状况不允许自己参加剧烈运动，就不要进行第五步中的跑跳。请仔细阅读并遵守本书“实验前必读”中的“安全准则”。

实验步骤

1. 回答分析中的1—3题。

2. 3人一组，制定1人为被测量者，1人为测量者，1人为记录者。

3. 测量者将会利用听诊器和血压计，测量出被测量者的基线血压。他需要：

① 用酒精清洁听诊器的听筒。

② 将血压计套袖中的空气挤出。

③ 让被测量者随意坐下，右胳膊放在桌子上(参见图1)。

④ 将血压计套袖缠绕在被测试者的胳膊上，最后定位于胳膊肘上方。如果血压计套袖上面有箭头标识，使其位于肱动脉处(胳膊内侧)。调整血压计套袖的松紧，切勿太紧，保证被测者的舒适。

⑤ 轻轻地用两根手指感受肱动脉处的脉搏，将听诊器的隔膜置于它的上方。

⑥ 调整血压计套袖，使其达到160毫米汞柱，在这样的压力之下，肱动脉处受到压迫，血液无法流动。

⑦ 旋转压力计，慢慢地释放血压计套袖中的空气，利用听诊器仔细倾听。一听到声音，马上读出血压计的读数，让负责记录的同学在实验记录本上记录下

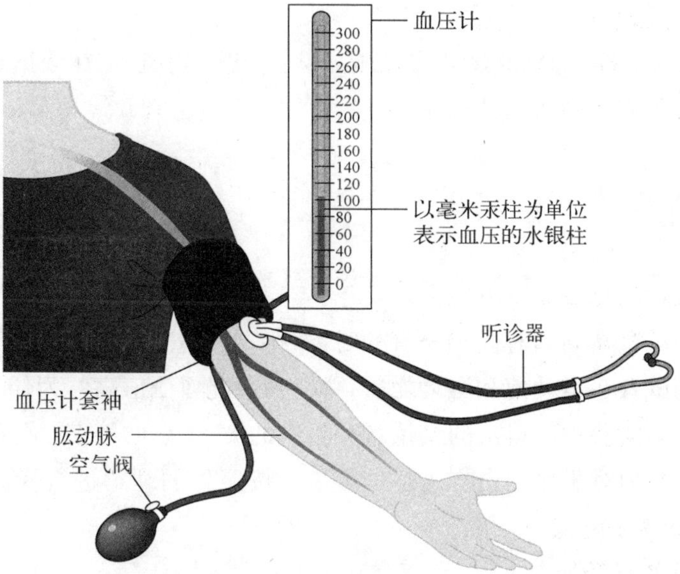

图 1

来，这时的读数是收缩压。你听到的声音是血液从动脉中流出的声音。

⑧ 持续释放血压计套袖中的空气，继续倾听。你会注意到声音越来越大，之后越来越模糊，当声音停止的时候，让负责记录的同学在实验记录本上记下血压计的读数，这时的读数是舒张压。

4. 重复 2 次步骤 3，收集 3 组数据，分别求出 3 组收缩压和 3 组舒张压的平均值，结果就是被测试者的基线血压。在数据表中记下这些平均值。

数 据 表

	血 压	
	收 缩 压	舒 张 压
坐着（基本的）		
躺 着		
站 立		
跑 跳		

5. 在下列情况下，测试被试的血压：

① 躺着（2—3 分钟之后）。

② 坐着（2—3 分钟之后）。

③ 原地跑跳 3 分钟之后。

像步骤 3 一样，分别测试 3 次血压，最后求出平均值，记在数据表中。

6. 回答分析中的 4—5 题。

分　析

1. 给收缩压和舒张压下定义。

2. 被测试者站立的时候和坐着的时候，哪一种情况血压值高？为什么？

3. 被测试者在运动前和运动之后，哪一种情况血压值高？为什么？

4. 比较本实验中你得出的结论和分析中的 2—3 题的答案。

5. 下列行为对于血压会有怎样的影响？按照你的理解进行标注，用“升”表示上升，“降”表示降低。

① 动脉的直径加大。

② 从心脏流出的血液流量增大。

③ 严重的流血。

④ 动脉硬化(一种部分动脉被阻隔的情况)。

⑤ 脉搏增强。

实验中将会发生什么?

血压跟两方面因素直接相关：心输出量和外围阻力。心输出量指左心室泵出的血液量，外围阻力指血液与血管产生的摩擦。当身体的细胞需要氧气时(例如剧烈运动)，心输出量显著增加。任何使血管变窄的行为都会增加外围阻力，例如动脉硬化，一种脂肪沉淀、造成血管堵塞或部分堵塞、阻碍血液流动的情况(参见图 2)。保持正常血压的身体负回馈系统——交感神经系统也会使血管变窄。例如，如果身体缺氧，为了向各个组织输送更多的血压，血管就会收缩，血压也会增高。在寒冷的环境中，血管也会收缩，因为这样可以防止身体流失热量。此外，肾脏也能够通过对血液浓度的调节改变血压。当血压超出正常值的时候，肾脏会从血液中析出水，并通过尿液排出体外。如果血压值降低，肾脏就会储存水来增加血液量。化学物质也能够改变血压，苯丙胺和可卡因这类会使人心跳加速、血压升高；而酒精和其他抑制剂则会降低血压。

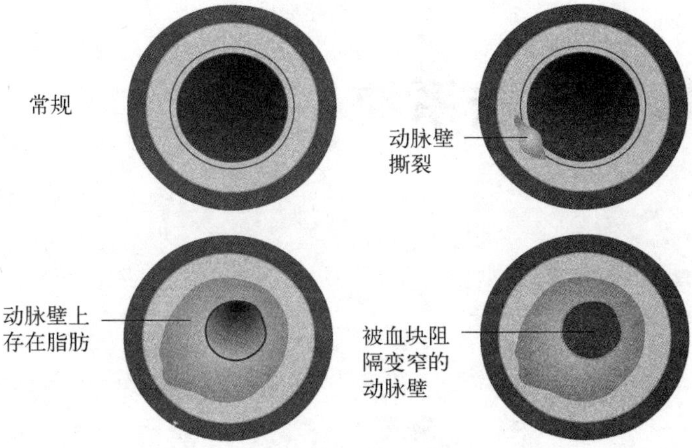

图 2　动脉的断面

与现实生活的联系

正常成年人的收缩压在 110—140 毫米汞柱之间，舒张压在 70—80 毫米汞柱之间。血压随着一天内的时间、人的活动和姿势的变化而变化。经常心跳很快的专业运动员有可能低血压，在老年阶段可能会发生间歇性的低血压，站立时伴随眩晕症状。虽然他们体形标准，但由于营养不足，他们也可能会出现长期的低血压症状。突发的低血压是循环冲击——血管里血液不足的表现，这可能是由失血过多造成的。

高血压通常由周边动脉的问题导致，被称为“沉默的杀手”，因为高血压可能潜伏 15 年都没有任何症状。在这期间，心脏的负荷越来越重，心肌逐渐失去了弹性，心脏也受到损害。血液也在血管的内壁损伤了血管，这些都将加剧动脉硬化。

想要了解更多吗？

参见附录中“我们的发现”。

实验 18　皮肤系统

题　目

皮肤系统由很多部分组成，例如皮肤、毛发、指甲和腺体。

简　介

皮肤是人体最大的器官，成年人的平均皮肤约占其体重的 16%—18%。当你看着对面坐着的人时，你所见到的大部分皮肤都处于死亡状态。然而，皮肤下方却是鲜活而忙碌的，皮肤的主要功能包括：

√　保护。皮肤是身体面对外界环境的第一层保护层。它能够保护身体不受外界的细菌和化学物质侵害。

√　防水。皮肤中叫做角蛋白的蛋白质使得它具有防水功能。它能够阻隔外界的水分，并且保护组织中的水分、防止皮肤干燥。

√　调节温度。皮肤对于温度的调节体现在若干方面。皮肤像绝缘体一样保持着适宜的温度。当人觉得热的时候，皮肤会排出汗液，人体的温度会随着汗液蒸发而下降。

√　排泄废物。一些可能对身体有害的化学物质会通过皮肤而排出体外，它们大多数和尿液一样，属于氮类废物。

√　综合功能。皮肤在阳光的照射下可以产生维生素 D，而维生素 D 能够帮助骨骼吸收钙质。

√　感受信息。皮肤上分布着若干感觉神经，它们可以帮助人们感受信息。触觉是唯一不完全由大脑支配的感觉。

皮肤各部分含有血管的多少不同。外层表皮几乎没有血管，因此表皮的刮伤不会流血。内层真皮中有血液流动，各组织在其中正常工作。真皮中的营养成分也会扩散到表皮，维持表皮中细胞的生长。如果你的表皮曾经受过伤，你会观察到它并没有流血。

当皮肤受到损伤，它能够迅速地自愈，有丝分裂产生的细胞能够迅速地治愈受损部位。然而，更严重或者更深的伤口需要通过纤维发生来愈合。这时皮肤就不能靠新细胞取代受损细胞来愈合，而是通过形成瘢痕组织来愈合。伤口越小，新生组织取代受损组织的可能性越大。如果伤口太深，人们就需要缝合伤口、将皮肤连在一起来促进愈合。

腺体也是皮肤系统中的一部分(参见图 1)。皮肤中有两种腺体：汗腺(顶浆腺)和皮脂腺(油腺)。汗腺能够在皮肤表层分泌水分、电解质和废弃物。皮脂腺可以生成油性物质来滋润皮肤和毛发，并且杀死细菌。这能够避免毛发易断、皮肤干燥粗糙。

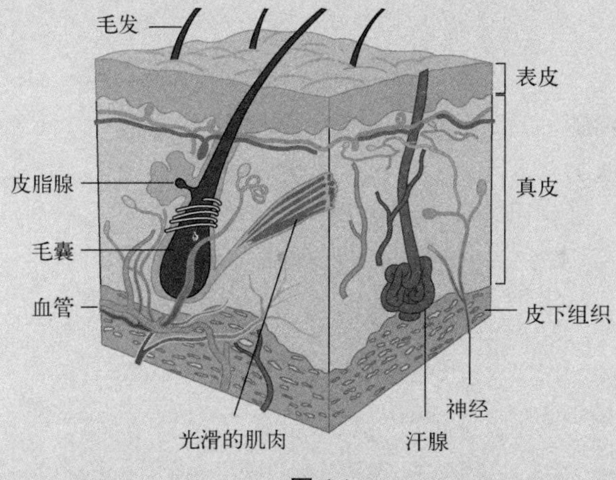

图 1

毛发从皮肤中的轴或淋巴小囊生长出来，男性和女性的头部和眼眉以及男性的四肢都会长出粗糙的毛发，而女性、青少年和儿童的肢体则会生出柔软的毛发。手指和脚趾的指甲也由皮肤细胞生长而来，像表皮一样，这里的细胞也是死亡的，因此我们才能够不流血、也不痛苦的剪头发、剪指甲。在本实验中，你将研究自己皮肤的某些构造。

实验时间

45 分钟

实验材料

- 显微镜
- 切片
- 盖玻片
- 移液管
- 水
- 培养皿
- 碘酒
- 白色打印纸
- 剪刀
- 录音带
- 生的带皮鸡腿
- 手术刀或剪刀
- 缝合针
- 钓鱼线
- 实验记录本

安全提示

碘酒会把你的皮肤和衣服染上颜色。处理完鸡肉后将试验台和双手消毒。小心使用手术刀。请仔细阅读并遵守本书“实验前必读”中的“安全准则”。

实验步骤

1. 将手指按在培养皿的底部，从顶部观察手指颜色的变化，回答分析中的1题。

2. 将一滴碘酒滴到手掌底部（贴近手掌根部），涂抹形成边长约2.5厘米（1英寸）的正方形区域。

3. 重复第2步，这次将碘酒滴在手腕上，戴手表的位置。

4. 在碘酒未干的时候，剪两块与碘酒区大致一样大小的打印纸。当碘酒干了之后，将这两块纸贴在碘酒区域的皮肤上。

5. 使这两块纸在皮肤上停留5—6分钟，并在这一时间进行下一步（保持计时）。5—6分钟之后，数出纸上浮现的紫色点的数目。碘酒通常呈现棕色或黄色，但当遇到淀粉的时候，它会变成紫色。当你出汗的时候，汗液会将带有淀粉的碘酒转移到打印纸上，呈现出紫色点。紫色点的大小与汗腺的分泌情况相关。回答分析中的2题。

6. 从头上拔一根头发（或从梳子上找一根头发），确保这根头发上面带有根。

7. 将发根弄湿，一些头发就会断裂，通过显微镜观察头发，回答分析中的3题。

8. 将针穿上钓鱼线。

9. 检查鸡腿上的皮肤，观察它是怎样与下面的组织相连的，摸一摸它的皮肤并记下它的构造，回答分析中的4题。

10. 用手术刀在鸡腿处的皮肤划一个切口，尽量只切开皮肤，不伤到肌肉。

11. 使用缝合针和钓鱼线缝合伤口。

12. 利用鸡腿的其他部位多练习几次缝合，回答分析中的5—6题。

分　析

1. 为什么当你用手指压培养皿时，手指的颜色会改变？

2. 比较你的手掌和手腕，哪一处汗腺更多？

3. 通过肉眼观察，头发很顺滑，但在显微镜下头发是什么样的？分析为什么头发呈现那样的形态。

4. 在实验记录本上记录皮肤的构造和外观。

5. 比较你缝合与未缝合的情况下，皮肤的愈合程度有什么不同？

6. 解释至少两种皮肤和身体其他器官共同运作的方式。

实验中将会发生什么？

如果通过显微镜观察，你能够看到死亡的皮肤细胞从胳膊上脱落。人体表面可见的唯一存活的细胞位于嘴唇和眼球。事实上，人们身上脱落了大量死亡的细胞，它们甚至成为室内灰尘的主体。我们每个人每一天都在身后留下了一系列死亡的皮肤细胞，这也就是训练有素的犬类能够追踪人的行踪的原因。

在厚厚的真皮层，细胞是活着的，它们分解蛋白质，并且进行履行生命必须的使命。皮肤中一种重要的蛋白质是黑色素，这是一种能够使皮肤颜色变暗的深色素。如果黑色素在某处沉积，这里就会产生雀斑或痣。任何人皮肤中黑色素的含量都与其他人不同，因此黑色素含量是人类个体性的一个标志。

与现实生活的联系

因为皮肤细胞不断的脱落，真皮中细胞不断的分裂来提供新生细胞。只有需要新的细胞时，有丝分裂才会发生。当这一机制出现了问题，细胞无序的分裂并增长时，就会引发癌症。癌症通常会在组织中产生大量的细胞，如果没有得到适时的阻止，癌细胞就会进入淋巴血管，并且蔓延全身(参见图 2)。

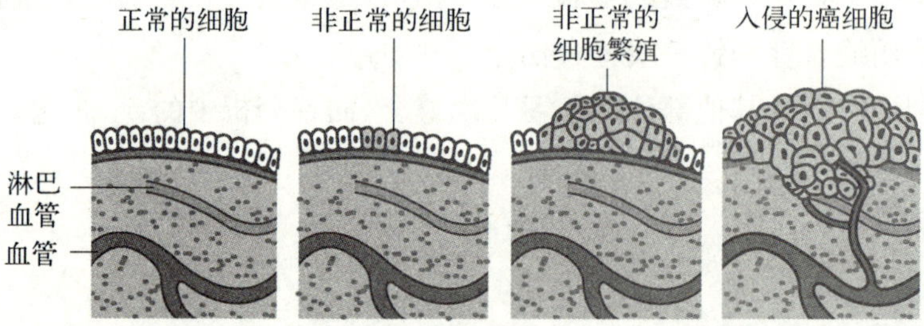

图 2

为了控制细胞的增长，患者通常需要进行化疗——一种利用药物杀死迅速增生细胞的方式。化疗的弊端之一在于药物无法区分正常的细胞分裂与病态的细胞分裂，因此皮肤系统中很多其他的细胞分裂都受到了损伤。化疗的过程中皮肤细胞会受到损伤，所以患者经常会掉头发。

想要了解更多吗?

参见附录中“我们的发现”。

实验 19　皮肤的触觉小体

题　目

触觉小体是对轻微触碰都非常敏感的皮肤的触觉感受器。

简　介

皮肤是由外层表皮和内层真皮构成的复杂器官。表皮由若干层面构成，自下至上依次为：基底层、棘层、颗粒层、透明层和角质层（参见图 1）。在表皮之下，真皮被像手指一样的毛囊乳头覆盖，表皮的皱纹就是由此而来。

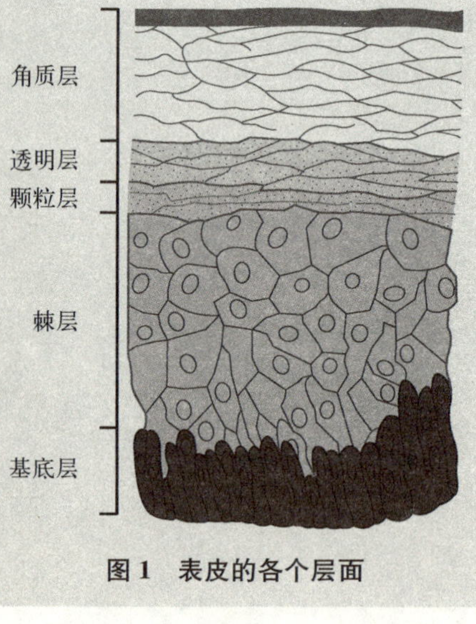

图 1　表皮的各个层面

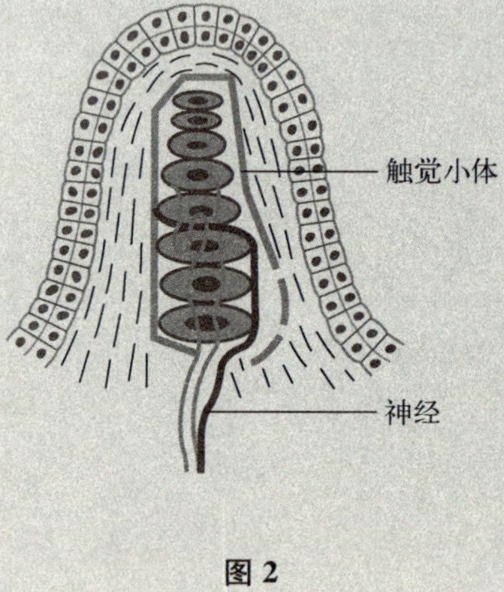

图 2

因为皮肤覆盖着整个身体，我们通常把皮肤当作一种保护类器官。但事实上，皮肤的功能还有很多。皮肤还能够对于身体的内部结构起到缓冲作用，调节身体的温度，排出废弃物质，与神经系统共同感受触摸、压力、疼痛和热度等。皮肤的触觉感受器之一就是触觉小体——一种存在于毛囊中能够感受到轻微触碰（瞬时间的接触）的神经（参见图 2）。触觉小体就位于表皮之下、真皮形成毛囊乳头的位置（参见图 3）。

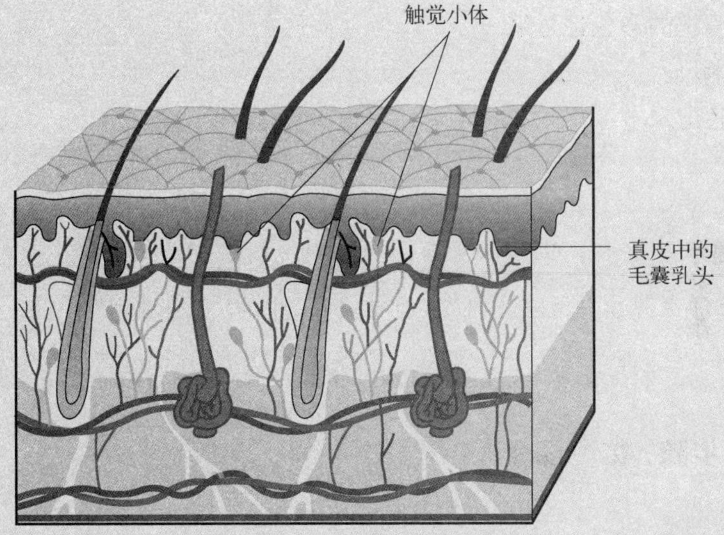

图 3　触觉小体很小，位于真皮中的毛囊乳头下方

每一个触觉小体都由不规则的层面板和扁平的细胞组成，神经元由触觉小体的一处伸入，神经纤维进入触觉小体时失去髓鞘——一种能够加速神经冲动传导的脂肪层，轴突分成细支盘绕在扁平的细胞间。当细胞层由于轻微的触碰而变形的时候，神经元被激发，并向大脑发射信号。在本实验中，你将通过真皮中的毛囊乳头来研究皮肤哪里的触觉小体最密集。

实验时间

第一部分：55 分钟

第二部分：55 分钟

实验材料

- 复合光学显微镜
- 皮肤触觉小体切片
- 皮肤表皮和真皮切片
- 可清洗的黑色记号笔
- 可清洗的彩色记号笔
- 小米尺
- 实验记录本

安全提示

请仔细阅读并遵守本书“实验前必读”中的“安全准则”。

实验步骤：第一部分

1. 使用复合光学显微镜观察准备好的皮肤切片。调整中倍数显微镜，定位以下层面：角质层、透明层、颗粒层、基底层和真皮。在实验记录本上画出这些层面并一一标注名称。

2. 使用复合光学显微镜观察带有触觉小体的皮肤切片。先通过低倍数显微镜观察，在实验记录本上画出草图。再通过中倍数或高倍数显微镜观察，完善草图。

3. 回答分析中的 1—3 题。

4. 和同伴一起测量你对于被触碰部位的识别和定位能力，这一能力取决于被触碰位置触觉小体的多少，按照下列步骤进行操作：

① 指定一个人为被测试者，另一个人为测试者。被测试者闭上眼睛，让测试者用可清洗的黑色记号笔在他的手掌点一个点。之后被测试者依然闭着眼睛，用可清洗的彩色记号笔在他认为相同的地方点一个点。

② 测试者量出两个点之间的距离（精确到毫米），记在实验记录本上。

③ 测试者重复进行 3 次这样的测试。

④ 测试者求出这 3 次测试的平均值，将结果填在数据表 1 中的被测试者 1 的相应位置。

⑤ 重复在指尖、前臂内侧和脖子后面进行这样的测试。

⑥ 在数据表中，圈出测量值最小的部位，这就是触觉小体密度最大、对触觉最敏感的部位。

5. 测试者和被测试者互相交换角色，重复测验，在数据表 1 中的被测试者 2 相应位置填写数据。

6. 回答分析中的 4—7 题。

数据表 1

部位	度量单位(毫米)	
	被测试者 1	被测试者 2
手掌		
指尖		
前臂内侧		
脖子后面		

实验步骤：第二部分

1. 设计一个实验，目的是研究男性与女性那一组群指尖的触觉小体密度大。

2. 在进行实验之前，想好你要怎样进行实验。在数据表 2 中写出你都要做什么(实验步骤)、你需要用什么(实验材料)。把你写出的实验步骤和实验材料交给教师，让他检查程序的可行性和材料能否获得。如果教师批准了你的实验，就进行实验；如果教师没有批准，修正你的步骤和材料、重新上交。在设计实验的过程中，注意以下几点：

① 你的被试者越多，你的结果越准确。

② 当测量被试者时，测量每位被试者指尖的区域都应相同。

③ 控制好所有的变量，例如温度、对皮肤施加的压力、用于施压的实验器材。

3. 得到教师的批准后，马上着手准备实验材料，并开始实验。

4. 在自己设计的数据表格中填写你的实验结果。

分析

1. 触觉小体的神经末端位于结缔组织囊中，而皮肤中其他神经的末端则“不受束缚”，你怎样理解“结缔组织囊”？

2. 表皮的各层都是什么？

3. 触觉小体位于表皮的什么位置？

4. 描述触觉小体在显微镜下的外观。

5. 对于被试者1来说，身体的哪个部分最敏感，手掌、指尖、前臂内侧还是脖子后面？对于被试者2呢？

6. 当设计你自己的实验时，为什么样本数目大很重要？

7. 你从实验中得出了什么结论？

数据表2

你的实验步骤	
你的材料单	
教师批准	

实验中将会发生什么？

触觉小体负责感受轻微的触碰。触觉小体在哪个区域的密度越大，那一区域对于触觉就越敏感。对于人类来说，最敏感的区域位于面部、嘴唇、手掌和生殖器处。

男性与女性的触觉小体的数目和分布大致相同。在实验步骤第二部分中，你可能发现男性和女性在触觉测验中的表现大致相同。如果实验足够精确的话，你可能发现男性对于触碰的感觉稍弱。因为男性的手指比女性大，所以他们的触觉感受器的分布也要比女性分散一些。

与现实生活的联系

皮肤包括很多种感受器。触觉小体是能够感受疼痛、压力、质地和振动的机械性感受器中的一种。机械性感受器还包括梅克尔触盘、鲁菲尼小体、帕西尼氏小体。梅克尔触盘和触觉小体一样，存在于皮肤表层，分布于嘴唇、脸部、舌头和指尖这样毛发稀少的部位。鲁菲尼小体和帕西尼氏小体位于组织深处，靠近肌肉和关节，它们对于骨骼系统的振动、肌肉和皮肤的拉伸、关节的旋转非常敏感。

皮肤也含有温度感受器——感知与温度相关的变化。温度感受器存在于真皮之中，能够感受到冷热。对寒冷敏感的感受器在皮肤接触到低于 35℃的时候起作用，在 25℃的时候作用最强，而在 5℃的时候失去作用。这也就是人在寒冷的时候手变得麻木的原因。对热度敏感的感受器在皮肤接触到高于 30℃的时候起作用，在 45℃的时候作用最强。超过这一温度，对热度敏感的感受器就能够被激活。感知疼痛的感受器存在于皮肤、肌肉、一些器官和血管。有时候人会觉得某一部位隐隐作痛，这就是这个部位受到伤害，需要休息直到愈合的信号。

想要了解更多吗?

参见附录中“我们的发现”。

实验 20　消化系统模型

题　目

我们可以用模型来表示消化系统的结构。

简　介

消化系统负责摄入、消化食物，供细胞使用。消化系统还负责排泄食物中的废弃物。消化系统主要由消化道组成，消化道从口腔一直延伸到直肠。口腔负责摄入、咀嚼食物，并将其与唾液混合。在舌头的帮助下，食物形成团，并从咽喉进入食道。通过食道的蠕动，食物进入胃部。括约肌位于食道的底部，为了防止胃酸的进入，括约肌通常处于闭合状态。只有当食物团抵达时，它才会打开、允许食物进入胃部。

胃部像一个暂时的储存地，呈现为宽阔、能伸展的 C 字管状。胃部能够装入大约 1.9 升的食物和液体。胃由三部分组成：基底、主体和胃腔（参见图 1）。在胃部，食物团被搅动、注入胃酸和消化酶。粉碎食物和胃的分泌物的主要物质是酶，这些浆状的、半流质的酶通过另一括约肌进入小肠。

小肠因为直径小而得名，它的直径大约为 2.5 厘米。然而，小肠却是消化系统中最长的部分。消化过程、营养和水分的吸收都在这一细长的管道内完成。小肠的内部带有微小的绒毛，绒毛上凸起着更小的微绒毛，它们能够增加肠道的表面积，使食物分散开来，促进吸收。

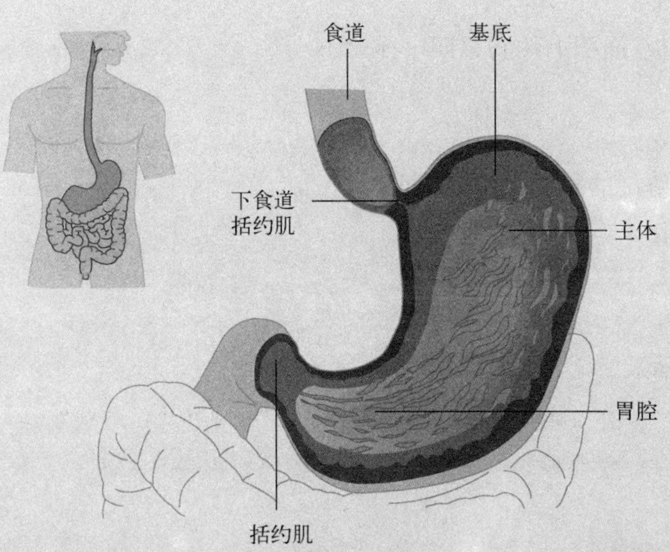

图 1

消化系统的最后一部分是大肠(结肠)——比小肠更粗更短的管道。在大肠中,人体废弃物中的水分重新被吸收。人体不能消化膳食纤维,因此大肠中存在着膳食纤维,里面带有数亿个细菌,它们会将废弃物转化为有用的物质,例如维生素 B 和氨基酸。这些不能消化的、干燥的排泄物最终会通过直肠从人体中排泄出去。

在食物通过消化道,分泌物通过副器官的过程中,胰腺和肝脏也能够帮助消化。在本实验中,你将制作出一个消化系统模型,来显示消化道和相关器官。

实验时间

55 分钟

实验材料

- 6—7 种颜色的黏土或培乐多彩泥

- 塑料刀
- 硬纸板(面积大约和桌面一样大小)
- 标签
- 防水贴
- 介绍解剖的相关书籍或网页
- 实验记录本

安全提示

请仔细阅读并遵守本书“实验前必读”中的“安全准则”。

实验步骤

1. 回答分析中的1题。

2. 在解剖书或者互联网上,查找并观察消化系统图。注意消化系统的结构和位置。

3. 在你的实验小组中,利用可获得的材料,讨论、设计一个消化系统模型。你的模型必须包括以下结构:

口腔	肝脏
舌头	胰腺
唾液腺	小肠
咽喉	大肠
食道	阑尾
胃	

4. 当你设计模型的时候,注意以下几点:

① 在现实中,食道和胃大约30厘米长。

② 小肠的肠道大约7.6米长。

③ 大肠的肠道大约1.5米长。

5. 在你的实验记录本上面设计、勾勒草图。

6. 在一块大纸板上制作模型。

7. 在你的模型上为每个部位贴上标签。

8. 回答分析中的2—6题。

分 析

1. 用你自己的话描述消化系统。

2. 比较化学性消化和机械性消化。

3. 描述下列部位的职能：

① 舌头

② 唾液腺

③ 食道

④ 胃

⑤ 肝脏

⑥ 胰腺

⑦ 小肠

⑧ 大肠

4. 为什么小肠中有绒毛和微绒毛？

5. 在图2中标注消化系统各部分的名称。

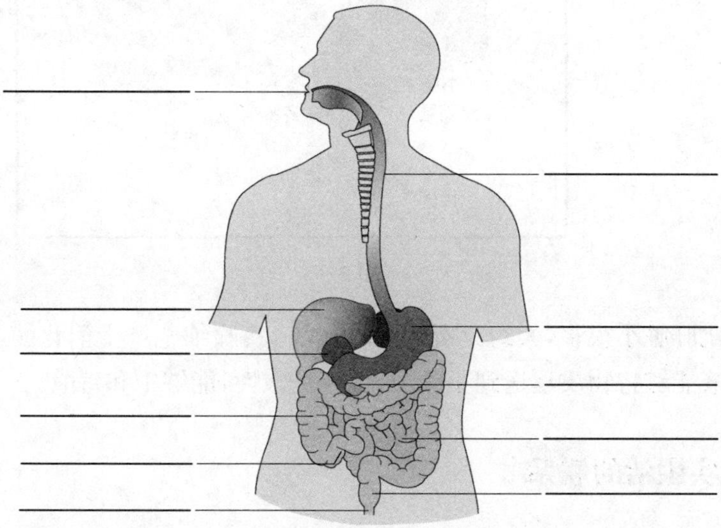

图 2

6. 小肠过于短小会造成什么样的后果？解释你的理由。

实验中将会发生什么？

消化道是一根包括口腔、食道、胃、小肠和大肠的管道。这条管道会经过人体的两大重要器官：肝脏和胰腺（参见图 3）。肝脏是人体最大的器官，负责排毒、吸收营养成分和分泌胆汁。胆汁能够将大的脂肪块分解，促进消化。尽管胆汁在肝脏中起作用，但它不工作的时候，一直贮藏在胆囊中。

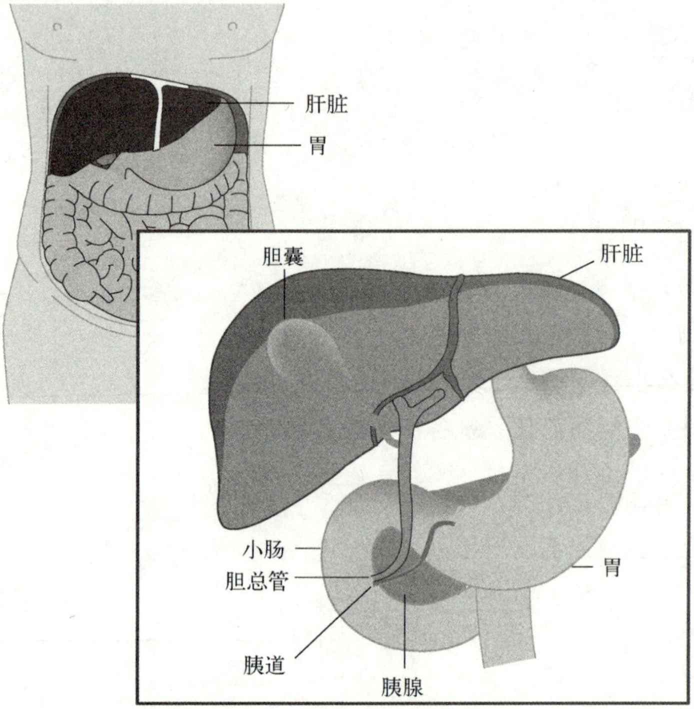

图 3

胰腺比肝脏小很多，大约只有 15 厘米长。胰腺细胞产生消化酶，也被称为胰液。胰液能够将物质运送到小肠中，胰液呈碱性，能够中和胃酸。

与现实生活的联系

食物在消化系统中停留的时间取决于若干因素，也取决于摄入的食物的种类。总体来说，食物需要经过2—6个小时的消化，才能够被小肠吸收。未被消化的物质被排入大肠，并停留大约72个小时。在这一时间内，废弃物中的水分被析出。糖类在消化系统中停留的时间最短，蛋白质的时间稍长，脂肪停留的时间最长。

激素能够调控消化系统的工作。细胞分泌的大部分荷尔蒙都位于胃和小肠的内部，并最终释放到血液中。在身体中循环一周之后，荷尔蒙重新回到消化系统中，这时它们能够促进消化液的产生和消化道弹性肌肉的收缩。

有3种荷尔蒙有助于起消化作用的化学物质的释放，它们是促胃液素、促胰液素和缩胆囊肽(CCK)。促胃液素能够促进胃中酸性物质的产生。促胰液素能够促进胰腺产生碱性的胰液、促进胃部产生胃蛋白酶(一种溶解蛋白质的酶)、并使肝脏分泌胆汁。缩胆囊肽也会促进胰液的产生。另外两种荷尔蒙会在人体饥饿或饱食的时候发出信号。当人体没有足够的食物时，胃部和肠道上半部会产生胃饥饿素，导致饥饿。当食物充裕时，会产生缩氨酶来抑制食欲。

想要了解更多吗?

参见附录中“我们的发现”。

附 录

实验环境的设置

本书中的实验都是根据实验时所使用的材料和设备进行分类的，分类如下：

● “学校实验”标题下的实验，使用的设备和材料都只能在实验室中找到。同时标有“学校实验”的实验也必须在实验室中进行。

● “家庭实验”标题下的实验，使用的材料都是家中常备或日常使用的东西。这些实验只需要在有成人监督的情况下在家中进行。

学校实验

实验 1　人体组织
实验 2　胎猪的外部解剖
实验 3　骨与软骨结构
实验 6　食品分析
实验 7　尿液分析
实验 8　红细胞渗透
实验 9　肌肉种类
实验 14　男性生殖系统
实验 15　女性生殖系统
实验 18　皮肤系统
实验 19　皮肤的触觉小体

家庭实验

实验 4　心脏模型
实验 5　牛眼解剖
实验 10　乳糖不耐症
实验 11　反应时间
实验 12　血液病的诊断
实验 13　锻炼、脉搏和恢复速率
实验 16　颈椎
实验 17　影响血压的因素
实验 20　消化系统模型

我们的发现

实验 1　人体组织

课堂讨论建议：让学生们两人一组，集思广益，为“组织”和“器官”定义。并将得到的定义写在黑板上。在实验结束后，让学生们对他们的概念作出必要的修改。

分　析

1. 和骨骼肌不同，心肌有分叉，并且在细胞与细胞之间有明显的连接处。

2. 完成的数据表如下：

数 据 表

肌肉组织类型	有无条纹？	随意肌还是不随意肌？	举例说明在人体中的位置
骨骼肌	有条纹	随意肌	二头肌
平滑肌	无条纹	不随意肌	胃部肌肉
心　肌	有条纹	不随意肌	心　脏

3. 不相同，形状由圆形到波瓣形不等。

4. 答案会有所不同。脊髓的横截面形状像一只蝴蝶。其内部和外部结构色调不同。

5. 上皮细胞。

6. a.④；b.②；c.⑥；d.⑤；e.①；f.③；g.⑦；h.⑧。

实验 2　胎猪的外部解剖

课堂讨论建议：让学生们说出用胎猪做这个实验的原因。引导他们理解人和猪在身体结构方面的相似之处。

分　析

1. 答案会有所不同。雌性猪有生殖乳突，而雄性没有。

2. 答案会有所不同。有些猪的皮肤呈粉红色。有的接近肤色。

3. 答案会有所不同。胎猪的牙齿数量取决于它们的年龄。大多数的胎猪长有犬齿。

4. 有。

5. 鼻子。

6. 猪（无论雌性还是雄性）有 6—9 对乳头。

7. ① 前；② 背；③ 后；④ 腹部；⑤ 腹部。

实验 3　骨与软骨

课堂讨论建议：在黑板上写下“骨骼系统”这个概念，并将其用圆圈圈起来。以这个圈作为中心向外画出若干条线，形成一个蜘蛛形系统流程图。让学生们在线上写出和骨骼系统有关的其他概念。在实验结束后，学生们可以（用不同的颜色）增加线和概念的数量。

分　析

1. 密质骨密度大并围绕着中央管进行排列。松质骨密度较小并有很多空隙，松质骨没有中央管。

2. 软骨生长在骨与骨之间、耳部、肋骨的两端以及脊椎之间。

3. 答案会有所不同。呈白色或淡蓝色。

4. ① 髓腔内部的薄薄的组织；② 黄色的脂肪物；③ 密质骨；④ 覆盖在骨骼外面的一层薄薄的组织。

5. 答案会有所不同。可能再也看不到骨内膜和骨膜。骨髓会改变颜色和浓度。密质骨变化不大。

6. 煮过的骨头更容易折断，因为骨组织里面的蛋白质遭到了破坏。

7. 答案会有所不同。所有的软骨都包含着众多的基质，并有若干陷窝散布其中。在纤维软骨中，可以看出一条条的胶原，在胶原的中间，细胞排列成行。在弹性软骨和透明软骨中，细胞则是成群结队的。

实验 4　心脏模型

课堂讨论建议：复习心脏的水泵作用，指出全身循环和肺部循环。

分　析

1. 心房接受血液，心室将血液从心脏排出。

2. 三尖瓣，有 3 片。

3. 二尖瓣，有 2 片。

4. 肺半月瓣在右心室和肺动脉之间。它防止血液从动脉倒流回心室。

5. 主动脉半月瓣在左心室和主动脉之间。它防止血液从主动脉倒流回心室。

6. 血液从肺部通过肺静脉流入左心房，再流入左心室。随后，血液从左心室经过主动脉被输送到身体的各个组织。血液通过上腔静脉和下腔静脉返回到右心房，再流入右心室。其后血液被排送到肺动脉干和肺动脉，然后到达肺部。

7. 冠状循环将血液输送到心脏。

8. 进入肺动脉的血液流入肺部。这部分的血液已经流过了全身并已将氧气释放出去。

9. 两个肺动脉由肺动脉干分支而来，一个将血液带向左肺，另一个将血液带向右肺。

10. 肺静脉将已经流过肺部的血液带入左心房。

11. 两支静脉分别来自于肺部的左右两侧。

12. 来自头部。

13. 来自身体的下半部。

14. 两个心房都用来接收血液。

15. 两个心室都用来向外输送血液。

实验5 牛眼解剖

课堂讨论建议：讨论人眼的构造，回顾眼部各个主要部分的位置和功能。

分 析

1. ① 巩膜：由结缔组织构成的外部保护层；
   ② 角膜：位于眼睛前部，是巩膜的透明部分；
   ③ 瞳孔：能够使光线进入眼睛的小孔；
   ④ 虹膜：带有色素的肌肉组织，用来控制瞳孔的大小；
   ⑤ 脉络膜：构成视网膜的血管层；
   ⑥ 视网膜：在眼睛后部的光敏细胞层；
   ⑦ 视觉神经：将视网膜的电脉冲带到大脑的枕叶部。
2. 答案会有所不同。角膜呈云雾状，眼球被脂肪包裹。
3. 水状液。
4. 玻璃状液。
5. 答案会有所不同。虹膜为深色，表面有褶皱。
6. 晶体能够起到放大镜的作用，让小的字体看上去变大。
7. 脉络膜呈亮蓝色或银色，并富有光泽。

实验6 食品分析

课堂讨论建议：让学生们列出4种主要的高分子(脂肪、蛋白质、碳水化合物和核酸)。除了核酸以外，所有的这些高分子都是我们饮食中的必要成分。让学生们列举出哪些食物的天然成分中含有脂肪、蛋白质和碳水化合物。

教师建议：收集100种食物样品。每种食物要有足够的量，以保证每个实验小组有至少一分钱硬币大小的样品。尽量保证食物来自不同的食物群。

分 析

1. 碳水化合物、脂肪和蛋白质。

2. 通过从不同的食物群中获取饮食的平衡。

3. 人体对微量营养物的需求只是极少量的。

4. 由于食物的不同可能答案各异。

5. 植物。

6. 答案会有所不同。但是可能包括动物脂肪、椰子油、蛋黄、肉类和植物油。

7. 答案会有所不同。但是可能包括肉类、蛋类、奶、豆类(如,蚕豆、豌豆和花生)、干果和谷物。

8. 答案会有所不同。机械分解和化学分解使得食物中的营养得到释放,从而被血液吸收。

实验7 尿液分析

课堂讨论建议: 向学生们询问医学工作者可能从尿液中得到的信息。指出尿来自血液,所以尿液中含有流入血液中的很多成分。

教师建议: 在准备模拟尿样的时候,首先在水中加入黄色食用色素配成1升"正常的尿液"。然后将其分盛在6个容器中供全班使用。将容器按照1—6的顺序编号。

1号容器:在水中加入足够的小苏打使其成为三基水。搅拌均匀。

2号容器:在水中加入少量的生蛋清和几滴葡萄糖,搅拌均匀。

3号容器:在水中加入少量的生蛋清,搅拌均匀。

4号容器:在水中加入少量的葡萄糖,搅拌均匀。

5号容器:在水中加入1—2茶匙的氯化钠。搅拌均匀。

6号容器:正常尿液,无添加物。

完成的数据表2样本参见后面数据表。

分　析

1. 1 号病人患有肾结石；2 号病人患有糖尿病；3 号病人患有自身免疫体紊乱症（或狼疮病）；4 号病人受到了感染；5 号病人阿司匹林服用过量；6 号病人一切正常。

2. 6 号病人。

3. 尿中带有葡萄糖，糖尿病患者经常感到口渴并多尿。

4. 答案由于学生之前对于这类知识的了解程度不同而因存在差异。沉淀来自绿色植物中的草酸盐。

5. 保持水分，以备水量供应不足的情况。

6. ① 酮来自他体内被分解的脂肪。

② 答案会有不同，身体组织可能由于快速的减重而遭到破坏。此外，体内的化学特性可能会发生改变。

完成的数据表如下：

数　据　表

尿样	pH 值	氯化物离子	葡萄糖	蛋白质	尿　量	血液结晶或沉淀物
1	高				0.9（正常）	X
2	正常		X	X	3.3（正常）	
3	正常			X	正常	
4	正常			X	正常	X
5	高	X			正常偏低	
6	正常				正常	

实验 8　红细胞渗透

课堂讨论建议：重温渗透、扩散和浓度梯度的概念。问学生们是否经历过静脉注射。强调指出注射液的液体必须是等渗的。

教师建议：教师可以在药店或者医生处购买生理盐水，也可以自配浓度为

0.9%的盐水。在配盐水时，先将 9 克氯化钠在 700 毫升离子水或蒸馏水中溶解，然后再将水量加到 1 000 毫升。在配制盐水溶液时，在 1 000 毫升离子水或蒸馏水中加入几个茶匙的盐，并搅拌溶解。你可以把盐的浓度调配成 2.5%，即海水的浓度。

分 析

1. 答案会有所不同。① 水分流入细胞内；② 水分流出细胞外；③ 水的净流量不变。

2. ① 不能；② 能，从右向左。

3. 蒸馏水使细胞膨胀，盐水使细胞收缩。在生理盐水中，细胞的形态保持不变。

4. 由于细胞内部的水分浓度大于细胞外部，血液细胞会失去水分而变得枯萎。

5. 完成的数据表 2：

数 据 表 2

	细胞的溶质浓度（低或高）	细胞周围的溶质浓度（低或高）	水分子流向（流入或流出细胞）
低渗溶液	高	低	流入
高渗溶液	低	高	流出
等渗溶液	相等	相等	净流量不变

实验 9　肌肉种类

课堂讨论建议：让学生们说出他们吃的鸡胸肉和牛排属于什么类型的肌肉组织。通过讨论让学生们了解我们食用的肉类大多数属于骨骼肌。

分 析

1. 答案会有所不同。

2. 完成的数据表样本如下：

数据表

特　征	骨骼肌	心　肌	平 滑 肌
大致形状	伸长的	方形的，有分叉	纺锤形
有无条纹	有条纹	有条纹	没有条纹
随意肌还是不随意肌	随意肌	不随意肌	不随意肌
是否容易疲劳或肌肉是否可以长时间收缩	容易疲劳	可以长时间收缩	可以长时间收缩
在身体中的位置	与骨头连接	心脏	器官和血管

3. 在骨骼肌和心肌中，细胞核长在细胞中心的边缘。这种结构能够给予细胞中心更大的空间，以便于微细纤丝进行收缩促进肌肉运动。平滑肌的细胞核则处于细胞的中心，因为平滑肌细胞不需要更多的运动空间。

4. 心肌必须不停地运动以保证全身的血液流动。平滑肌也需要不停地运动使得食物和液体在肠胃中推进。骨骼肌则不需要进行连续的收缩。但是它们却需要强大的爆发力才能使胳膊将物体抬高。骨骼肌的纤维正是按照这种功能而进行排列的，但是骨骼肌很容易感到疲劳。

5. 骨骼肌长长的肌肉纤维使它们能够进行有效的收缩。心肌也具有长长的纤维，但心肌细胞之间有润盘进行连接（润盘即细胞与细胞的汇合处）。润盘有助于心肌细胞的同步运动。心肌细胞的多枝分叉使得心脏周围的细胞间联系更加紧密并可以增强细胞的耐力。身形相对较小的平滑肌虽然不能够带动骨骼或挤压体积较大的心脏，但是在挤压小型的管状器官方面更加有效。

实验 10　乳糖不耐症

课堂讨论建议：找出学生中是否有人患有乳糖不耐症。让他们把症状描述给大家。如果学生们对痉挛和胀气有难言之隐的话，教师要向学生们说明乳糖不耐症的症状还包括胃脘不适。

教师建议：将 2 克葡萄糖加入 70 毫升的离子水或蒸馏水中，再把水加至 100 毫升，调配成葡萄糖溶液。

分　析

1. 答案会因为乳制品的种类不同而不同。

2. 答案会有所不同。所有的乳制品在加入了乳糖酶后都应当含有葡萄糖成分。

3. 乳糖酶是一种有助于将乳糖转化成单糖的酶。

4. 答案会有所不同。

5. 酶只有在保持了自身原有的立体结构时才会发挥作用。高温(以及酸度和盐度)的变化会破坏蛋白质的结构。

实验 11 反应时间

课堂讨论建议：投票看一下有多少同学认为我们需要法律禁止驾驶时打电话,多少人支持禁止驾驶时发短信,并让他们说明原因。

分 析

1. 答案会有所不同,但是可能包括移动电话的噪声、音乐和发短信。

2. 由于学生的实验计划不同,答案会有所不同。

3. 由于学生的结果不同,答案会有所不同。

4. 如果那个接尺子的人知道米尺什么时候掉下来,那么你测量的就不是反应时间了。

5. 由于实验结果的不同,答案会有所不同。

6. 答案会有所不同。

实验 12 血液病的诊断

课堂讨论建议：让学生列出一些血液疾病,在实验后,可以对列出的血液疾病清单进行补充。

教师建议：实验过程中完成的样本数据见第 129 页。

分 析

1. 红细胞携带氧。血红素使它们呈现红色。

2. 白细胞保护身体免受病毒和细菌的侵害。

3. 答案会有所不同。白细胞数量会比正常高,因为身体正在抵御引起疾病的病毒和细菌。

4. 答案会有所不同。血小板使血液凝结，所以血小板数量低于正常的人会流血不止。

5. 这两种情况中，白细胞水平都很低。

6. 红细胞破裂。

7. 答案会有所不同。血液缓慢地流过血管，身体的某些地方没有足够的血液，就会引起疼痛。

完成的数据表如下：

数 据 表

幻灯片	红细胞	白细胞	血小板	病 史	诊 断
1	49	3	4	NA	正 常
2	40	3	1	E	血栓形成性血小板减少性紫癜
3	36	3	4	A	缺铁性贫血
4	73	5	8	D	红细胞增多症
5	33	6	4	F	白血病
6	38	3	4	B	镰刀形红细胞贫血病
7	51	3	9	C	过度血凝结紊乱

实验 13 锻炼、脉搏和恢复速率

课堂讨论建议：提问学生运动后，身体条件将怎样影响正常心速的恢复，让他们根据各自的答案进行辩论。

分 析

1. 当血液从心脏中被抽出进入动脉后，动脉的扩张引起了脉搏。

2. 答案会有所不同。手腕处的脉搏较强因为它接近心脏，脉搏的强度随着与心脏的距离的增加而减弱。

3. 由于实验结果不同，答案会有所不同。

4. 由于实验结果不同，答案会有所不同。

5. 恢复速率就是运动后脉搏恢复到正常所花费的时间。

6. 答案会有所不同。运动员的恢复速率更快，因为他们的心脏输送血液的能量更强。

实验 14　男性生殖系统

课堂讨论建议：复习有丝分裂和减数分裂的概念，并让同学们解释为什么人类的配偶子是单倍的。

分　析

1. 46；23。

2. 减数分裂。

3. 精原细胞是产生精子的生殖细胞，它们位于细精管的里面，接近基底膜。

4. 答案会有所不同。精子是流线型的，所以能够进入卵子里。

5. 大多数的精子又长又细，有一个子弹形状的头部、一个中段和一个像尾巴一样的长鞭毛。畸形的精子有一些异常，比如短尾巴、两个尾巴或者没有尾巴，在某些情况下，精子的头部是圆的或者异常的小。

实验 15　女性生殖系统

课堂讨论建议：复习男性和女性产生配偶子的不同。

分　析

1. 上皮细胞。

2. 初级卵泡是由被两层粒细胞包围的卵母细胞组成的。

3. 囊状卵母细胞相当的大，并包括一个积液腔。

4. 卵巢黄体能够产生雌激素和黄体酮，它们能够保养用于怀孕的子宫。

5. 一个 40 岁的女性已经产生黄体很多年了，结疤就是这些黄体留下的痕迹。

6. 阴道黏膜是由几层上皮细胞组成，顶端是鳞状上皮细胞。

实验 16　颈椎

课堂讨论建议：让学生触摸脖子后面的脊椎，从第 7 节开始，这是最大的一节脊椎，位于脖子最下方。让学生从第 7 节往上查，看一看共能触摸到几节脊椎

（脖子处共有 7 节脊椎）。

分 析

1. 因为屠宰技术的不同，答案会有所不同，但总数应该在 12—14 之间。

2. 脊椎能够保护脊髓不受伤害。

3. 完成图如下：

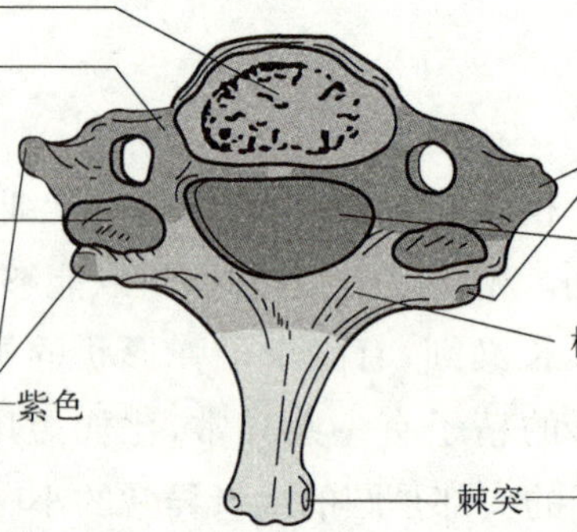

4. 肌肉与脊椎部位的肢体相连，最终与脊椎相连。

5. 脊椎与上关节突和下关节突相连。

6. 答案会有所不同。不同的脊椎大小和形状都有可能不同。

实验 17　影响血压的因素

课堂讨论建议：询问并统计有多少学生知道自己的血压是高、正常还是低，并问他们是怎样获取这些信息的。

分 析

1. 收缩压是心室收缩时候的血压；舒张压是心室舒张时候的血压。

2. 答案会有所不同。当人起立时，血压会下降，然后缓缓上升。在长时间站立的过程中，血压会降得更低。

3. 答案会有所不同。血压在运动之后会上升，因为这时心跳更强。

4. 答案会有所不同。

5. ① 降；② 升；③ 降；④ 升；⑤ 升。

实验 18　皮肤系统

课堂讨论建议： 让学生用放大镜看自己的指尖，并且描述他们所看到的外观。如果放大镜的质量好，他们能够看到自己张开的汗腺。真皮中的毛囊乳头产生了皮肤的皱纹。让学生们比较指尖和手背。

分　析

1. 当触摸培养皿时，压力使指尖缺血，所以皮肤颜色变浅。

2. 手掌处的汗腺比手腕上多。

3. 头发看起来很脆弱、而且分层。这是因为随着头发的增长，细胞一层一层的增多。

4. 答案会有所不同。

5. 答案会有所不同。如果你缝针，皮肤就会连得更紧密，伤口也更小。皮肤就会再生，伤口会通过皮肤细胞愈合。如果你不缝针，伤口处就会有纤维发生，形成瘢痕组织。

6. 答案会有所不同，但是大致会包括以下方面：

骨骼系统：皮肤会产生维生素 D，帮助身体吸收更多的钙质，强健骨骼。

免疫系统：皮肤保护身体不受外来物质侵染，履行壁垒的功能。

神经系统：皮肤中含有能够感觉触碰的感受器。

排泄系统：皮肤能够排出身体中潜在的毒素。

实验 19　皮肤的触觉小体

课堂讨论建议： 问学生是否经历过没感觉到皮肤上爬着不动的小昆虫的情况。向学生说明只有小昆虫爬行的时候才会触发我们的感受器，引起我们的注意。否则的话，我们可能注意不到静止不动的小昆虫。

分　析

1. 答案会有所不同。“不受束缚”指的是不被一层保护膜包围。

2. 基底层、棘层、颗粒层、透明层、角质层。

3. 触觉小体位于颗粒层和真皮的毛囊乳头之间。

4. 根据观察的不同，答案会有所不同。

5. 根据实验结果的不同，答案会有所不同。

6. 答案会有所不同。大的样本容量会降低特殊个体对于总体结果的影响。

7. 根据实验结果的不同，答案会有所不同。男性和女性指尖的触觉小体个数相同，然而男性的手指长，因此他们的触觉小体分布的更分散。因此，男性指尖的敏感度比女性小。

实验 20 消化系统模型

课堂讨论建议：问学生医生是怎样观察到消化系统的，讨论内窥镜检查、结肠镜检查、磁共振和 CT 扫描。

分 析

1. 答案会有所不同，但都应当包括将食物的大分子转化为小分子，促进身体的吸收。

2. 答案会有所不同，化学性消化指碾碎食物，并向其加入酶和酸。机械性消化指搅拌食物。

3. ① 搅拌食物并将其送到咽喉处。
   ② 产生带有酶并且能够弄湿食物的唾液。
   ③ 连接咽喉和胃部。
   ④ 碾碎食物，并向其中加入酶和酸。
   ⑤ 分泌胆汁。
   ⑥ 提供消化酶。
   ⑦ 完成消化功能，吸收营养成分。
   ⑧ 吸收水分，储存废弃物质。

4. 绒毛和微绒毛能够增加小肠的表面积，使其更好地吸收营养成分。

5. 完成图如下：

6. 答案会有所不同。如果小肠过于短小，人就不能完全消化食物、吸收养分，结果身材矮小或营养不良。

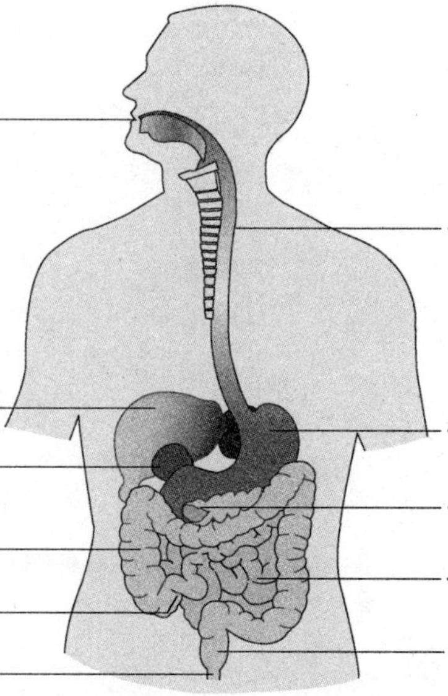
嘴或口腔
食道
肝脏
胃
胆囊
胰腺
大肠
小肠
阑尾
直肠
肛门